高等职业教育旅游大类专业示范院校"十三五"规划教材
编委会

顾　问

马　勇　　教育部高等学校旅游管理类专业教学指导委员会副主任
　　　　　中国旅游协会教育分会副会长
　　　　　中组部国家"万人计划"教学名师
　　　　　湖北大学旅游发展研究院院长，教授、博士生导师

总主编

薛兵旺　　湖北省职业教育旅游管理类专业教学指导委员会秘书长兼学术委员会主任
　　　　　武汉商学院旅游与酒店管理学院院长，教授

委　员（排名不分先后）

张金霞	王诗龙	张耀武	余远国	郭　沙	张树坤	袁　畅
熊娟梅	鄢向荣	夏　栋	陈　静	石小平	刘　斌	马金城
石海云	刘长洪	代　莹	魏　娟	罗银舫	夏绍兵	王姣蓉
张菊芳	李建中	张　勇	吴　戈	李旭元	揭爱民	刘朝阳

高等职业教育旅游大类专业示范院校"十三五"规划教材

总主编 薛兵旺

旅游服务礼仪

Tourism Service Etiquette

主　编／曾曼琼　胡晓峰　洪　玲
副主编／白稚萍　赵雪情　胡　潇　张向平　莫玉鹤

华中科技大学出版社
http://www.hustp.com
中国·武汉

内 容 提 要

《旅游服务礼仪》属高等职业教育旅游大类专业示范院校"十三五"规划教材。基于新时期旅游工作的需要,按照学生的认知规律,本书在体系上分为旅游服务礼仪基础、旅游服务人员的社交礼仪、旅游行业礼仪及礼俗常识三大模块。首先从旅游服务礼仪的基础知识入手,介绍了旅游从业人员的基本礼仪要求;继而对酒店、旅行社、旅游景区等主要旅游行业礼仪做了较为详细的介绍;最后,根据旅游工作的实际需要,介绍了旅游工作中必知的礼仪习俗常识,以拓展学生视野,便于自学。

本书采用任务驱动模式,从感性到理性,在体系上有一定的前瞻性和先进性;案例丰富,注重能力的培养;既通俗易懂,又有理论深度,符合职业教育的特征;教材中,"案例分析"、"知识链接"、"课堂讨论"、"项目实训"等点缀其间,使本书新颖别致、生动活泼,具有较强的启发性、可读性和易操作性。

本书可作为高等职业院校、成人高校、本科院校举办的二级职业技术学院及民办高校的人文素质教育教材,也可作为宾馆、饭店、旅行社的培训教材,对于其他旅游从业人员亦有参考价值。

图书在版编目(CIP)数据

旅游服务礼仪/曾曼琼,胡晓峰,洪玲主编. —武汉:华中科技大学出版社,2016.8(2024.7重印)
高职高专旅游大类专业示范院校"十三五"规划教材
ISBN 978-7-5680-1786-2

Ⅰ.①旅… Ⅱ.①曾… ②胡… ③洪… Ⅲ.①旅游服务-礼仪-高等职业教育-教材 Ⅳ.①F590.63

中国版本图书馆 CIP 数据核字(2016)第 092257 号

旅游服务礼仪　　　　　　　　　　　　　　　　　曾曼琼　胡晓峰　洪　玲　主编
Lüyou Fuwu Liyi

策划编辑:	李　欢　周小方
责任编辑:	苏克超
封面设计:	闰江文化
责任校对:	张会军
责任监印:	周治超

出版发行:华中科技大学出版社(中国•武汉)　　电话:(027)81321913
　　　　　武汉市东湖新技术开发区华工科技园　　邮编:430223

录	排:	华中科技大学惠友文印中心
印	刷:	武汉邮科印务有限公司
开	本:	787mm×1092mm　1/16
印	张:	15.75　插页:2
字	数:	383千字
版	次:	2024年7月第1版第7次印刷
定	价:	38.00元

本书若有印装质量问题,请向出版社营销中心调换
全国免费服务热线:400-6679-118　竭诚为您服务
版权所有　侵权必究

总序

随着中国经济的迅猛发展,旅游业已成为中国经济中发展势头最强劲、规模最大的产业之一,旅游消费已成为国民大众的常态化生活选项。从消费主体看,旅游正由少数人的旅游活动转变为国民大众的常态化生活选项;从产业内容看,旅游业正由狭义的旅游商业范畴转向广义拓展的大旅游商业领域。从酒店业到旅游住宿业,从旅行社业到旅行服务业,从旅游景区到休闲度假旅游业,从旅游购物店到形式多样的商业购物体系,从定点餐厅到目的地餐饮接待体系,从传统旅游交通到多主体、多层次的交通体系,旅游要素行业的内涵和外延不断拓展。

据世界旅游业理事会(WTTC)测算,未来10年,中国旅游产业对GDP(国内生产总值)综合贡献达到10%以上,超过教育、银行、汽车产业。而据国家旅游数据中心测算,中国旅游就业人数占总就业人数也将超过10%。在中国旅游业可持续发展的大背景下,我国的旅游高等教育也迎来了黄金发展机遇期,有80%以上的高等职业教育院校开设了旅游专业,为我国旅游业发展输送了大批高素质的技术技能型人才。

教材建设是高等院校的一项基础性工作,是衡量学校办学水平的重要标志。目前,我国高等职业院校旅游专业的教材建设已初具规模,并取得了阶段性成效。但是,旅游管理专业教材不足以满足大旅游时代的需求,不能满足现代旅游业发展的需求。由于教材编写者专业素养不够、缺乏行业实践经验等原因,旅游管理专业教材存在选题重复、不成体系、内容脱离工作实际等问题,因此,必须把握时代的脉搏,按照高等职业教育的发展规律,开发出一套对应用型旅游教育具有引领和示范作用,既有一定理论基础,又能提升学生技术技能,同时又能满足应用型旅游管理专业人才培养需要的专业教材。

为此,我们集中了湖北省高等职业教育示范性旅游院校的学科专业带头人和骨干教师,共同编写了本套教材。

本套教材采用全新的体例,力求打破传统的编纂方法。一是注重应用性和针对性,理论知识以"必须够用"为原则,契合旅游企业实际情况,强调教材内容的针对性与适用性。二是采用最前沿资讯,融入行业、企业最新案例。三是力求条理清晰,避免层次混乱。教材每一级标题都提炼出明确的观点,再展开阐释,让学生一目了然,而不是到段落中去寻找要点。

　　本套教材将遵循"循岗导教"的人才培养理念,按照"产教融合,工学结合"的指导思想,设置教学目的、教学重点与难点、典型案例、教学资源包等内容,强调课堂教学与实训指导的一致性和相关性,避免内容的重复与脱节,从而准确定位和把握本套教材内容的科学性和实用性。

湖北省职业教育旅游管理类专业教学指导委员会
学术委员会主任
薛兵旺
2016 年 1 月 6 日于武汉商学院

荀子说:"人无礼则不生,事无礼则不成,国无礼则不宁。"从某种意义上说,礼仪素养是人生幸福、事业成功之路的通行证。

当前,面对旅游业的快速发展和激烈的市场竞争,加强旅游服务礼仪规范、加速旅游服务专业人才培养已成为当前亟待解决的问题。为满足日益增长的旅游市场需求,培养社会急需的旅游服务技能人才,我们精心编撰了本书,旨在更好地服务于我国的旅游事业。本书主要有以下特点。

第一,新颖性。在编写思路上,本书采用任务驱动模式。每个模块先提出学习任务,在介绍相关知识点后,再提出完成任务的流程和规范,最后布置实训任务,让学生动手训练以加深和巩固知识点。

第二,实战性。本书在编写过程中贴近旅游行业实际,注重行业操作规范;每章的最后提供了"项目实训"部分,尽可能设计接近真实的训练环境,将旅游学科中的理论知识点分解为可操作的实训项目,使学生能将所学到的理论知识在实训中加以应用和升华。

第三,生动性。本书顺应国内外教材案例化的发展趋势,加大教材案例化程度,将现代服务礼仪的基本理论与生动有趣的实例结合并加以讲解,努力做到情景交融、形象生动,以此加强学生理论与实践相结合的能力。

第四,开拓性。教材中开辟"知识链接"栏目,对相关新思想、新观点、新材料予以适当介绍,有助于开阔学生的视野,提高学生的综合分析能力、解决问题能力,帮助有兴趣的学生深入学习。

第五,科学性。本书引用的资料,力求数据准确、可靠,体现最新成果和最新发展状况;在作者队伍上,本书选定的参编人员都是各高校专职从事礼仪研究,在该领域有一定影响力的一线教师,较好地保证了编写质量。

本书得以出版,是集体努力的结果,具体分工如下:湖北三峡职业技术学院曾曼琼和赵雪情老师分别承担项目一、项目二的编写工作;武汉商学院洪玲和胡潇老师分别承担项目三、项目四的编写工作;恩施职业技术学院的莫玉鹤老师负责项目五的编写工作;咸宁职业技术学院的胡晓峰老师负责项目六、项目七的编写工作;襄阳职业技术学院的张向平老师负责项目八的编写工作;湖南民族职业学院的白稚萍老师负责项目九的编写工作。

全书的框架构建、书稿体例、统稿、审核、定稿及附录由曾曼琼老师负责完成。

本书配有多媒体电子教案。教师可以登录下载教学资料包,教学资料包为教师教学提供完整支持。

教材在编写过程中参阅了许多专家、学者的论著,借鉴了大量有启发性的观点和有价值的资料,在此向他们表示感谢。

由于水平和时间有限,本书在编写过程中难免会有疏漏和不妥之处,恳请各位专家、同行与读者批评指正。

曾曼琼

2016 年 3 月于宜昌

第一篇　旅游服务礼仪基础

项目一　礼仪概述

任务一　礼仪的起源和本质 / 4
　一、礼仪的本质 / 4
　二、礼仪的产生和发展史 / 6

任务二　礼仪的特征和原则 / 9
　一、礼仪的特征 / 9
　二、礼仪的原则 / 11

任务三　认识旅游服务礼仪 / 15
　一、旅游服务礼仪的内涵 / 15
　二、礼仪在旅游服务中的作用 / 16
　三、服务礼仪意识的培养 / 17

项目二　旅游从业人员的仪表礼仪

任务一　仪表礼仪概述 / 22
　一、仪表礼仪概念 / 22
　二、仪表修饰的原则 / 22
　三、仪表礼仪在旅游服务中的作用 / 23

任务二　服饰礼仪 / 24
　一、服饰修养 / 24
　二、旅游从业人员的着装要点 / 26

任务三　仪容礼仪 / 30
　一、旅游从业人员仪容基本要求 / 30
　二、面部皮肤护养和美化 / 30
　三、发型修饰 / 31

　　　　四、手部要求 / 32
　　　　五、表情神态礼仪 / 32
　　任务四　仪态礼仪 / 34
　　　　一、旅游从业人员站姿 / 34
　　　　二、旅游从业人员坐姿 / 35
　　　　三、旅游从业人员走姿 / 36
　　　　四、旅游从业人员蹲姿 / 37
　　　　五、旅游从业人员手势 / 37

项目三
旅游从业人员的语言沟通礼仪

　　任务一　沟通概述 / 41
　　　　一、沟通的含义及分类 / 41
　　　　二、有效沟通的技巧 / 44
　　任务二　旅游从业人员的语言沟通礼仪 / 46
　　　　一、旅游服务人员语言礼仪的原则 / 46
　　　　二、旅游服务语言运用的基本要求 / 50
　　　　三、礼貌用语 / 52
　　　　四、培养良好礼貌用语习惯的途径 / 60

第二篇　旅游服务人员的社交礼仪

项目四
日常见面礼仪

　　任务一　称呼 / 68
　　　　一、称呼的功能和原则 / 68
　　　　二、常用的称呼方法 / 71
　　　　三、称呼的注意事项及禁忌 / 75
　　任务二　介绍 / 77
　　　　一、自我介绍 / 77
　　　　二、介绍他人 / 79
　　任务三　见面礼 / 81
　　　　一、握手礼 / 82
　　　　二、鞠躬礼 / 85
　　　　三、拥抱礼 / 86
　　　　四、亲吻礼 / 87
　　　　五、脱帽礼 / 89
　　任务四　名片 / 90
　　　　一、名片的递送礼仪 / 91

	二、名片的接受和索取礼仪 / 91
	三、注意事项 / 93
项目五 **工作交往礼仪**	任务一　馈赠礼仪 / 97
	一、礼品选择 / 98
	二、赠送礼品 / 99
	三、接受礼品 / 100
	任务二　通联礼仪 / 102
	一、电话礼仪 / 102
	二、信函礼仪 / 104
	三、收发传真、电子邮件礼仪 / 106
	任务三　拜访与接待 / 108
	一、拜访礼仪 / 109
	二、接待礼仪 / 110
	任务四　宴请礼仪 / 112
	一、宴会类型 / 113
	二、宴请基本礼仪要求 / 114
	三、中西餐礼仪比较 / 116

第三篇　旅游行业礼仪及礼俗常识

项目六 **旅游饭店服务与接待** **礼仪**	任务一　前厅服务礼仪 / 128
	一、门卫员迎送礼仪 / 128
	二、行李员迎送礼仪 / 130
	三、饭店总服务台礼仪 / 132
	任务二　客房服务礼仪 / 136
	一、客房服务礼仪概述 / 136
	二、整理客房服务礼仪 / 137
	三、开夜床服务礼仪 / 138
	四、洗衣服务礼仪 / 138
	五、客房微型酒吧服务礼仪 / 139
	任务三　餐饮服务礼仪 / 140
	一、仪表礼仪 / 140
	二、卫生礼仪 / 140
	三、安全礼仪 / 142

　　　　　　　四、迎候礼仪 / 144
　　任务四　康乐服务礼仪 / 145
　　　　　　　一、健身房服务礼仪 / 145
　　　　　　　二、游泳池/海滨浴场服务礼仪 / 146
　　　　　　　三、桑拿房/蒸汽浴室服务礼仪 / 147
　　　　　　　四、其他康乐设施服务礼仪 / 148

项目七　旅行社、旅游景区服务礼仪

　　任务一　旅行社服务礼仪 / 153
　　　　　　　一、旅行社主要服务内容 / 153
　　　　　　　二、导游服务礼仪 / 154
　　　　　　　三、旅行社门市接待礼仪 / 160
　　任务二　旅游景区服务礼仪 / 160
　　　　　　　一、旅游景区服务内容 / 161
　　　　　　　二、旅游景区主要岗位服务礼仪 / 162

项目八　旅游服务的民俗宗教礼仪

　　任务一　我国部分民族习俗礼仪 / 170
　　　　　　　一、藏族 / 170
　　　　　　　二、蒙古族 / 172
　　　　　　　三、回族 / 174
　　　　　　　四、壮族 / 176
　　　　　　　五、满族 / 178
　　　　　　　六、维吾尔族 / 180
　　　　　　　七、土家族 / 181
　　　　　　　八、苗族 / 182
　　　　　　　九、彝族 / 183
　　任务二　宗教礼仪 / 184
　　　　　　　一、宗教的起源和发展 / 184
　　　　　　　二、基督教礼仪 / 185
　　　　　　　三、佛教礼仪 / 187
　　　　　　　四、道教礼仪 / 188
　　　　　　　五、伊斯兰教礼仪 / 190

项目九　旅游涉外礼仪

　　任务一　涉外礼仪常识 / 196
　　　　　　　一、涉外交往的基本通则 / 196
　　　　　　　二、出入境礼节及规范 / 199
　　任务二　我国主要客源国礼俗风情 / 201

一、亚洲主要客源国礼俗礼仪 / 201
　　二、美洲主要客源国礼俗礼仪 / 207
　　三、大洋洲主要客源国礼俗礼仪 / 209
　　四、欧洲主要客源国礼俗礼仪 / 211
　　五、非洲主要客源国礼俗礼仪 / 217

附录

附录A　鲜花的寓意 / 221
　　一、节日花语 / 221
　　二、场合花语 / 222
　　三、花支数的寓意 / 223
　　四、花意花语 / 223
　　五、中国部分省花及市花 / 224
　　六、世界各国国花(部分) / 225

附录B　常用的亲属称呼方法 / 226
　　一、对父系亲属的称呼 / 226
　　二、对母系亲属的称呼 / 227
　　三、对夫家亲属的称呼 / 228
　　四、对妻家亲属的称呼 / 229
　　五、对兄弟姐妹亲属的称呼 / 229
　　六、常见的亲属合称 / 230

附录C　数字趣谈 / 230
　　一、概论 / 230
　　二、"趣谈" / 230
　　三、吉祥的"3" / 231
　　四、完善的"1" / 231
　　五、有力的数字"7" / 232
　　六、108——佛的象征 / 232
　　七、被禁忌的"4" / 232
　　八、8——吉祥的数字 / 232
　　九、崇尚11的城市 / 232

参考文献 / 234
中英文对照 / 236
本课程阅读书目推荐 / 238

第一篇 旅游服务礼仪基础

Lǚyou Fuwu Liyi

项目一　礼仪概述

知识目标：
(1) 了解礼仪的历史沿革,明确中国现代礼仪和中国古代礼仪的关系；
(2) 掌握礼仪的实质和特征,深刻理解礼仪的基本原则；
(3) 了解礼仪的分类,理解旅游服务礼仪的内涵；
(4) 明确旅游服务礼仪学习的作用,端正学习态度。

能力目标：
通过对礼仪基本理论知识的学习,培养服务礼仪意识,提升综合职业素养。

素质目标：
掌握礼仪规范,加强礼仪修养。

(1) 通过本项目的学习,能正确看待并客观分析生活中的礼仪现象,提升问题分析能力；
(2) 能根据礼仪基本原则的要求指导自己的交际行为,做到知行合一。

> **案例导入**
>
> ### 总理的"等待"
>
> 周恩来总理是全国人民敬仰爱戴的好总理,他不仅为中华人民共和国的建立和建设做出了重要贡献,而且他以自己的言行风范为中国在世界舞台上树立了受世界尊重的东方大国形象。周总理为什么能做到这一点呢?周总理生活中的很多"小事"或许能告诉我们答案。
>
> 有一次,周总理去某地视察工作,飞机着陆后,他同机组人员一一亲切握手致谢,这时,一名机械师正蹲在地上工作。周总理和其他同志握过手后,就站在这名机械师身后静静地等待。旁边的工作人员准备上前去提醒机械师,周总理示意不要惊动他。
>
> 当机械师工作结束转过身来,才发现总理就在自己身后,忙欠身说道:"对不起,总理,我不知道您在等我。"周总理微笑着说:"哦,我没有影响你的工作吧?"现场的同志无不为周总理的品质所感动。
>
> (资料来源:杨梅.旅游礼仪实务[M].北京:清华大学出版社,2007.)
>
> **讨论分析:**
> 1. 现场的同志为什么受到感动?
> 2. 这个案例在人际交往方面给了你哪些启发?

人类的发展史,从一定意义上来说就是一部人类交往关系史。我国伟大的教育家孔子早在两千多年前就说过:"不学礼,无以立。"在现代社会里,随着人们交际范围的不断扩展、交际关系的日趋复杂、交际频率的逐步加快,礼仪更突显出了它的重要性。礼仪不仅是每个人立足社会、事业成功的必备条件,也是规范旅游服务行为、提升旅游服务质量的重要内容。

任务一 礼仪的起源和本质

一、礼仪的本质

(一)礼仪含义

礼仪是由"礼"和"仪"两个词组成的一个合成词,"礼"和"仪"这两个词虽有联系,却有着不同的含义。

1. 礼

孔子云:"礼者,敬人也"。礼指人际交往中人们所应具备的内在道德修养,是对人内在的要求。礼的本质是"诚",有尊重、友好、谦恭、关心、体贴别人之意,是人际交往的基础。但是,人际交往,仅有礼是不够的,礼还需要借助一定的形式表达出来,这就是"仪"。

2. 仪

仪是人们在日常生活中,特别是在交际场合恰到好处地向别人表示尊敬、问候、祝颂、慰问以及给予必要的协助与照料的惯用形式、方式、方法,是人际交往中对人外在的要求。

3. 礼仪

从广义上来说,礼仪是指在人际交往中以约定俗成的程序、方式来表现的律己、敬人的行为规范。从狭义上说,礼仪是指人际交往中将对他人的友好尊敬通过恰当的方式表达出来,以获得良好的人际关系。

人际交往,既要有礼,又要有仪。礼是尊重,仪是表达。既要坚持尊重为本,又要掌握合适的表达方式。

知识链接

什么叫礼仪

站在不同的角度上,往往还可以对礼仪的概念做出种种殊途同归的界定。

从个人修养的角度来看,礼仪可以说是一个人的内在修养和素质的外在表现。也就是说,礼仪即教养、素质在一个人行为举止中的具体体现。

从道德的角度来看,"道德仁义,非礼不成"。礼仪可以被界定为为人处世的行为规范,或曰标准做法、行为准则。

从交际的角度来看,礼仪可以说是人际交往中的一种实用艺术,也可以说是一种用以处理人际关系的交际方式或交际方法。

从民俗的角度来看,礼仪既可以说是在人际交往中必须遵行的律己敬人的习惯形式,也可以说是在人际交往中约定俗成的示人以尊重、友好的习惯做法。此即所谓"礼出于俗,俗化为礼"。简言之,礼仪是待人接物的一种惯例。

从传播的角度来看,礼仪可以说是一种在人际交往中进行有效沟通的技巧。

从审美的角度来看,礼仪可以说是一种形式美。有道是"礼由心生",它是人的心灵美的必然的外化。

了解上述各种对礼仪的诠释,可以进一步加深对礼仪的理解,并且更为准确地对礼仪进行把握。

(资料来源:金正昆. 社交礼仪教程[M]. 北京:中国人民大学出版社,1998.)

(二)礼仪的本质

1. 礼仪是一种既有内在要求又有外在表现形式的行为规范

"德诚于中,礼形于外。"礼仪既要有内在美德又要有外在表现形式,两者缺一不可。内在的良好道德品质和文化修养,只有通过一定的外在礼仪形式表现出来,才能被人们体会和接受。

2. 礼仪的核心是尊重

"尊敬之心,礼也。"尊重交往对象,为对方着想,是交往成功的前提。"不敬则礼不行",失去尊重的礼仪,如同没有生命的绢花,徒有美丽的外表,没有鲜活的生命。

(三)相关概念的区分

最常见的与"礼"相关的词有三个:礼仪、礼节、礼貌。在大多数情况下它们是被视为一体、混合使用的。但从内涵上看,它们之间既有区别,又有联系。

礼貌是指与人和谐相处的意念和行为,是人际交往对人内在道德修养的要求。礼节是人们在日常生活中,特别是在交际场合相互表示尊敬、问候、祝颂、慰问以及给予必要的协助与照料的惯用形式,是人际交往中对人外在的要求。礼仪则是礼貌和礼节的结合,层次上要高于礼貌、礼节,其内涵更加丰富。

礼仪、礼貌、礼节相辅相成,密不可分。礼貌是基础,礼节是礼貌的具体表现形式,礼仪通过礼貌和礼节的共同作用得到体现。它们间的关系用公式表示是:礼仪=礼貌+礼节。英国哲学家弗兰西斯·培根说:"行为举止是心灵的外衣。"真正的礼仪,应是内外一致、形神兼具,是自然的流露而非生硬的表演。

二、礼仪的产生和发展史

自从人类社会形成以来,礼仪便相伴而生。礼仪体现了人类社会逐步摆脱愚昧、野蛮、落后,不断走向开化、进步和文明的进程。从历史发展的角度考察中国礼仪的产生和发展,大致可分为四个阶段。

(一)起源于原始社会

礼仪起源于原始社会和奴隶社会前期。关于礼仪的起源,一直是人们颇感兴趣的话题,但至今并无定论,主要有以下两种比较流行的观点。

1. 风俗说

该观点认为礼仪是由原始社会的风俗习惯演变而来的。原始人经过长期的共同生活,逐渐形成了共同遵守的习惯,这种习惯经过长期使用并统一规范,就沿袭为礼仪。比如原始社会的人们都赤身裸体,后来为了保暖遮羞以衣蔽体,人人都这样做,自然便形成了习俗,从此人类也就开始修饰自己的仪容仪表。即礼的产生经历了这样一个过程:个人行为→共同认可→共同行为→约定俗成→统一规范→礼。

2. 祭祀说

该观点认为礼仪缘于祭祀。原始社会的人类对自身的认识和对自然的把握都很欠缺。一方面,原始人类认为在肉身之外一定存在某样东西,它能使自己在睡眠时做梦,这就是灵魂。推己及其他,不仅人有灵魂,日月星辰、虫鱼鸟兽、花草树木等也皆有灵魂,这便是"万物有灵"的原始观念。另一方面,原始人类对变幻莫测、影响和左右自己命运的自然现象充满敬畏和神秘感,他们力图以某种方式与之沟通,达成和解,并博得佑护,于是产生了原始崇拜和原始宗教,而其中的祭祀仪式就称为"礼"。

后来,人类的自然崇拜逐渐扩展到人类自身。首先转移到那些在与自然界斗争中创造了奇迹、做了贡献的"英雄"身上,如传说中造人补天的女娲氏、教民农桑的伏羲氏、教民取火的燧人氏、尝百草的神农氏等。随后,祖先也成为人类崇拜和祭祀的对象。这种仪式在祭祀活动的历史发展中不断得到完善,进而形成一种统一规范,礼仪就这样产生了。

（二）形成于奴隶社会

正式的礼仪,应当形成于奴隶社会。进入奴隶社会以后,礼被打上了阶级烙印。为了维护奴隶主的统治,奴隶阶级将原始的宗教礼仪发展成为符合奴隶社会政治需要的礼制,并专门制定了一整套礼的形式和制度。中国的商代已有完备的礼制。周代的"五礼"即"吉、凶、宾、军、嘉",更是将礼制扩充和应用于规范整个社会生活,起到一种全面制约人的行为的作用。而被后世称道的"礼学三著作"即《周礼》《礼仪》《礼记》的问世,标志着周礼已达到了系统化的阶段。礼仪的内涵由单纯祭祀天地、鬼神、祖先的形式,跨入了全面制约人们行为的领域。

（三）发展于封建社会

秦统一六国以后,实行中央集权制,奠定了封建体制的基础,在这一时期,中国古代礼仪得到规范和完善,西汉的董仲舒以及宋代的朱熹是其中的代表人物。董仲舒提出"天人感应"学说,使皇权神圣化。董仲舒把儒家礼仪具体概括为"三纲五常",使封建社会的人伦道德关系更加规范化。董仲舒的学说为皇权采纳后,儒家礼教推行全国,对后世产生了巨大的影响。其后,在漫长的历史演变过程中,"礼"逐渐被统治者所利用,成为妨碍人类个性自由发展、禁锢思想自由的桎梏。

（四）扬弃变革于现代社会

从近代直到今天是我国现代礼仪的形成时期。中国传统礼仪具有复杂的动作程式,它与农业时代慢节奏的生活方式相匹配,却与工业时代快节奏的生活方式相背离。辛亥革命后,西方文化大量传入中国,一些西方礼仪开始逐步取代某些不合时宜的中国古礼,新的礼仪标准开始得到推广和传播,其中的代表人物是孙中山。

中国现代礼仪和中国古代礼仪的区别如下。

（1）目标不同：古代礼仪以维护统治秩序为目的,压制民主,扼杀个性,实行强权统治；现代礼仪重在追求人际交往的和谐和顺利。

（2）基础不同：古代礼仪以封建等级制度为基础,按社会地位将人划分为不同的尊卑等级；现代礼仪强调以人为本、人格平等、社会公平。

（3）古代礼仪繁文缛节较多,现代礼仪简单实用。

古代政治礼仪

1. 祭天

始于周代的祭天也叫郊祭,冬至之日在国都南郊圜丘举行。古人首先重视的是实体崇拜,对天的崇拜还体现在对月亮的崇拜及对星星的崇拜上。所有这些具体崇拜,在达到一定数量之后,才抽象为对天的崇拜。周代人崇拜天,是从殷代出现"帝"崇拜发展而来的,最高统治者被称为天子,君权神授,祭天是为最高统治者服务的,因此,祭天盛行到清代末期才宣告结束。

祭天，纳西语叫"孟本"，是丽江、中甸等地纳西族古老而隆重的节庆。祭天有春祭和秋祭。祭天的由来，传说是纳西族的始祖崇任利恩和衬红宝百命成婚后，久不生育，在天神父母指点下祭天之后，生了三个儿子，但长大后又不会说话，便再次行大祭天，三个儿子才说出三种不同的语言，变成了纳西、藏族、白族三个民族，故纳西人认为祭天可以保佑子孙的繁衍和健康成长，就世代相承下来。元代李京的《云南志略》记载，纳西族"正月登山祭天，极严洁"。元明清的汉文史书中也有关于纳西族祭天的记载，并有一套完整的祭天规程和繁杂的仪式，说明纳西族祭天历史之久远。

2. 祭地

夏至是祭地之日，礼仪与祭天大致相同。汉代称地神为地母，说她是赐福人类的女神，也叫社神。最早祭地是以血祭祀。汉代以后，不宜动土的风水信仰盛行。祭地礼仪还有祭山川、祭土神、祭谷神、祭社稷等。

3. 宗庙之祭

宗庙制度是祖先崇拜的产物。人们在阳间为亡灵建立的寄居所即宗庙。古代帝王的宗庙制是天子七庙、诸侯五庙、大夫三庙、士一庙，庶人不准设庙。宗庙的位置，天子、诸侯设于门中左侧，大夫则庙左而右寝，庶民则是在寝室中、灶膛旁设祖宗神位。庙中的神主是木制的长方体，祭祀时才摆放，祭品不能直呼其名。祭祀时行九拜礼："稽首"、"顿首"、"空首"、"振动"、"吉拜"、"凶拜"、"奇拜"、"褒拜"、"肃拜"。宗庙祭祀还有对先代帝王的祭祀，据《礼记·曲礼》记述，凡于民有功的先帝如黄帝、尧、舜、禹等都要予以祭祀。自汉代起始修陵园立祠祭祀先代帝王。明太祖则始创在京都成立历代帝王庙。嘉靖时在北京阜成门内建立历代帝王庙，祭祀先帝。

4. 对先师先圣的祭祀

汉魏以后，以周公为先圣，孔子为先师；唐代尊孔子为先圣，颜回为先师。唐宋以后一直沿用释奠礼（设荐俎馔酌而祭），作为学礼，也作为祭孔礼。南北朝时，每年春秋两次行释奠礼，各地郡学也设孔子、颜回之庙。明代称孔子为"至圣先师"。清代，盛京（今辽宁省沈阳市）设有孔庙，定都北京后，以京师国子监为太学，立文庙，称孔子为"大成至圣文宣先师"。曲阜的庙制、祭器、乐器及礼仪以北京太学为准式。乡饮酒礼是祭祀先师先圣的产物。

5. 相见礼

下级向上级拜见时要行拜见礼，官员之间行揖拜礼，公、侯、驸马相见行两拜礼，下级居西先行拜礼，上级居东答拜。平民相见，依长幼行礼，幼者施礼。外别行四拜礼，近别行揖礼。

（资料来源：高艳红，刘强. 旅游服务礼仪[M]. 北京：中央广播电视大学出版社，2009.）

任务二　礼仪的特征和原则

一、礼仪的特征

通过对礼仪的本质及产生发展史的学习，可以看出礼仪是一门社会交际的学问，它主要具有以下特征。

1. 普遍性

礼仪是人类历史进程中逐渐形成并积淀下来的一种文化，是人类为维系社会正常秩序而遵循的三大社会规范（法律规范、道德规范、礼仪规范）之一，是人们交际行为的一种非强制性规范。它得到了同一社会群体中各阶层的普遍认可和接受，具有强大的约定俗成的影响力，不随个人意志而转移，在同一社会群体中共同生活的全体成员都要无条件地遵守。如果一个人不按照社会通行的礼仪规范去做，而"独家创造"自己的"礼仪行为"，轻则会使自己陷入尴尬境地，重则会伤害到其他人的感情。

2. 差异性

礼仪的形式和内容都是由文化决定的，不同的文化背景产生不同的礼仪文化。因民族、地域、群体、时代的不同，礼仪也就具有了差异性。礼仪的差异性主要表现为宗教礼俗差异、民族差异、地域差异、时代差异、等级差异等。礼仪的差异性要求我们在社交活动中，既要注意各民族、国家、区域文化的共同之处，又要尊重各民族、国家、区域独特的礼俗文化，做到入乡随俗。

3. 多样性

礼仪的多样性主要表现在以下两个方面。

（1）不同的职业有不同的礼仪规范。如教师是人类灵魂的工程师，教师的礼仪形象应该是端庄文雅、和蔼可亲、充满自信；学生是成长中的青少年，朴素大方、健康向上是对学生基本的礼仪形象要求。

（2）不同的生活领域有不同的礼仪规范。每个人在不同的生活领域扮演着不同的角色。如到商场购物，我们是消费者；到医院就诊，我们是患者。要把我们在不同生活领域中的角色扮演好，就必须遵守不同生活领域的行为规范，否则会产生角色冲突。如在家庭生活中，在自己的父母面前任性，父母不会计较，但在学校任性，就可能无法处理好与老师、同学的关系。

4. 发展性

礼仪不是一成不变的，而是不断变化发展的。一方面，由于社会的发展、历史的进步而引起社交新问题的出现，要求礼仪有所变化，以适应新形势下新的要求。另一方面，由于各个国家、地区、民族之间的交往，礼仪随之也不断地相互影响、相互渗透，这也使礼仪具有相对的变动性。如中国现代礼仪就是在扬弃中国古代礼仪、吸收国际礼仪的基础上形成的，礼仪变革正朝符合国际惯例的方向发展。

知识链接

中西方礼俗文化差异比较

1. 家族为本与个人至上

中国人讲究修身、齐家、治国、平天下,人品是至关重要的,而这种人品是建立在关心国家、热爱集体、家庭和睦、人际关系和谐的基础之上。如果一个人只考虑个人利益,则其人品大打折扣。而国是家的放大,比如"家天下"。所以,所有的人际关系最终可以归结为家族关系,而又由家族关系衍生出人伦亲情,催生出许多道德伦理规范。比如忠于国家、孝敬长辈、重视亲情、关爱他人。在西方社会,个人本位的观念占主导地位,他们崇尚个人自由,不愿受到来自政府、教会或其他组织的干涉,喜欢我行我素。

2. 注重人情与讲求务实

中国人一向把情义摆在利益之上,中国社会实际上是一个人情社会。"君子喻于义,小人喻于利"成了中国妇孺皆知、代代相传的道德信条。每逢节庆,亲友之间总要走动走动,相互致意问候。如果遇到天灾人祸,亲友之间也常常相互支持和周济。西方人办事、交际都讲究功利和实际效益。各人在法律允许的范围内追求自身利益,不会被认为是不道德的,而对别人侵害自己利益的行为也决不姑息。

3. 重视身份与追求平等

中国的礼仪历来就强调一个"份"字。"贵贱有等,长幼有序,贫富轻重皆有称"是中国古人追求的一种理想的社会境界。西方社会的阶级、阶层的对立和差别是客观存在的,不同身份的人有着不同的社交圈子。但是,在日常交际生活中,每个人都很重视自己的尊严,不喜欢打听对方的身份,一些带有浓重等级色彩的礼仪形式已越来越不受人欢迎。相反,像自助餐、鸡尾酒会这样一些不讲等级身份的交际形式却日益流行起来。西方人追求平等的一个突出表现是,妇女在交际生活中受到人们的普遍尊重。"女士优先"是西方交际原则之一。

4. 谦恭含蓄与情感外露

中国人一向视谦虚为一种美德,"满招损,谦受益"被视为千古不变的规律。"动于心,发于情,止于礼"被视为有良好道德修养的表现。多数西方人则与此相反,他们不喜欢过分谦虚,也不提倡过分客套,不认同自谦、自贬。他们往往有一说一,决不害怕"锋芒外露"。"东方式的谦虚"在他们看来不是虚伪就是无能。同时,他们大都性格豪爽,感情热烈,拥抱礼、亲吻礼、吻手礼这些礼仪形式,都淋漓尽致地表现了他们的性格特征和文化心理。

5. 崇尚礼仪与法律至上

在中国历史上,礼仪的政治作用往往被提到了无以复加的高度。儒家的德主刑辅、先德后刑的礼治主义,长期受到了统治阶级的青睐。因此,礼仪往往被摆在法律之上,或者说礼仪已经包含了法的成分,这使得中国成了一个举世公认的"礼仪之邦"。西方人虽然也重视礼仪的社会功能,但更强调法律的作用。特别是资产阶级在革命时期就把建立法制社会作为自己政治活动的重要目标。在西方国家,法制观念远较礼仪观念更为深入人心,这是西方文明的一个重要特点。

(资料来源:王烨发,王晓春.涉外公关与礼仪[M].太原:山西经济出版社,1995.)

二、礼仪的原则

学习、应用礼仪,有必要在宏观上掌握一些具有普遍性、共同性、指导性的人际交往注意事项,这些人际交往注意事项,就是礼仪的原则。掌握这些原则,有助于人们更好地学习礼仪、运用礼仪。

礼仪主要具有以下五大原则。

(一) 尊重的原则

尊重是对自己和他人的接受、承认、关心、赏识等。从理论层面上讲,尊重由以下两部分内容组成。第一是自尊,即对和自己息息相关、与生俱来的一切,如自己的家乡、父母、学校、职业、单位、民族、国家等的接受、承认和维护。自尊是尊重的基础。只有自尊的人,才能获得他人的尊重。第二是尊重他人。如果说自尊是出发点,尊重他人就是基本要求。与人相处,不管对方的地位是高是低、身份如何、相貌怎样,都要尊重他人的人格,接受对方一切合乎情理的选择,不要把自己的意志强加给对方。

 案例分析

女王敲门

一次,英国维多利亚女王与丈夫吵了架,丈夫独自回到卧室,闭门不出。女王回卧室时,只好敲门。丈夫在里边问:"谁?"

维多利亚傲然回答:"女王。"

没想到里边既不开门,又无声息。她只好再次敲门。

里边又问:"谁?"

"维多利亚。"女王回答。

里边还是没有动静。女王只得再次敲门。

里边再问:"谁?"

女王学乖了,柔声回答:"你的妻子。"

这一次,门开了。

(资料来源:徐兆寿.旅游服务礼仪[M].北京:北京大学出版社,2013.)

分析:尊重,是一种修养,一种品格,一种对别人不卑不亢、不仰不俯的平等相待,一种对他人人格与价值的充分肯定。尊重是双向的,你能给人尊重,别人也会报以欣赏;你若予人轻视，别人定还以鄙薄。案例中女王最后的自称，虽简简单单，却叫开了房门，这就是尊重的力量！

（二）宽容的原则

宽容的原则要求人们在交际活动中要严于律己、宽以待人。对不同于己、不同于众，或者侵犯了自己利益的行为，只要无碍大的原则，都要适当包容，不必要求他人处处与自己完全保持一致，实质上这也是尊重对方的一个重要表现。当然宽容不是纵容，不是放弃原则立场的姑息迁就，也不是做老好人。对于邪恶及居心叵测的不良行为，就不能采取回避或逃避的态度，否则就丧失了自己应有的品德和人格。

 案例分析

宽容的最高境界

"二战"期间，两名战士在一次激战中与部队失去了联系。两人在森林中艰难跋涉，互相鼓励、安慰。

十多天过去了，他们仍未与部队联系上，幸运的是，他们打死了一只鹿，依靠鹿肉又可以艰难度过几日了。这以后他们再也没看到任何动物。仅剩下的一些鹿肉，背在年轻战士的身上。

这一天，他们在森林中遇到了敌人，经过再一次激战，两人巧妙地避开了敌人。就在他们自以为已安全时，只听到一声枪响，走在前面的年轻战士中了一枪，幸亏在肩膀上。后面的战友惶恐地跑了过来，把自己的衬衣撕下包扎战友的伤口。

晚上，未受伤的战士一直叨念着母亲，两眼直勾勾的。他们都以为自己的生命即将结束，身边的鹿肉谁也没动。第二天，部队救出了他们。

事隔30年后，那位受伤的战士安德森说："我知道谁开的那一枪，他就是我的战友。他去年去世了。在他抱住我时，我碰到他发热的枪管，但当晚我就宽恕了他。我知道他想独吞我身上带的鹿肉活下来，但我也知道他活下来是为了他的母亲。此后几十年，我装作根本不知道此事，也从不提及。战争太残酷了，我没有理由不宽恕他。"

（资料来源：田文燕，张震浩.顾客服务的艺术：服务礼仪[M].北京：中国经济出版社，2005.）

分析：法国大文豪雨果有句名言："世界上最广阔的是海洋，比海洋更广阔的是天空，比天空更广阔的是人的胸怀。"一个人能容忍别人的固执己见、自以为是、傲慢无礼、狂妄无知，却很难容忍对自己的恶意诽谤和致命伤害。但唯有以德报怨，把伤害留给自己，让世界少一些不幸，回归温馨、仁慈、友善与祥和，才是宽容的至高境界。

（三）平等的原则

平等是礼仪的一个重要原则。我们在运用礼仪时，允许根据不同的交往对象，采取不同的具体方法。但在尊重交往对象上,必须做到一视同仁。不能因为交往对象在种族、性别、性格、职业、地位、财富等方面的不同,而区别对待、厚此薄彼。什么叫礼仪？孔子说,走路时,两人相遇,遇到当官的、高贵的人,迈着又快又小又轻的步子走过去。遇到盲人、残疾人、穿丧服的人也这样做,避免在他人身边叨扰太久,避免触及这些弱势群体内心的伤痛,这就是礼仪。平等是人与人交往时建立情感的基础,是保持良好的人际关系的诀窍。

 案例分析

我不愿意在礼貌上不如任何人

《林肯传》中有这样一件事：一天,林肯总统与一位南方的绅士乘坐马车外出,途遇一老年黑人深深地向他鞠躬。林肯点头微笑并也摘帽还礼。同行的绅士问道:"为什么你要向黑鬼摘帽?"林肯回答说:"因为我不愿意在礼貌上不如任何人。"

(资料来源:田文燕,张震浩.顾客服务的艺术:服务礼仪[M].北京:中国经济出版社,2005.)

分析：平等是礼仪的一个重要原则。美国总统林肯就是平等待人的典范。尽管向他致意的是一个不起眼的甚至是受到种族歧视的老年黑人,他依然能够遵照礼仪的原则礼貌还礼。在当时的美国社会,做到这一点是难能可贵的。林肯的高贵品德也受到美国人民的爱戴。1982年美国举行民意测验,要求人们在美国历届总统中挑选一位"最佳总统",最终名列前茅的就是林肯。

（四）诚信的原则

诚信即真诚守信。真诚是一个人外在行为与内在道德的有机统一。古语中有"诚于中而行于外"之说,英国哲学家弗朗西斯·培根也说:"行为举止是心灵的外衣。"真正的礼仪文明,应该是内外一致、形神兼具,而不是人为、刻意的表演。

守信就是要对自己讲的话承担责任和义务,孔子曰:"与朋友交言而有信。"对别人的要求应根据自己的能力和实际情况给以答复;对不应办或办不到的事情,不能轻易许诺;一旦许诺,就要努力兑现,切不可妄开"空头支票"。

诚信是完美人格的道德前提,是为人处世的基本要求。一个人能够在社会上立足,与人很好地相处,靠的是诚信。

 案例分析

立木为信与烽火戏诸侯的对比

战国时期,秦国的商鞅在秦孝公的支持下主持变法。当时处于战争频繁、人心惶惶之际,为了树立威信,推进改革,商鞅下令在都城南门外立一根三丈长的木头,并当众许下诺

言:谁能把这根木头搬到北门,赏金十两。围观的人不相信如此轻而易举的行为能得到如此高的赏赐,结果没人肯出手一试。于是,商鞅将赏金提高到五十两。重赏之下必有勇夫,终于有人将木头扛到了北门。商鞅立即赏了他五十两。商鞅的这一举动,在百姓心中树立起了威信,而商鞅接下来的变法就很快在秦国推广开了。新法使秦国渐渐强盛,最终统一了中国。

而同样在商鞅"立木为信"的地方,在早它400年以前,却曾发生过一场令人啼笑皆非的"烽火戏诸侯"的闹剧。

周幽王有个宠妃叫褒姒,为博取她的一笑,周幽王下令在都城附近20多座烽火台上点起烽火。烽火是边关报警的信号,只有在外敌入侵需召诸侯来救援的时候才能点燃。结果诸侯们见到烽火,率领兵将们匆匆赶到,弄明白这是君王为博宠妃一笑的花招后又愤然离去。5年后,犬戎大举攻周,周幽王烽火再燃而诸侯未到。谁也不愿再上第二次当了。结果周幽王被杀,而褒姒也被俘虏。

(资料来源:杨梅.旅游礼仪实务[M].北京:清华大学出版社,2007.)

分析:诚信是一个人的立身之本,是维系人与人交往的重要品德。本案例中,一个"立木取信",一诺千金;一个帝王无信,玩"狼来了"的游戏。结果前者变法成功,国强势壮;后者自取其辱,身死国亡。可见,诚信不仅仅是为人处世的基本要求,对一个国家的兴衰存亡也起着非常重要的作用。

(五)适度的原则

度指分寸。适度的原则要求人际交往时,应注意把握分寸,既要热情大方,又不能低三下四;既要彬彬有礼,又不能轻浮谄谀;既要老练持重,又不能圆滑世故。因为凡事过犹不及,做过了头或不到位,都不能取得理想的人际交往效果。

 案例分析

对人太好也是错

一位女士手持离婚证书站在路边对风饮泣,她回想起丈夫对她说的离婚原因:你对我们太好,我们都觉得受不了!对她来说,对人好也是错,这简直是天方夜谭。原来,这位女士是一位母性很强的人,特别喜欢关心照顾他人,甚至到了狂热的程度。每天下班后,就里里外外地开始操劳,一个人包办了所有的家务,如买菜,做饭,洗衣,擦地板等,绝不让别人插手。结果,丈夫,公公,婆婆,在家里站也不是坐也不是,像住在别人家里一样。久而久之,全家人终于无法忍受,丈夫提出和她离婚。

(资料来源:田文燕,张震浩.顾客服务的艺术:服务礼仪[M].北京:中国经济出版社,2005.)

分析:中国有句俗话:"一斗米养个恩人,一石米养个仇人。"适度原则要求我们在人际交往中要懂得把握好一个度,超过这个度,人际关系有可能走向反面。夫妻之间也是这样。妻子对丈夫太好了,反而会让丈夫忽视妻子的感情,因为人们对于太容易得到的东西都不懂得珍惜。而丈夫的忽视反过来也会引起妻子的怨恨,最后在感情上形成恶性循环,严重影响夫妻感情的健康和谐发展。人际交往中,我们得学会把握分寸,留有余地,以保持双方感情付出的平衡。

礼仪五大原则中,最应注意的基本要求是尊重的原则,礼仪规范从内容到形式都是尊重他人的具体体现。尊重是一个人立身处世的根本,是礼仪的基本原则。人际交往,尊重当先。

任务三 认识旅游服务礼仪

一、旅游服务礼仪的内涵

根据适用对象、适用范围的不同,礼仪可分为政务礼仪、商务礼仪、服务礼仪、社交礼仪和国际礼仪。

(1) 政务礼仪:又叫公务员礼仪,指的是国家公务员在行使国家权力和管理职能时所必须遵循的礼仪规范。

(2) 商务礼仪:指的是从事经济活动的人士在经济往来中应当遵守的礼仪规范。

(3) 服务礼仪:指的是服务行业的从业人员应具备的基本素质和应遵守的礼仪规范。

(4) 社交礼仪:指社会各界人士在一般的交际应酬中应当遵守的礼仪规范。

(5) 国际礼仪:即涉外礼仪,指的是人们在国际交往中,与外国人交际时所应遵守的礼仪规范。

在上述五大礼仪分支中,前三大分支是按照行业划分的,并且是在各自的工作领域中必须遵守的,又可称为行业礼仪或职业礼仪;而后两大分支是按照人们具体的交往环境划分的,又可称为交往礼仪。

旅游服务礼仪是服务礼仪的一个分支,是礼仪在旅游服务行业内的具体运用,它具有礼仪的共性,同时又有旅游服务的特点。心态是礼的前提,敬是礼的核心,德是礼的灵魂,规范是礼的保证。这是旅游服务礼仪的内涵,也是学习运用旅游服务礼仪时应把握的基本点。

 案例分析

三个石匠

有一个记者去某地采访,因为时间还多,在路过一个建筑工地的时候留意了一下,这个工地上有三个石匠正在叮叮当当地凿石头。这个记者就问其中一个石匠:"老伙计,你在忙什么呢?"这个石匠就讲:"看不到吗?整天跟一堆石头打交道,做的都不是人干的活。为了养家糊口,唉,没办法!"记者又问第二个石匠:"你在做什么呢?"第二个石匠的回答不

一样了。大家能猜到是什么吗?第二个石匠讲:"我在雕刻一件艺术品。"这个记者越发感兴趣,同样是在敲石头,怎么答案就截然不同呢?他就又问第三个石匠:"老伙计,你在忙什么?"第三个石匠讲:"我要建造一座美丽的殿堂。"当时记者还有采访任务,便匆匆离开了现场。三年以后故地重游,记者再次来到这个工地,但是现在大家猜还有几个人在这忙活?只剩下第一个石匠。记者好奇了,就问:"老伙计,记得三年以前,你们当时有三个伙计在这忙活,怎么现在就剩下你一个人了?"这个石匠讲,"那两个家伙也不知踩了什么狗屎运,其中一个到一家大的建筑公司当了领班,手底下有几十号人。另外一个邪门了,做了一家公司的总裁,身家千万。我这辈子算倒了霉了,整天跟一堆石头打交道,做的都不是人干的活。为了养家糊口,唉,没办法!"

(资料来源:费拉尔·凯普.自驱力[M].倍菁,译.北京:中国工人出版社,2004.)

分析:礼由心生。对服务人员而言,心态往往决定一切。有什么样的心态,就有什么样的工作效果,什么样的人际关系,什么样的生活质量。世界著名成功学大师拿破仑·希尔也认为,一个人能否成功,关键在于他的心态。在旅游服务工作中,要努力培养积极心态。

二、礼仪在旅游服务中的作用

礼仪之所以受到社会各界特别是服务业的普遍重视,主要是因为它具有多种重要作用,主要表现在以下三方面。

1. 内强素质

荀子说:"礼者,养也。"礼仪即教养,它不仅反映着一个人的交际技巧与应变能力,而且反映着一个人的气质风度、阅历见识、道德情操、精神风貌。一个人、一个单位、一个国家的礼仪水准如何,往往反映着这个人、这个单位、这个国家的文明水平、整体素质与整体教养。如随地吐痰,表面看是卫生习惯,本质是素质问题。2009年的一份报纸上,刊登了记者采访外籍人士对中国人的观感,有两点是他们最受不了的:一是相当一部分人开车不遵守交通规则;二是随地吐痰。而在欧美国家,走在马路上很难看到一个吐痰的人,地上也看不到一口痰迹,不是他们没痰,而是他们吐在随身携带的纸巾里,然后再找机会扔到垃圾桶里,这已成为他们的基本行为规范。古人云:"礼义廉耻,国之四维。"礼仪规范的学习有助于提升个人乃至一个单位、一个国家的精神品位,推动和谐社会的发展。

2. 外塑形象

形象指个人、组织的实际表现在社会公众中获得的总体评价,它是一个综合的、全面的,外表与内在结合的,在流动中留给他人的印象。如你的衣着、言行、举止、修养、生活方式、知识层次、家庭出身、住在哪里、和什么人交朋友等,无声而准确地为你下着定义:你是谁,你的社会地位,你如何生活,你是否有发展前途……形象的综合性及其包含的丰富内容,为我们塑造成功的形象提供了很大的回旋空间。

形象很重要,良好的形象意味着良好的人际关系和公众舆论。礼仪的学习,有利于人们更好、更规范地设计、维护个人形象,更充分地展示个人的良好教养与优雅风度。而组织的形象也通过个人的形象得以体现。

3. 调节与融洽人际关系

人际关系指人与人之间交往的状况和程度,例如,是友善还是敌意,是合作还是对抗,是长期还是短暂。良好的人际关系主要有三大作用。一是产生合力。"一个好汉三个帮"就是这个道理,特别是现代社会,分工细化,竞争残酷,凡事更需借助他人的力量。二是沟通情感。人生不可能一帆风顺,要想坚持到底,必须有情感滋润,而良好的人际关系能提供心灵的支持和慰藉,在成功时得到分享和提醒,挫折时有人可以倾诉并得到鼓励,这必将有助于心理的平衡。三是交流信息。现代社会,一条珍贵的信息可以使人功成名就,信息闭塞也可能使人贻误良机,广交朋友是一条十分有效的获取信息的途径。而礼仪作为人际交往的艺术,能够帮助人们规范彼此的具体交际行为,更好地向交往对象表达自己的尊重、友好与善意,增进彼此之间的了解与信任,从而使人际关系更趋和谐。

三、服务礼仪意识的培养

(一)服务礼仪意识的含义

服务礼仪意识是指服务人员一走上工作岗位,便产生一种主动为服务对象提供热情、周到服务的一种观念和愿望。拥有服务意识的人,常常会站在客人的立场上,急客人之所急,想客人之所想;为了让客人满意,不惜自我谦让和妥协。服务礼仪意识是以客人为中心。它发自服务人员的内心,可以通过培养、教育和训练,进而形成一种习惯。

(二)服务礼仪意识的培养

服务礼仪意识的培养,主要包括以下四个方面的内容。

1. 调整心态

礼由心生。优质的服务是发自内心的一种意愿。服务的心态决定服务的行为,服务的行为决定服务的结果。但是由于历史和社会的原因,在过去相当长的时间里,人们对服务行业另眼看待,存在着服务人员低人一等、服务员从事的是侍候人的工作等不正确的看法。这就导致了这样一种现象:在社会生活中,人人都需要服务,人人都接受他人的服务,但同时又不愿从事服务工作或者看不起服务工作者,以致旅游员工队伍不稳定或人员流动不正常。这类现象的发生既有其社会根源,又有其内在原因。但不可否认,服务观念模糊滞后,是其中一个重要因素。旅游业要通过不断的职业道德和素质培训,不断提升、更新人们的服务观念和服务意识,以构筑适应未来时代发展需要的服务信念和价值体系。

2. 摆正位置

现代礼仪强调人格平等,反对等级差异,但承认身份有别。人际交往中要有角色意识,不能越位。

角色原是戏剧里的名词,现被借用到社会学科中。在社会这个大舞台上,我们每个人都"身兼数职",需要在不同场合扮演不同的角色:在父母面前是放纵或孝顺的孩子,在孩子面前是严厉或慈祥的父母,而在对客人服务时,就只能是善解人意、耐心细致的服务提供者。千万不要在不同场合扮演同一角色,那样就是角色错位。

那么旅游服务人员与服务对象二者之间究竟是什么关系呢?是服务与被服务的关系,是双方在人格完全平等基础上的服务产品的提供者与消费者的关系。因此,旅游服务人员既不能在服务岗位上与服务对象"平起平坐",也不要在客人面前唯唯诺诺,谦恭过

头。美国的丽思·卡尔顿酒店提出一个口号:"我们是为先生女士服务的先生女士。"能正确认识自身价值,自尊自重,就更能得到客人的尊重。

3. 尊重为本

人际交往,尊重当先。在整个服务过程中,不失敬人之意永远是第一位的。当企业的每一个人都能发自内心地去尊重每一个顾客时,就一定能够为客人提供优质的服务。服务人员在向服务对象表达自己的尊敬之意时,要善于抓住三个重点环节——接受(accept)对方、重视(attention)对方、赞美(admire)对方,即"3A法则"。"3A法则"是我们向别人表达善意的可操作技巧。倘若旅游服务人员按照这个规则去做,在服务过程中就会比较容易被客户理解和接受。

4. 表达规范

礼是尊重,仪是表达。而尊重和友善的表达,有一个规范化问题。同礼仪的其他学科相比,服务礼仪的规范性和操作性更强。这就要求旅游接待人员要有扎实的业务基础、规范的服务技能和较强的独立工作能力,以保证接待任务的顺利完成。

近年来,接待服务工作的标准越来越高、难度越来越大,旅游业正面临着更为严峻的挑战。每一位爱岗敬业、热心为游客服务的工作人员,都应该把服务无止境和人生追求无止境结合起来,面对竞争与时俱进,不断取得新的成绩。

课堂讨论

情景:公元前592年,当时的齐国国君齐顷公在朝堂接见来自晋国、鲁国、卫国和曹国的使臣,各国使臣都带来了墨玉、币帛等贵重礼品献给齐顷公。献礼的时候,齐顷公向下一看,只见晋国的亚卿郁克是个独眼,鲁国的上卿是个秃头,卫国的上卿孙良夫是个跛脚,而曹国的大夫公子首则是个驼背,不禁暗自发笑:怎么四国的使臣都是有毛病的。

当晚,齐顷公见到自己的母亲萧夫人,便把白天看到的四个人当笑话说给萧夫人听。萧夫人一听便乐了,执意要亲眼见识一下。正好第二天是齐顷公设宴招待各国使臣的日子,于是便答应让萧夫人届时躲在帷帐的后面观看。第二天,当四国使臣的车子一起到达,众人依次入厅时,萧夫人掀开帷帐向外望,一看到四个使臣便忍不住大笑了起来,她的随从也个个笑得前仰后合。笑声惊动了众使者,当他们弄明白原来是齐顷公为了让母亲寻开心,特意做了这样的安排时,个个怒不可遏,不辞而别。四国使臣约定各自回国请兵伐齐,血洗在齐国所受的耻辱。四年后,四国联合起来讨伐齐国,齐国不敌,大败,齐顷公只得讲和,这便是春秋时著名的"鞌之战"。

(资料来源:杨梅,牟红.旅游服务礼仪[M].上海:格致出版社,2011.)

讨论:

1. 齐顷公的行为主要违反了礼仪的哪一个原则?

2. 齐顷公待人接物上的失误为什么会导致如此严重的后果?谈谈你对该礼仪原则重要性的认识。

项目小结

（1）旅游服务礼仪是礼仪知识和技能在旅游服务中的运用。为了帮助大家对旅游服务礼仪有一个基本的认识和了解，我们在对礼仪的本质、起源、发展、特点、分类进行介绍的基础上，揭示了旅游服务礼仪的实质和内涵，这些概念、观点和认识是学习旅游服务礼仪的基础，应引起我们的重视。

（2）学习、应用礼仪，有必要在宏观上掌握一些具有普遍性、共同性、指导性的人际交往注意事项。为此，我们介绍了礼仪的五大原则。这些原则在旅游服务礼仪的学习中能起到事半功倍的效果，要求深入理解并将其自觉运用于实践中。

（3）优质的服务是发自内心的一种意愿。为此，我们分析了礼仪在旅游服务中的作用，介绍了服务礼仪意识的相关知识及培养要点，这些内容的学习，能帮助我们提高认识、端正态度、明确方向，是旅游服务礼仪学习中必须解决的问题。

上述三方面内容构成了旅游服务礼仪的基础原理和基础知识，也为后面的学习奠定了基础。

项目实训

一、知识训练

1. 名词解释：
   礼仪　旅游服务礼仪　尊重的内涵　服务礼仪意识
2. 中国现代礼仪和中国古代礼仪的关系是怎样的？
3. 简述礼仪、礼貌、礼节三个概念的区别和联系。
4. 谈谈你对"人际交往，尊重当先"这句话的理解。
5. 为什么要学习旅游服务礼仪？礼仪在旅游服务中有哪些重要作用？

二、能力训练

1. 通过本章的学习，在日常生活、交际中按照礼仪基本原则的要求亲身体验并践行基本礼仪知识。

   目的：深刻理解礼仪的基本原则，逐步养成礼仪习惯，提升礼仪修养。

   要求：尽可能在日常生活、交际的每一个环节做到用礼仪基本原则的要求指导自己的言行。

2. 选择当地一家四星或五星级饭店，调查该饭店在员工服务礼仪意识培养上所做的工作。

   目的：通过调查分析使学生了解服务礼仪意识的培养在实际中的应用情况。

   要求：小组调查，提交报告，选择本地四星级及以上的饭店。

案例分析

101%的服务

有一次,一位顾客在肯德基用餐时,需要服务员为她拿一把汤勺。服务员微笑着答应了。很快,服务员回来了,手里却不见汤勺,只见一张洁净的白纸,顾客生气了。就在这时,那位员工伸出手掌,翻开纸巾的时候,顾客会心地笑了。因为她看到雪白的纸巾上静悄悄地躺着一把汤勺。虽然只是一个小小的举动,却足以让顾客感动。无疑,那位员工受到了上司的嘉奖。他不只做到了顾客想要什么就给她什么,他超出了100%的服务,做到了101%的服务。

(资料来源:田文燕,张震浩.顾客服务的艺术:服务礼仪[M].北京:中国经济出版社,2005.)

思考:

1. 那位员工受到上司嘉奖的原因是什么?
2. 结合礼仪知识,谈谈你阅读这则故事后的感想。

项目二 旅游从业人员的仪表礼仪

 项目目标

知识目标：
（1）了解仪表礼仪在职业活动中的意义和作用；
（2）明确仪表礼仪的含义及其与相关概念的关系；
（3）掌握旅游从业人员仪容、着装的基本规范；
（4）掌握旅游从业人员的规范仪态。

能力目标：
能够按照服务的礼仪要求打理自己的仪表。

素质目标：
规范仪表礼仪行为，塑造良好第一印象。

 **项目任务**

（1）通过本项目的学习，能正确认识仪表礼仪在旅游服务中的作用；
（2）能按照礼仪规范打理自己的仪表。

> **案例导入**
>
> ### 希尔先生的成功
>
> 第一次世界大战后,美国有一位希尔先生,对自己在这个世界上拥有的全部财产,他形象的比喻是:只不过比我刚来到这个世界之初多了一点点而已。战争毁掉了他的事业,只有一切从头开始了。希尔清楚地认识到,在商业社会中,一般人是根据一个人的衣着来判断对方的实力的,因此,他首先去拜访裁缝师。靠着往日的信用,希尔定做了三套昂贵的西服。当时他的口袋里仅有不到1美元。
>
> 每天早上,他都会身穿一套全新的西服,在同一时间、同一街道与某位富裕的出版商"邂逅",希尔每天和他打招呼,并偶尔聊上两分钟。大约一星期后,出版商主动与希尔搭话,出版商想知道希尔从事哪种行业,因为希尔表现出一种很有成就的气质。希尔告诉出版商:"我正在筹备一份新杂志,打算近期争取出版。"出版商说:"我是从事杂志印刷和发行的,也许,我可以帮你的忙。"出版商约希尔到他的俱乐部,邀请希尔共进晚餐,在进餐中,出版商"说服"了希尔答应和他签约,由他负责印刷和发行希尔的杂志。
>
> (资料来源:李筱琳.现代礼仪规范教程[M].北京:中国广播电视出版社,2008.)
>
> **讨论分析:**
> 这个案例给了你哪些启发?

我国自古以来就十分注重人们的仪表美,把端正的仪表作为礼仪学习的开端。如"礼仪之始,在于正容体、齐颜色、顺辞令。"古代启蒙读物《弟子规》中,也有专门教导仪表礼仪的章节,如"冠必正,纽必结,袜与履,俱紧切"等。仪表综合反映了一个人的修养、学识、审美观等。在社会交往中,注重仪表礼仪,也体现出对交往对象的尊重。旅游行业是一个窗口行业,旅游从业人员肩负着宣传中国旅游文化、展示文明礼仪的重任,良好的仪表礼仪显得尤为重要。

任务一　仪表礼仪概述

一、仪表礼仪概念

仪表礼仪是对社会个体在衣着举止、服饰打扮等方面的具体规范。一般而言,可以把仪表礼仪分成三个部分:服饰礼仪、仪容礼仪和仪态礼仪。服饰礼仪和仪容礼仪是仪表礼仪的静态部分,仪态礼仪是仪表礼仪的动态部分。

二、仪表修饰的原则

对旅游服务工作而言,仪表礼仪的意义主要在于帮助从业人员塑造专业的职业形象。不同职业有不同的职业形象要求。职业形象来源于服务对象对工作人员的角色期待,塑造的形象符合服务对象的角色期待,就会赢得服务对象的信任,否则相反。

服务对象对旅游从业人员的角色期待有哪些呢?主要包括以下几点。第一,服务者。服务对象期待从旅游从业人员处获得良好的服务。第二,信息的提供者。服务对象期待旅游从业人员能够提供所需要的关于旅游、餐饮等方面的信息。第三,意见的参考者。服务对象期待旅游从业人员能够帮自己提出有价值的参考意见等。

由此,我们得出旅游从业人员形象塑造的原则:对于服务者,衣着整洁、热情谦恭,是其仪表塑造的应有之义;对信息提供者和意见参考者,规范、专业,是其必备的形象要求。

 案例分析

竞选与仪表

美国人整体上性格外向、感情丰富。他们欣赏英俊的外貌,沉着潇洒、彬彬有礼的绅士风度,赞赏幽默机智的谈吐。1960年,尼克松败在肯尼迪手下,就是因为在电视辩论中风度与谈吐均不如肯尼迪。里根之所以能当上总统,与他在当电影演员时培养出来的潇洒风度和练就的好口才有很大关系。同样,克林顿之所以能当选总统,与他的气质和仪表有很大关系。

从外在形象看,年仅46岁、高大英俊的克林顿当然比年纪老迈的老布什占有很大的优势。但布什是一个很难对付的对手:他是一个老牌政客,在从政经验的丰富与外交成就的显赫这两个方面,克林顿无法同他相比。故而克林顿在三次电视辩论中都接受专家建议,采用以柔克刚的办法,不咄咄逼人,不进行人身攻击,而在广大听众面前展示出了一个沉着稳重、从容大度的形象。如在1992年10月15日第二次电视辩论中,克林顿为了表示他对广大电视观众的尊敬,一直没有坐,并且在辩论中减少了对布什的攻击,把重点放在讲述自己任阿肯色州州长12年间所取得的政绩上。克林顿的这种以柔克刚、彬彬有礼的做法,赢得了广大观众的好感。在最后一次电视辩论中,克林顿英俊潇洒的姿态、敏捷的论辩与幽默机智的谈吐使他大出风头。他在对布什的责难进行了有效反驳后,很得体地对广大电视观众说:"我既尊敬布什先生在白宫期间的为国操劳,又希望选民能鼓起勇气,敢于更新,接受更佳人选。"话音刚落,掌声雷动。

(资料来源:曾曼琼.现代礼仪及实训教程[M].北京:化学工业出版社,2014.)

分析:仪表虽是人的外表,但也是一种无声语言,在一定意义上能反映出一个人的修养、性格等特征。克林顿抓住电视这个受众面最广的传媒,以有礼有节的讲话策略与布什竞选,在选民面前很好地展示了自己的形象、风度、思维能力、表达能力、应变能力等,从而赢得了广大选民的信任和支持。可见,"形象管理"对一个人的成功是多么重要。

三、仪表礼仪在旅游服务中的作用

电子媒体的普及改变了人类的生存方式,人们的活动范围增大,人际交往的范围也得到极大扩展。由于精力和时间有限,对于交往范围内的大多数人,人们已经无法像过去一样经过长期的相处来获得深入的相互了解,人们往往通过对交往对象短暂的初次印象来决定是否继续交往。据研究,人和人见面的第一印象7%取决于交往对象当时说了什么,38%取决于当时交谈中的语音语调,55%取决于交往对象当时的形体语言,即动作、服饰、表情等。由此可见,第一印象大多数取决于人的形象,也就是仪表礼仪。

仪表礼仪对旅游从业人员而言,主要有以下作用。

1. 体现出对宾客的尊重

大众旅游消费是社会经济发展到一定程度之后的产物。在此阶段,旅游者已基本满足生存、安全等需要,根据马斯洛的需要层次论,旅游者需要满足被尊重的需要,希望在旅游消费中,获得良好的精神满足。良好的仪表能带给旅游者审美感受,体现出对旅游者的尊重。

2. 提高服务人员个人素质

"诚于中而形于外",一个人的形象反映着他的素质、修养、文化程度、审美能力等,不断提高仪表修养的过程,也是一个不断加强自我内在修养的过程。

3. 影响接待效果

规范的仪表礼仪能给客人留下良好的第一印象,促使游客愉快地接受旅游服务,从而提高旅游接待工作的质量。

4. 反映企业形象

企业是员工的集合体,优秀的员工个人形象,构成了企业的整体形象。员工仪表礼仪规范,也反映出企业的组织和管理水平。

知识链接

信息传递的"73855"公式

据美国心理学家分析,人际交往中传递的信息量,7%凭借语调,38%出自声音,55%来自表情、动作、服饰打扮等形体语言。由此可见,人际交往中,非语言符号的交流十分重要。

(资料来源:张锡东.社交礼仪[M].北京:清华大学出版社,2008.)

任务二 服饰礼仪

一、服饰修养

(一)服饰的功能

人类最初的所有发明,几乎都是为了生存和繁衍的需要。原始的服饰(如树叶、兽皮等),其主要功能是为满足保暖、防晒、安全等生理性需要。随着人类社会的发展,生产力得到提高,服饰功能也开始多样化,遮羞、标志身份和地位、审美等功能逐渐出现。

(二)着装的基本原则

服饰文化是流行文化中的重要组成部分,在千变万化的流行服饰中,人们往往无所适从。怎样选择适合自己的服饰?怎样穿才是得体的?成为常困扰现代人的问题。在服饰的选择上,可以参考以下原则。

1. TPO 原则

着装 TPO 原则是指人们的着装要兼顾时间(time)、场合(place)、对象(object),也就是说着装要区分场合、符合身份,并要随着交往对象和交往目的的变化而变化。一套衣服,既"下厨房",又"出厅堂",往往是失礼的。

2. 和谐原则

和谐原则是指着装要与年龄相配,与身材、肤色、脸型等相衬。

着装要与年龄相配。不同的年龄段有不同的美,如女性 20 岁美在青春活泼,30 岁美在妩媚优雅,40 岁美在成熟雍容,50 岁美在智慧通透,等等。为衬托不同年龄段的风采,着装也应符合该年龄段的特点。

着装要与身材相衬。人的身材一般分为"X"形、"H"形、"Y"形、"A"形、"O"形等。"X"形是最完美的身材,适合任何款型的服装。拥有其他类型身材的人在挑选服装时就要注意扬长避短,用服装彰显身材的优点,规避缺点,通过恰当的着装,让身材接近完美。

着装要与肤色相衬。根据色彩学,人的肤色一般分为浅暖色、浅冷色、深暖色、深冷色,不同的肤色适合不同颜色的服装。如深冷色肤色的人往往肤色很白,瞳孔颜色黑,眼神锐利,有距离感,此类人适合颜色饱和度高的颜色,如纯黑、本白、正红、明黄、宝蓝等颜色。

着装要与脸型相衬。对于脸型和着装的关系,主要考虑衣服的领形。如圆脸的人适合 V 形衣领等。

(三)服装选择的三要素

我们一般把款式、面料、色彩作为服饰选择的三要素。时尚大师香奈儿曾有这样的名言:"任时尚如何变化,风格永存。"选择服装时,要考虑是否适合自己,而非单纯考虑是否流行。旅游从业人员的服装在款式选择上,要契合自己的体型;在面料上宜选择稍微好一点的;色彩选择上除了注意契合自己的肤色外,还要注意遵循色彩搭配的一般原则。

服装色彩搭配一般有以下几种方法。

1. 统一法

全身上下的服饰统一于同一种颜色,通过同色系的深浅变化来体现层次感。

2. 相邻色搭配法

通过相邻的颜色搭配,呈现出和谐的美感。如黄绿、绿蓝、蓝紫、紫红、红黄等色彩搭配,就是相邻色搭配法。

3. 呼应法

可以在某些相关的部位刻意采用同一颜色,形成色彩的呼应,从而产生美感。如黑色腰带和黑色皮鞋的呼应,红色项链和红色长靴的呼应等。

4. 对比法

利用色彩的冷暖、明暗、深浅等进行对比搭配,也能起到美化的作用。

(四)配饰原则

搭配得宜的配饰往往能对人的整体形象起到画龙点睛的作用。配饰佩戴一般应遵循"符合身份,以少为佳"的原则。对旅游从业人员而言,配饰应做到"三不戴":第一,影响工作的不戴;第二,过分炫耀财富的不戴;第三,过分张扬性别魅力的不戴。同时,佩戴的首饰至多三件,至少为零,佩戴的首饰最好同质、同色、同风格。

根据以上原则,我们来分析旅游从业人员配饰佩戴的具体要求。

1. 女性旅游从业人员配饰的类别和一般要求

第一,发饰,如发圈、发网、头花等。在工作中,一般不应佩戴颜色鲜艳、造型夸张的头饰,同一岗位工作人员的头饰应该统一,给人以整齐划一之感。

第二,耳饰,如耳钉、耳吊等。据研究,具有动感的耳饰能吸引他人的视线,女性日常佩戴耳饰,可以彰显性别魅力。在岗位上,一般不提倡女性佩戴耳饰,特别是造型夸张的耳饰。如果想要佩戴耳饰,只能佩戴小巧的耳钉。

第三,颈饰,如项链等。在岗位上,为方便工作,女性不可佩戴毛衣链等长款项链,只能佩戴细小的没有挂饰的锁骨链或带较小挂饰的锁骨链,其他类型的项链佩戴时应用衣物遮挡,不可直接佩戴在外。

第四,腕饰,如手表、手链、手镯等。从事餐饮服务工作的从业人员,不应佩戴手链、手镯等首饰。

第五,手饰,如戒指等。根据工作岗位的不同,决定是否佩戴戒指。

2. 男性旅游从业人员配饰的类别和一般要求

男性旅游从业人员配饰主要有手表、袖扣、眼镜、领带夹等,其他配饰不适合在工作场合佩戴。在选择男士配饰时,应与服装、场合和谐搭配。例如,穿着西服时,就不适合戴卡通风格的手表。

二、旅游从业人员的着装要点

着装作为仪表礼仪的重要范畴,也应符合服务对象的角色期待,应"干什么、像什么,像什么、穿什么"。整洁、大方、规范应是旅游从业人员着装的基本原则。

(一)制服穿着

很多旅游企业为员工配置了制服。制服可以让服务整齐划一,便于客人辨认,体现对客人的尊重,也可以反映企业的形象,成为企业文化的一部分。规范制服穿着,对于提高服务质量很重要。穿着制服应注意以下忌讳。

1. 忌讳杂乱

应该按规定穿着制服,不能同一岗位上有的员工穿制服、有的员工不穿制服。同时,制服和便装也不能混穿,应成套穿着。穿着制服时鞋袜应尽量和制服配套,同一岗位上的员工鞋袜应相对统一。

2. 忌讳不洁

制服要定期洗涤,随脏随洗。

3. 忌讳残破

穿着制服时要认真检查,发现问题应及时修补和更换,不能穿着破损的制服上岗。

4. 忌讳不整

制服的扣子、拉链、领带应该按规范扣严、系紧。

(二)男士着装

根据工作岗位不同,男性从业人员的着装也有区别。如,从事导游工作的男士,应根据所处的场景、游客的类型等来调整自己的着装风格;从事门市销售工作的男士,着装宜正式等。一般而言,男士职场着装不应华丽鲜艳,而应追求含蓄内敛的风格,并遵循三色原则和三一原则。所谓三色原则,是指男士在正式场合全身上下的服饰颜色不应超过三种。三一原则是指男士的皮带、皮鞋、皮包最好是一种颜色、一种质地、一种风格。

在国际上,西服是男士在很多正式场合的穿着,我们来介绍一下西服穿着的礼仪。

1. 西服的选择

要想达到理想的穿着效果,必须善于选择适合自己的西装和配件。在选择西服时,一般应考虑款型、面料、颜色、做工等几个方面。

从款型上来看,西服分为两件套(含上衣和西裤)西服和三件套(上衣、西裤、背心)西服,双排扣西服和单排扣西服,单排扣西服又有一粒扣西服、两粒扣西服、三粒扣西服,还可以分为戗驳领西服和平驳领西服等。男士应根据体形、场合等,选择适合自己的西装款型。

工作场合穿着的西服,宜选择毛料的、做工细致的,这样的西服较为挺括,穿着效果好。

在颜色上,正式场合须选择深色系,如深蓝、深灰等,最好是净面无花纹的,即使有花纹,花纹也应越不明显越好。

2. 西服的着装规范

1) 西服外套

西服外套前胸口袋又称帕饰袋,只能装装饰性手帕,不能装任何其他物品。西服所有口袋除了上衣内袋可以装名片夹或薄钱夹之外,均不宜装物品。

双排扣西服在任何场合扣子均应全部扣上,坐下也不能解开。单排扣西服,根据场合的严肃与否,决定是否不扣或部分扣上。一般而言,在严肃的场合,一粒扣西服应扣上扣子,其他场合可不扣;两粒扣西服只扣上面一颗,下面一颗一般不扣;三粒扣西服扣中间一颗或上面两颗,下面一颗不扣。三件套西服,通常只扣好马甲的扣子,外套可以敞开。

2) 西裤

正式场合,西服需搭配成套西裤。西裤应烫出裤线,裤线笔直。裤长以站立时盖住半个脚后跟、坐着时不露出袜口为宜。

3) 衬衫

衬衫颜色与西服和谐搭配,颜色不宜太花哨;衬衫衣领要挺括,下摆应掖到裤子里;穿着时,衬衫领应比西服领高约 2 厘米,衬衫袖口应略长于西服袖口,这样显得更合体;系领带时,衬衫所有扣子要全部扣好,不系领带时,应解开衬衫领口的第一颗扣子。

4) 领带

男士着西装时,领口三角区是最能体现搭配的区域,选择一条合适的领带,对整套服装具有画龙点睛的作用。一般而言,衬衫颜色应是领带颜色的底色;在非常严肃正式的场合,如商务会见等,领带颜色应深一点;一般职业场合,如日常工作等,领带颜色可以浅一点;在社交场合,则可以系艳色领带。领带系好后,长度应以领带尖盖住皮带扣为宜。

男士系领带时,可以使用领带夹,领带夹应夹在衬衫第 3~4 颗纽扣之间。

知识链接

常用领带系法

常用领带系法如图 2-1 所示。

图 2-1　常用领带系法

(资料来源:李俊,赵雪情.旅游服务礼仪[M].武汉:武汉大学出版社,2008.)

5)鞋子

正式场合,西服要搭配正装皮鞋。皮鞋应每天保持光亮整洁,为避免皮鞋走形,一双皮鞋最好不要连续穿 3 天以上。

一般而言,黑色皮鞋可配任何颜色的西服,咖啡色皮鞋只能与咖啡色西服搭配,其他颜色皮鞋不适合在正式场合穿着。

6）袜子

袜子最好选择纯棉质地的,丝袜、化纤袜不适合穿着。袜子的颜色应由西裤的颜色来定,和西裤颜色一致或接近,在正式场合,忌穿花袜、白袜。

3. 西服的着装禁忌

西服在穿着时,应遵循相关的礼仪,否则可能会贻笑大方。应注意以下几点:

（1）在穿着西服之前,应先除去袖口上的商标;

（2）不能穿着不合身的西服,如西裤过短,西服袖口太长等;

（3）穿着西服时,应注意不卷不挽（不卷裤腿,不挽袖口）;

（4）西服的口袋内不能鼓鼓囊囊的,否则会影响着装的整体效果;

（5）穿着西服时,皮带上不能挂钥匙、手机等物品,这些物品应放在随身携带的手包内。

（三）女士着装

为塑造端庄、干练的职场女性形象,女性旅游从业人员应善于管理自己的衣橱,将生活着装和职场着装做适当区分,并根据自己承担的具体岗位,恰当选择服装。

女士职场着装的基本要求是整洁、大方,不应使异性过多地关注自己的身材和外貌,而应使人关注自己的工作能力。因此,女性职业着装最好选择中性色,不宜选择太鲜艳的颜色。在服装款式上,应保守、端庄,便于工作,可以选择做工良好的套裙。

以下服装应避免出现在职场上。

第一,过紧、过分暴露身体曲线的服装。

第二,从外衣能看到内衣轮廓的过透的服装。

第三,过露的服装。例如,女性在外套内穿着的内搭,最低不能低于双腋的连线;腰部不能露出来;裙子不能太短,裙子最适宜的长度应该是膝盖上下 2 厘米;腿部和脚部不宜外露,应穿上鞋袜。在严肃的职业场所一般是不能穿凉鞋的。

第四,过于怪异时髦的服装、扮嫩的服装。

第五,乱配鞋袜。穿着套裙时,应穿丝袜,宜选净面肤色的丝袜;丝袜不应露出袜口,应被裙子挡住;裙子一截、腿部一截、袜子一截的"三截腿",是职场着装中应该避免的。皮鞋的颜色应和服装的颜色协调,皮鞋的鞋跟不应太高,以 3～5 厘米为宜。

（四）工作用品和个人形象用品

旅游从业人员工作时,应按规定佩戴好相关的工作用品,如胸牌等。为了避免出现意外情况,还应随身携带一些形象用品,如纸巾、化妆品、备用丝袜等。

 案例分析

受赞扬的导游

王先生是某旅行社的导游,在工作中,一贯注意自己的着装。2007 年 7 月,他带一个马来西亚团。在去承德的路上,该团的领队陈小姐对他说:"王先生,我的客人很欣赏你的

外表,因为他们注意到你每天都换衬衫。上次那位导游先生,人很好,可是大家都对他敬而远之,因为他的T恤7天里只换过一次,味道很难闻。"

分析:清洁整齐应是着装的基本要求,基本要求都没办法达到,更谈不上着装的专业性。旅游岗位是一个窗口岗位,尤其是导游,接待的客人来自五湖四海,导游的形象成为地区形象的一面镜子,是游客认识该地区的最初媒介。导游应注重着装的规范性,塑造良好的职业形象,提高旅游服务的效果。

任务三 仪容礼仪

一、旅游从业人员仪容基本要求

仪容指人体未被服装遮盖住的部位,如面部、头部和手部等。宾客在接触旅游从业人员时,首先注意的就是仪容。仪容是仪表之首,在仪表礼仪中具有重要的作用。

对旅游从业人员仪容的基本要求是清洁整齐。在整洁的基础上,再追求美观。最重要的是,还应该有友好的表情。

二、面部皮肤护养和美化

（一）面部清洁

旅游从业人员面部应没有异物和污垢,并重点注意以下部位。

1. 眼睛

及时清洁眼睛,眼角不应有分泌物。

2. 鼻部

每天清洁鼻腔,及时修剪鼻毛,鼻毛不能露出鼻孔。

3. 嘴部

保持干净,饭后及时清除牙缝中的残存食物;口气清新,口中不能有刺激性味道;防止嘴唇干裂;避免唇边有分泌物和食物;旅游从业人员是不能留胡须的,应及时剃须。

（二）养成良好的习惯

旅游从业人员应该自觉约束自己的行为,养成良好的行为习惯。如,不当着他人的面清洁眼睛、鼻子、剔牙齿;咳嗽、打嗝、打哈欠时应避开他人,一旦忍不住,要用纸巾或手绢捂住嘴,并向他人道歉;不随地吐痰;不在他人面前用剃须刀或使用他人的剃须刀;不当着他人的面化妆等。

（三）妥善的保养

美好的容貌离不开妥善的保养。为了以更好的仪容为宾客服务,旅游从业人员应注意面部的保养。除了必要的护肤措施之外,旅游从业人员应注意合理营养、充足睡眠、适度运动、愉快心情,这些都是皮肤保养的良方。

（四）恰当的妆容

淡妆上岗是对窗口行业女性工作人员的基本要求。旅游行业作为窗口行业，女性工作人员应淡妆上岗。一方面，化妆上岗是员工自尊自爱的表现；另一方面，化妆也可以让服务整齐划一，体现出对服务对象的尊重。

旅游从业人员在化妆时，应遵循"庄重、简洁、大方"的原则。妆要画得自然、美观，起到修饰面部、掩盖缺陷的作用。同时，妆容应和场合、衣服等协调。

知识链接

化妆步骤

一个简单的职业妆，大体分为以下六个步骤。

(1) 洁面护肤。良好的化妆效果首先取决于一个较好的皮肤底子，化妆前应做好皮肤的基础保养，彻底清洁皮肤，并选用适合自己皮肤的保养品。

(2) 上底妆。底妆分为上粉底和定妆两个部分。首先选用和肤色接近的粉底液均匀涂抹在脸上，应特别注意发际线、鼻翼等容易忽略的部位。然后选用和肤色接近的粉平滑地扫在整个脸上，使妆容柔滑细致，不易脱落。

(3) 画眉。首先将眉毛修剪整齐，并用眉梳梳出眉形。选用比发色稍浅一点颜色的眉笔，从眉头往眉尾逐笔描画，通过描画的疏密来控制眉毛的深浅。一般而言，眉头应在内眼角和鼻翼的垂直延长线上，眉峰应在眼睛平视前方时黑眼球外沿的垂直线上，眉尾应在鼻翼、外眼角连线的延长线上。

(4) 上眼妆。主要包括画眼线、施眼影。眼线一般选择黑色、灰色、棕色，上眼线从眼睛内眼角往外画，下眼线从外往内画。眼影的颜色以自然为好，如棕色、深蓝色、深紫色等，一般画在双眼皮的眼褶处。

(5) 上面妆。面部彩妆主要指画腮红。腮红应和唇膏或眼影属于同一色系，根据脸型决定腮红涂抹的位置，一般涂抹在轻轻抿唇微笑时颧骨突出的位置上。

(6) 上唇妆。日常职业妆一般不上唇线，直接以唇膏在唇上描画，注意勾勒出唇形，唇膏不溢出唇外。

（资料来源：王明强.旅游服务礼仪[M].北京：中国劳动社会保障出版社，2009.）

三、发型修饰

旅游从业人员的发型修饰应注意以下几点。

1. 确保发部的整洁

头发的整洁是发部修饰的基础。旅游从业人员应注重头发的保养，勤理发，经常梳洗头发，使头发做到四个"无"：无油垢，无头屑，无凌乱，无异味。

2. 慎选发部的造型

头发造型可以修饰脸形，对美化仪容具有重要的作用。旅游从业人员应根据自己的

脸形选择合适的发型。如方脸的男性最好采用不对称发缝,不要理寸头。女性尽量增加顶发,发缝侧分,并把蓬松的刘海往太阳穴梳,或在颈部结低发髻,或留披肩发,让头发披在两颊,减少脸的宽度。圆脸的人可选择垂直向下的发型,最好侧分发缝,顶发适当隆起,头发遮挡面部两侧,女性尽量不留刘海。长脸的男性头发则宜稍长,长脸的女性适合自然蓬松的发型,加厚面部两侧的头发,削出层次感,用刘海遮住部分前额。

在发型选择上,旅游从业人员应注意以下原则。

第一,头发要便于工作。比如,餐厅工作人员头发应该束起或绾起,梳理整齐,避免污染食物、传递细菌或造成其他不便。

第二,头发与整体形象协调。头发要与年龄、体形、气质等协调。比如,身材矮胖的女性不适合留较长的头发,会显得身材更加矮胖;脖子粗短的人披散着头发会让脖子更加粗短;不同的年龄段,适合的发型也往往不同;气质类型也决定发型的选择,甜美可爱型的女性和高贵典雅型的女性适合的发型就不一样。

第三,头发与周围环境协调。头发要配合着装、场合,应符合整体的效果和氛围。如在严肃的工作场合,头发应梳理整齐,无凌乱拖沓之感。

3. 不染发

旅游从业人员应避免染怪异颜色的头发,头发的颜色应符合我国传统审美观。如果确需染发,可以考虑黑色、深棕色等自然一些的颜色。

4. 长短适度

一般而言,男性旅游从业人员头发最长不应超过7厘米,最短不得为零。做到前发不覆额,侧发不掩耳,后发不及领。女性最短不为零,最长不过肩,过长则束起或绾起。

四、手部要求

旅游从业人员,特别是餐厅工作人员,基本上都是用手为宾客服务的,手相当于旅游从业人员的第二张脸,手部的清洁和保养十分重要。手部应该保持清洁,没有污垢;要恰当地保养,没有破损;手指甲长度也应适宜,一般不能高于指肚。旅游从业人员最好不涂过于鲜艳的指甲油,否则会给人过度修饰、定位不准之感。

五、表情神态礼仪

"面带三分笑,礼数已先到。"良好的表情神态是旅游从业人员在接待工作中必须具有的基本礼仪。旅游从业人员的表情神态应是谦恭、友好、真诚的,同时,在不同的情境下,应有不同的表情神态,即表情神态应是适时的。

谦恭、真诚、友好的表情往往通过笑容和眼神表现出来。所有服务性行业几乎都重视微笑的价值。希尔顿酒店提出"世界上最贵而不费的就是微笑",沃尔玛超市提出"三米微笑法",迪斯尼乐园提出"每天都是一场精彩的表演"。

1. 微笑

一个具有专业素养的旅游从业人员,应能控制自己的情绪,公私分明,不把私人情绪带到工作中。无论自己私下心情如何,只要在工作岗位上,都能对顾客露出友好的笑容。

真正的笑容应该是发自内心的。只有内心真正尊重我们的客人,从内心喜爱他们,旅游从业人员才会散发出自然亲切的笑容。笑不达眼底,不至内心,"皮笑肉不笑"的假笑,自然无法取得宾客的共鸣,无法取得良好的服务效果。在长期的实践中,人们总结出了一些笑容训练的方法,如对镜训练法、手指训练法、筷子训练法、发音训练法等,这些方法的出现,反映了服务行业对提升自身服务素质的努力,是难能可贵的尝试,但我们更提倡,友好应回归本源、发自内心。对旅游从业人员来说,世界上最美好的表情,是发自内心对宾客的尊重。

案例分析

希尔顿式微笑

希尔顿式微笑是以康纳·希尔顿的名字命名的一种微笑方式。此种微笑方式要求嘴角外展,露出上面的八颗牙齿,眉展、眼笑。希尔顿说:"无论饭店本身遭受的困难如何,希尔顿旅馆服务员脸上的微笑,永远是属于旅客的阳光。"

(资料来源:李荣建.酒店服务礼仪教程[M].北京:中国传媒大学出版社,2010.)

分析:笑容可以调节情绪,可以带来回报,有益身心健康。笑容是一种无声的语言,可以促进人与人之间的沟通。正是依靠"贵而不费"的微笑,希尔顿酒店率先走出了经济危机的困境,在众多酒店中脱颖而出。

2. 眼神

良好的表情也离不开亲切的眼神。旅游从业人员眼神礼仪主要涉及眼睛注视的部位、眼睛注视的方法、眼睛注视的时间等问题。为了体现对宾客的尊重,旅游从业人员应正视或平视宾客,绝不能居高临下地俯视,给人以傲慢之感。也不能从下往上偷偷看人,让人觉得畏缩、不大方。在倾听宾客谈话时,眼睛注视宾客的时间不少于整个谈话时间的三分之一到三分之二的时间,注视时间不够,会让宾客觉得自己的话语不受重视,注视时间太长,会让人觉得尴尬。旅游从业人员在和人交往时,视线应柔和地投射到对方脸部的一定部位,为了让对方感觉亲切、自在,和对方关系不同,目光注视的部位也应不同(见图2-2)。

不熟悉客户的凝视区域

较熟悉客户的凝视区域

很熟悉客户的凝视区域

图2-2 目光注视的部位

特别强调,旅游从业人员在工作岗位上,应避免出现以下表情问题:

第一,盯视服务对象;
第二,上下扫视服务对象;
第三,眯视与斜视;
第四,皮笑肉不笑与嬉皮笑脸;
第五,在工作岗位上大笑;
第六,不分场合地笑。

任务四 仪态礼仪

仪态是人的举止行为的统称,包括站姿、坐姿、走姿、蹲姿、手势,以及由此表现出的气质、风度等。良好的仪态既是旅游从业人员自尊自爱的表现,也能让宾客感受到被尊重。旅游从业人员仪态的基本要求是规范。

 案例分析

某公司经理外出后回到宾馆客房时,一走出电梯,就见一位客房部的女服务员倒背着双手,面带微笑,用亲切的话语向他问好。他虽也客气地回应了服务员的问候,却带着一种不满意的表情看了服务员一眼,这位服务员也看出了客人的不满意,但她有点想不通,她不知道自己面带微笑亲切地向客人问候有什么不好。

(资料来源:刘建营.现代公关礼仪教程[M].北京:中国传媒大学出版社,2010.)

分析:不同的仪态带给人不同的感受,倒背着双手容易让人感到傲慢不恭。服务人员和客人交谈时,双手应交握在腹前或垂放在身体两侧,显得恭敬、安宁、平和,客人会感觉更良好。

一、旅游从业人员站姿

站姿是仪态的基础。旅游从业人员站姿一般可以分为基本站姿、丁字步站姿,并配合适当的手位,如前腹式手位,交谈式手位等。

女性旅游从业人员的基本站姿是,双脚脚后跟并拢,脚尖微微分开呈"V"形,双手自然放在身体两侧(见图 2-3)。男性旅游从业人员双脚分开与肩同宽。站立时要求头正、肩平、挺胸、收腹、腰背立直、臀部收紧、腿部肌肉朝后朝内侧收紧。

女性也可站丁字步,一只脚在前,一只脚在后,前脚的脚后跟放在后脚的脚弯处,双脚脚尖之间展开 30~60 度(见图 2-3)。

在迎候客人时,旅游从业人员可采取前腹式手位。女性右手在上,左手在下,双手交叠放在前腹部。男性右手握左手手腕,左手握空拳放在前腹部。这种站姿显得宁静和谦恭,适合迎候时使用。男性某些岗位,如门童,也可采用后背式手位,右手握左手的手腕,左手握空拳,放在后腰处。这种手位可以减少所占的空间面积,减少对客人的影响。

图 2-3　女士基本站姿及女士丁字步站姿

在和人交谈时,女性也可将双手交握放在腰际,这种交谈式的手位显得端庄和亲切。

我国自古以来注重人的仪态之美,《弟子规》要求在站立时,"勿跛倚","勿摇髀",也就是不要斜站着,不要抖动腿部。今天的我们在站立时也应注意这些。同时,站立时,应努力做到"后脑勺、双肩、臀部、小腿肚、脚后跟"在一个平面上,避免身体前倾或后凸。

知识链接

站姿与心理

每个人都有自己习惯的站立姿势。美国夏威夷大学的一位心理学家指出,不同的站姿往往可以显示出一个人的性格特征。

1. 站立时习惯把双手插入裤袋的人:城府较深,不轻易向人表达内心的情绪,性格偏于保守、内向。凡事步步为营,警惕性高,不肯轻信别人。

2. 站立时喜欢把双手叠放在胸前的人:性格坚强,不屈不挠,不会向困难压力低头。但是由于过分重视个人利益,与人交往经常摆出一副自我保护的防范姿态,拒人于千里之外,令人难以接近。

(资料来源:王明强.旅游服务礼仪[M].北京:中国劳动社会保障出版社,2009.)

二、旅游从业人员坐姿

（一）女士规范坐姿

1. 基本坐姿

膝盖和双脚并拢,膝关节呈 90 度,上体保持正直。双手压住裙沿,或放在一侧裤腿上。

2. 斜放式坐姿

双腿并拢向左侧或右侧斜放。

3. 前后式坐姿

一只脚前,一只脚后,两只脚间大约留半个脚的位置。

4. 脚踝交叉式

膝盖并拢,脚踝交叉。

5. 架腿式坐姿

女士在社交场合,无长辈或上级时,可架腿坐,双腿交叠,上脚脚尖下压,双腿微倾斜。这种坐姿也是一种比较优雅的坐姿。

女士规范坐姿如图2-4所示。

图 2-4　女士规范坐姿

男士入座时,上体应保持正直,双脚、双膝分开,与肩同宽,手可自然地放在两侧膝盖上。

(二)基本要求

为了体现对交往对象的尊重,入座时,一般只坐椅子的前三分之一到三分之二的位置,不能坐满整个椅面,不能靠住椅背。

就座时,应落座无声、离座谨慎;为了避免撞在一起,应均从左侧入座;入座时,礼让并关照他人,同时,向两侧的人礼貌致意。

女士坐姿特别需要注意:任何时候膝盖都应并拢,不能抱起膝盖,双脚也不能分得太开。

三、旅游从业人员走姿

图 2-5　女士走姿

旅游从业人员在走动时,应注意不可步态不雅,如内八字或外八字,或者腰部扭动幅度过大等;不可穿声响较大的鞋子,或脚步过重,以免对宾客造成不必要的干扰;服务时不能着急跑动,确有急事,只能碎步快走;遇到客人时,应主动礼让,不能与客人抢行;同时,行走时要遵循通行惯例,在我国一般是右侧通行。

女性从业人员可双脚走在一根线上(见图2-5),男性从业人员双脚走在线的两侧。行走时,双臂在身体前后自然摆动,上体正直,腰背立直,不耸肩勾背,不左右晃动。

四、旅游从业人员蹲姿

遇到特殊的客人,应蹲下为客人服务,如坐轮椅的客人、孩童等。女性旅游从业人员下蹲时,可采取高低式蹲姿:上体正直,双腿并拢,一腿高一腿低,前脚可脚掌着地,后脚脚尖着地(见图2-6)。男性采取高低式蹲姿,下蹲时,可双膝分开(见图2-6)。在下蹲时,要注意以下禁忌:

第一,不要突然下蹲;
第二,不要距人过近;
第三,不要方位失当,如正对着他人下蹲等;
第四,不要毫无遮掩,女性应注意理顺裙子或上衣,注意遮挡,防止走光;
第五,不要蹲在椅子上;
第六,不要蹲着休息。

图 2-6　高低式蹲姿

五、旅游从业人员手势

在提供旅游服务时,经常会用到各种手势,如指路、递接物品、请人就座、导游讲解等等。在不同的国家和民族中,相同的手势往往带有不同的含义。如"OK"手势,在中国、美国代表"好"、"可以"等类似含义;在其他国家(如日本),这个手势代表金钱;在法国,这个手势指"零"或"没有";而在巴西,这个手势带有侮辱性质。因此,手势在使用时要慎重。

旅游服务手势应注意以下问题:

第一,指示性手势,如指示物品、指路、请人就座,使用该手势时,一般用右手,五指并拢,指向被指示物;

第二,递接物品时,应双手递接,齐胸送出,尖端朝己,递到对方的手中;

第三,导游讲解伴随手势时,应高不过耳,低不过腰,宽不超过80厘米,以免给人手舞足蹈之感;

第四,在服务时,旅游从业人员应规避不礼貌的手势,如用手指对人指指点点,或勾起手指召唤他人等。

引导手势如图2-7所示。

图 2-7 引导手势

课堂讨论

情景：有一天，乡长和司机一起去拜访招商引资来本地的厂家。当天，司机穿着很正式的西服，系着领带，头发梳理得一丝不乱，皮鞋擦得一尘不染。而乡长却穿得比较休闲。厂家负责人看到两人走过来，直接把手伸给了司机，一边握手一边寒暄："乡长，欢迎欢迎。"让乡长十分尴尬。

讨论：

1. 厂家负责人为什么会认错人？问题出在哪里？
2. 有哪些预防或补救措施？

项目小结

(1) 仪表礼仪是旅游从业人员礼仪修养的基础。在人际交往中，个人形象十分重要，是他人认识我们的窗口。规范的形象有助于给宾客留下良好的第一印象，让宾客更易于接受我们的服务。个人形象也反映着企业的形象，是企业形象的一面镜子。为了塑造良好的个人和企业形象，提高服务质量，应重视仪表礼仪。

(2) 旅游从业人员仪容、服饰、仪态的打理应遵循一个基本原则：体现出对宾客的尊重，便于工作。旅游从业人员形象之美，美在规范，美在专业。因此，旅游从业人员应区分工作岗位形象和其他形象，不能片面追求个人形象的美化，将私人形象凌驾于专业形象之上。

(3) 仪表礼仪是旅游从业人员综合形象的外在表达。形象是"诚于中而形于外"的，旅游从业人员应追求内在和外在的和谐统一，只有内在真正尊重和喜爱宾客，外在才会表现出彬彬有礼的行为举止。因此，要获得良好的外在形象，旅游从业人员需要苦练内功，不断加强内在职业修养。

项目实训

一、知识训练

1. 名词解释：

仪表礼仪　仪容　仪态　TPO原则　三色原则　三一原则

2. 谈谈服饰色彩搭配的一般原则。
3. 简述旅游从业人员配饰应注意的问题。
4. 谈谈你对仪表礼仪重要性的认识。

二、能力训练

1. 领带系法实训

目的：掌握1～2种常用领带系法，男生会自己系领带，女生会帮宾客系领带。

要求：学生课内和课后反复练习，直到熟练。

2. 化妆实训

目的：女生学会打理自己的妆容。

要求：课后自己化妆一次，帮同学化妆一次。

3. 仪态训练

目的：引导学生养成规范的仪态。

要求：学生课中练习坐姿；课后练习走姿；以寝室为单位靠墙练习站姿。

4. 微笑练习

目的：引导学生认识微笑的重要性，有主动微笑的意识。

要求：以寝室为单位，每天练习咬筷微笑，由教师进行检查。

案例分析

某报记者吴先生为做一次重要的采访，下榻于北京某饭店。经过连续几日的辛劳采访，终于圆满完成了任务。吴先生与两位同事打算庆祝一下。当他们来到餐厅，接待他们的是一位五官清秀的服务员。她接待工作做得很好，可是面无血色，显得无精打采。吴先生一看到她就觉得没了刚才的好兴致，仔细留意才发现原来这位服务员没有化淡妆，昏黄的灯光下显得病态十足。当开始上菜时，吴先生又突然看到传菜员涂的指甲油缺了一块。当时，吴先生的第一反应就是"是不是掉到我的菜里了？"为了不惊扰其他客人用餐，吴先生没有将他的怀疑说出来，但心里总觉得不舒服。最后，他们召唤柜台内的服务员结账，而服务员却一直对着反光玻璃墙面修饰自己的妆容，丝毫没注意到客人的需要。吴先生对该饭店的服务非常不满意。

（资料来源：李俊，赵雪情.旅游服务礼仪[M].武汉：武汉大学出版社，2013.）

思考：

吴先生对这家饭店的哪些方面不满意？

项目三 旅游从业人员的语言沟通礼仪

 项目目标

知识目标：
（1）了解语言沟通礼仪常识；
（2）理解语言沟通礼仪在旅游服务工作中的作用；
（3）掌握旅游从业人员语言沟通礼仪的原则和要求；
（4）掌握旅游从业人员常用的语言沟通礼仪。

能力目标：
（1）通过对语言沟通礼仪基本知识的学习，提升学生的语言表达能力和观察能力；
（2）在旅游服务中，能通过适度的语言来表达敬人之心。

素质目标：
掌握语言沟通礼仪规范，运用得体的服务语言来提升语言沟通能力。

 项目任务

（1）通过本项目的学习，养成日常礼貌用语习惯；
（2）能按照旅游从业人员语言沟通礼仪基本要求，培养、锻炼自己的语言表达能力，为今后的服务工作打下良好的基础。

换桌风波

一对情侣到某餐厅用餐,这时餐厅内小餐桌已客满,于是服务员便将客人安排到大圆桌上用餐。但一会儿又来了八位客人,这时大圆桌也已坐满,而靠窗的小方桌又空了出来。于是服务员就对这对情侣客人说:"你们二位请到这边来!他们人多,让他们坐大圆桌行不行?"这时客人不高兴了,不耐烦地说道:"不行!我们就坐这儿,不动了!"这时一个餐厅主管走过来了:"二位实在对不起,给您添麻烦了!靠窗的小方桌,很有情调,更方便二位谈话。如果你们不介意的话,我给您二位调过去!谢谢您的支持!"客人一下就变得平和起来,同意了主管的安排。

(资料来源:http://www.fdcew.com/Article/xiaoshou/94605_3.html.)

讨论分析:
1. 服务员和餐厅主管表达的是同样的意思,为什么效果大不相同?
2. 谈谈服务人员语言艺术的重要性。

沟通无处不在,伴随一生。谈判、冲突需要沟通;生活中与人交往,工作中与人合作,管理中表扬批评,领导中引导变革等,都离不开沟通。有科学家做过一个研究:正常社会生活中的人,一生当中做得最多的事情是沟通。沟通是工作、生活的重要工具,是现代人必备的一项技能。

任务一　沟通概述

一、沟通的含义及分类

(一)沟通的含义

1. 沟通

沟者,水道也;通者,贯通、疏通、通畅也。"沟通"就是"通沟",把不通的管道打通,让水流动,让"死水"成为"活水"。这是沟通的原始含义。"沟通"一词引用到社会学中,指为了达成某一目标,人与人之间、人与群体之间信息、思想与感情的传递和反馈的过程。

2. 沟通技巧

沟通的目的是让对方达成行动或理解所传达的信息和情感。要想达到这个目的,就必须讲究沟通技巧。所谓沟通技巧,是指人收集和发送信息的能力,即通过书写、口头与肢体语言等媒介,有效、明确地向他人表达自己的想法、感受与态度,亦能较快、正确地解读他人的信息。由于旅游服务的工作对象主要是人不是物,因此,沟通技巧对于旅游服务工作特别重要。

（二）沟通的分类

1. 语言沟通和非语言沟通

1）语言沟通

语言由口头语言和书面语言组成。口头语言包括面对面的谈话、演讲等等。书面语言包括信函、广告、传真、图片、图形、e-mail（电子邮件）以及其他任何传递书面文字或符号的手段。口头语言和书面语言是人类常用的沟通方式，在传递信息时各有其优缺点。

2）非语言沟通

非语言又称肢体语言，是指通过头、眼、颈、手、肘、臂、身、胯、足等人体部位的协调活动来传达人物思想，形象地表情达意的一种沟通方式。非语言沟通有着有别于语言沟通的突出特点。

（1）独立性与伴随性。独立性是指非语言沟通能够脱离语言沟通，以独立的沟通形式表现出来。伴随性是指非语言沟通往往伴随着语言沟通配合使用、相辅相成。很多时候仅仅通过语言沟通不能表达出完整的信息，或者无法让沟通对象全面接收并直观理解该信息，而配合非语言使用则能更为准确地反映语言沟通所要表达的真正思想和情感，并易于为沟通对象准确接收和解析，从而达到更为显著的沟通效果。

（2）普遍性与特殊性。普遍性是指非语言沟通作为社会历史文化积累的产物，具有普遍的适用性，许多身体语言、姿态语言为全世界大多数人所识别、接受，并被理解为基本一致的含义。例如握手和微笑就是跨国界通行的语言，有赖于此，人类的跨文化沟通才能实现。特殊性是指不同的民族有不同的文化背景和生活习惯，由此产生不同的非语言沟通符号和含义。

（3）多样性与唯一性。多样性是指在沟通主体、沟通对象、信息通道和沟通环境等因素的影响下，同一非语言信号会具有多种含义。唯一性是指非语言信号在特定的时间、地点、文化背景等环境条件下，所表示的意思是明确的、唯一的。

（4）外在性与内在性。外在性是指人们进行非语言沟通时，以个人或群体的形体动作、表情、空间距离等可视的、直观的外在形式，把所要表达的意思表现出来。内在性是指非语言沟通受到人的个性、气质等内在心理因素的支配和影响。从心理学的角度来说，非语言信号大都发自内心深处，难以抑制和掩盖，并且具有强烈的心理刺激效应，比有声语言更能得到深刻明确的理解。

毛主席的挥手之间

方纪的散文《挥手之间》，描述了在抗日战争时期，毛泽东去重庆谈判前与延安军民告别时的动作。"机场上人群静静地立着，千百双眼睛跟随着主席高大的身形在人群里移动……人们不知道怎样表达自己的心情，只是拼命地一齐挥手……主席也举起手来，举起他那顶深灰色的盔式帽；但是举得很慢很慢，像是在举起一件十分沉重的东西……等到举过了头顶，忽然用力一挥，便停止在空中，一动不动了。"

分析："举得很慢很慢"，体现了毛泽东在革命重要关头对重大决策进行严肃认真的思考的过程，同时，也反映了毛泽东和人民群众的密切关系和依依惜别之情。"忽然用力一挥"表现了毛泽东的英明果断和一往无前的英雄气概。毛泽东在这个欢送过程中一句话也没有讲,他的手势动作却胜过千言万语。

2. 正式沟通和非正式沟通

沟通还可以分为正式沟通与非正式沟通。

正式沟通是通过组织明文规定的渠道进行信息的传递和交流。例如组织规定的汇报制度,定期或不定期的会议制度,上级的指示按照组织系统逐级向下传达,或下级的情况逐级向上级反映,等等,都属于正式沟通。

非正式沟通是在正式沟通渠道之外进行的信息传递和交流。例如,企业职工之间私下交换意见,议论某人某事以及传播小道消息等。由于人们真正的思想和动机往往是在非正式沟通中表露出来的,企业不仅应该研究和建立通畅的正式沟通渠道,而且应该研究非正式沟通问题。它可以弥补正式沟通渠道的不足,传递正式沟通无法传递的信息,使管理者了解在正式场合无法获得的重要情况,为决策提供参照。它还能减轻正式沟通渠道的负荷量,促使正式沟通提高效率。

案例分析

行李员也能提高餐厅的服务质量

一位在某五星级酒店入住数日的客人,偶尔在电梯里遇到进店时送他进房间的行李员小田。小田问他这几天对酒店的服务是否满意,客人直率地表示,酒店各部门的服务比较好,只是对中餐厅的某道菜不太满意。

当晚客人再次来到中餐厅就餐时,餐厅陈经理专门准备了这道菜请客人免费品尝。原来客人说者无心,行李员小田听者有意,当客人离开后,他马上用电话将此事告知了中餐厅陈经理,陈经理表示一定要使客人满意。当客人明白了事情的原委后,真诚地说:"这件小事充分体现出贵酒店员工的素质及对客人负责的程度。"几天后,这位客人的秘书打来预订电话,将下半年该公司即将召开的3天研讨会和100多间客房生意均放在了该酒店。

(资料来源:http://www.docin.com/p-577453029.html.)

分析:本案例中,客人随口说的话很快能反映到餐厅,并且餐厅马上做了同样的菜请客人免费品尝,这都得益于该酒店内部信息沟通的快速和沟通渠道的完整。换句话说,酒店内部的沟通做好了,行李员也能帮助餐厅提供优质的服务。

3. 单向沟通和双向沟通

沟通按照是否进行反馈,可分为单向沟通和双向沟通。

单向沟通是指发送者和接受者之间的地位不变(单向传递),也就是说一方发送信息,另一方接受信息。这种沟通模式在日常工作中相当普遍。例如,上级领导布置任务,或者某同事向其他同事交代一项工作,让他代办等。在进行单向沟通时,应该特别注意所选择的沟通渠道,同时也必须特别注意接受者的接受能力,以及是否完整地表达出了所要传达的意思。

双向沟通中,发送者和接受者之间的位置不断交换,且发送者是以协商和讨论的姿态面对接受者,信息发出以后还需及时听取反馈意见,必要时双方可进行多次重复商谈,直到双方意向共同明确和互相满意为止,如交谈、协商等。双向沟通的优点是沟通信息准确性较高,接受者有反馈意见的机会,产生平等感和参与感,增强自信心和责任心,有助于建立双方的感情。

4. 自我沟通、人际沟通及群体沟通

自我沟通即信息发送者和接受者为同一行为主体,自行发出信息,自行传递并自我接受和理解的过程。通俗地说,自我沟通就是自己与自己对话,通过自身独立思考、自我反省、自我知觉、自我激励、自我内心冲突及自我批评,进而达到自我认同,实现内心平衡。

人际沟通即人与人之间进行的信息和情感的传递和交流。

群体沟通是指组织中两个或两个以上相互作用、相互依赖的个体,为了达到基于其各自目的的群体特定目标而组成的集合体,并在此集合体中进行交流的过程。

二、有效沟通的技巧

人际交往,不仅要沟通,更要做到有效沟通。在沟通时,应注意以下技巧。

1. 用心倾听

要沟通首先要倾听,倾听是沟通的前提。倾听可以满足对方自尊的需要,减少对方的自卫与对抗意识,为心理沟通创造有利的条件和氛围。倾听的过程是深入了解对方的过程,也是准备做出反应的过程。

倾听并不是只用耳朵去接受信息,必须用心去理解,做出应有的反应。所以倾听要有"三心"——耐心、虚心和会心。

耐心地听。即使他所讲的你已经知道,为尊重对方,你仍得耐心听下去。特别要耐心听对方申辩,切不可粗暴地随意打断,即使对方发火,你也要让他尽情发泄。过段时间,他自然会缓和下来。

虚心地听。对对方的不同观点(看法),不要中途打断或妄下判断,即使对方错了,也要在不伤害对方自尊的情况下以商讨的语气提出看法。

会心地听。首先要善听弦外之音,不被虚假的表面信息所迷惑,善于捕捉背后的真实意图。特别要注意对方的体态语,体态语有时可能会传达出言辞背后更为真实的信息。其次要会心地呼应,可以简单地重复对方的话语,发问或表示赞同,更多是用注视、点头、微笑等态势语。

2. 努力认同

建立认同心理,就是设法寻找谈话双方的共同语言,以求得心理上的接近与趋同。认同心理是互相沟通的基础。在沟通过程中要努力设法寻找共同点,缩短双方的心理距离,为进一步交谈创造有利的和谐气氛。所以认同要注意求同存异与设身处地。

求异存同。需要沟通的双方往往存在严重的分歧,即使如此,双方还是可以先找到彼此都认可的客观事实,进而取得共识的。待双方有了接近的观点和印象之后,再转入需要沟通的话题,效果要好得多。

设身处地。先绕开敏感话题,设身处地为对方设想,进行层层分析。当他觉得你的确为他着想时,他在精神上就会处于松弛和开放的状态,也就可能会较为客观地理解和评价你的看法、观点,沟通的目的也就容易达到了。有时双方的情感落差很大,这时也需要设身处地体察、领悟对方在特定境遇中的情感,形成认同感。

3. 把握主动

建立沟通双方交谈时的主动性,就是在双方交谈时时刻注意适当调控,采用迂回方式诱导对方,运用情绪感染对方或转换话题,时刻把谈话的主动权把握于自己的手中。

调控把握。口语交际中的调控,是指为达到控制说话主动权以实现沟通心理、统一思想的目的而运用的语言技巧,在交谈中要不时地注意调控。

迂回诱导。对一些难以直说或不便单刀直入的问题,可以采取"曲径通幽"的办法,通过类比、推理等办法来达到心理沟通的目的,这叫迂回诱导。在与别人交谈时经常会遇到别人不愿说或自己不好问的问题,这就需要我们循循善诱,让对方主动说出来。

情绪感染。感染是人际情绪的同化反应形式。交际过程中,一个说高兴的事,双方也愉快;一个说不幸的事,双方也难过。情绪感染是调控的一种好方法。所以在交谈过程中要适时运用自己的情感来感染别人,调动别人的情绪,以期达到沟通的预期目的。

话题调控。在口语交际中,当交谈出现障碍时,及时调控话题是重新达到心理相容的一个好办法。可以采取偷换概念或立即转换话题等方法,以避免尴尬现象的发生,使谈话能够继续,实现互相沟通的目的。

知识链接

正确使用"谢谢"的规则

在社会交往中,每个人都渴望能得到别人的尊重,但通常的情况是,不少人又忽视尊重别人,这样,也就较难与人沟通了。如果你羞于赞美别人,那么,现在告诉你一个讨人喜欢的秘诀,只要说两个字,那就是"谢谢"。相信说出这两个字,对一个正常人来说并不难。但有一些规则你也必须遵守。

(1)"谢谢"必须是诚心的。你确实有感谢对方的愿望再去说它,并赋予它感情和生命。不要使人听起来很死板,成为应付人的"客套话"。

(2)"谢谢"要选准对象。"谢谢"可以对一个人,也可以同时对着几个人,这要根据当时的情况来定。比如,对象是一个人,谈完话,为表示感谢,你可以一边同他握手告别,一边说"谢谢"。如果要感谢几个人,那么临走时,你可以挥手或拱手说"谢谢大家",如果条件允许的话,还要一一同大家握手告别。

(3)说"谢谢"要有相应体态的配合。说"谢谢"时还要有一定的体态,头部要轻轻地一点,目光要注视着你要感谢的人,而且还要伴随着真挚的微笑。说"谢谢"时,要注意对方的反应,当对方对你的道谢感到茫然时,你要及时地用简洁的话语道出向他致谢的原因,这样才能使你的道谢达到应有的目的。

(4)以"谢谢"答谢别人。当别人对你说"请"时,你应该回答"谢谢"。别人请你做客或送礼物给你时,你更应该道谢。朋友请你看电影或邀你去他家玩,如你有事而不能应邀的话,也应说"谢谢",婉言推辞,切忌只生硬地说个"不"字,这样会显得不礼貌。再有,不管是在什么情况下,与什么人交往,只要对方为你做了有益的事或说了有利于你的话,你都得说声"谢谢"。如果对方赞扬你,你除了说"谢谢"之外,还要说"您过奖了"。或"承蒙您夸奖",以示谦恭之意。

(5) 出乎人们的意料感谢他们。当别人没想到或感到未必值得感谢时,一句"谢谢"具有更大的力量。回想一下,有时你从别人那里得到一声友好的"谢谢",而过去在同样的情况下你根本不会得到它,想到当时的心情,你就会明白这条规则的意义了。

(6) "谢谢"也要分场合。"谢谢"用得不对,对方会把它当成一种讽刺语来对待,这样不但不能起到感谢的作用,反而会产生一定的副作用。

(资料来源:马金奇.人际沟通技巧[M].北京:气象学出版社,1999.)

任务二 旅游从业人员的语言沟通礼仪

一、旅游服务人员语言礼仪的原则

旅游服务语言是指旅游从业人员在服务工作中应当使用的语言。旅游服务人员语言礼仪是指旅游工作者在服务工作中运用语言文字进行交际交流时应当遵守的规范。"世事洞明皆学问,人情练达即文章。"得体的语言表达常有事半功倍之效,同样,失礼的语言亦有可能导致前功尽弃。

 案例分析

少说了一句话

某大餐厅的正中间是一张特大的圆桌,从桌上的大红"寿"字和老老小小的宾客可知,这是一次庆祝寿辰的家庭宴会。朝南坐的是位白发苍苍的八旬老翁,众人不断站起对他说些祝贺之类的吉利话,可见他就是今晚的寿星。

一道又一道缤纷夺目的菜肴送上桌面,客人们对今天的菜显然感到心满意足。寿星的阵阵笑声为宴席增添了欢乐,融洽和睦的气氛又感染了整个餐厅。

又是一道别具一格的点心送到了大桌子的正中央,客人们异口同声喊出"好"来。整个大盆连同点心拼装成象征长寿的仙桃状,引起邻桌食客伸颈远眺。不一会儿,盆子见底。客人还是团团坐着,笑声、祝酒声,汇成了一首天伦之曲。可是不知怎地,上了这道点心之后,再也不见端菜上来。喧闹声过后便是一阵沉寂,客人开始面面相觑,热火朝天的生日宴会慢慢冷却了。众人怕老人不悦,便开始东拉西扯,分散他的注意力。

一刻钟过去,仍不见服务员上菜。一位看上去是老翁儿子的人终于按捺不住,站起来朝服务台走去。接待他的是餐厅的领班。他听完客人的询问之后很惊讶:"你们的菜不是已经上完了吗?"

中年人把这一消息告诉大家,众人都感到扫兴。在一片沉闷中,客人们快快离席而去。

讨论思考:为什么会出现这种情况?该如何补救?

(资料来源:http://wenku.baidu.com/view.)

分析：本例的症结在于对客服务，由于服务人员在沟通中出现了一点小问题——上最后一道菜时服务员少说了一句话，致使整个宴席归于失败。服务员通常在上菜时要报菜名，如是最后一道菜，则应向客人说明："你们所点的菜都已上齐了，是否还需要添些什么？"这样做，既可以避免发生客人等菜的尴尬局面，又是一次促销行为，争取机会为酒店多做生意。

酒店的服务工作中，有许多细枝末节的琐碎事情，然而正是在细节上见真情。在整个服务中需要服务员的心细和周到，容不得哪个环节出现闪失。客人离开酒店时的总印象是由在酒店逗留期间各个细小印象构成的。在酒店里任何岗位都不允许发生疏漏，万一出现差错，别人是很难补台的。唯其如此，酒店里的每个人都必须牢牢把好自身的质量关。

（一）规范性原则

旅游服务语言具有鲜明的规范性特征。旅游服务人员接待的是全国乃至世界各国的旅游者，如果旅游服务人员用地域狭小、可流通性差的地方语言（方言），势必会造成严重的语言障碍，从而使得接待对象不知所云。旅游服务语言的规范性必须注意以下几点。

1. 读音准确，吐字清楚

语音是语言的物质外壳，是语言信息传递的外部载体，也是语言表达的基本形式，没有语音，就没有语言可言。因此，读音准确、吐字清楚是对旅游服务人员规范用语的基本要求。

读音准确，就是不能读错字，做到"字正腔圆、掷地有声"。例如菜肴的"肴"字，应读"yáo"，而不能读"xiáo"；伺候的"伺"字，应读"cì"，而不能读"shì"；酗酒的"酗"字，应读"xù"，而不能读"xiōng"，等等。

吐字清楚，关键要把握好发音。汉字是音、形、义的统一，一定的语音形式总是和一定的意义相结合。在说话时，要特别注意克服方言语音的影响，避免出现声、韵、调的失误。就语音而言，重点要注意翘舌音、后鼻音、儿化音、轻读音等字的发音（南方人尤其要注意），如办事的"事"（shì）字，赔偿的"偿"（cháng）字，遗失的"失"（shī）字，别墅的"墅"（shù）字，总得的"得"（děi）字，报纸的"纸"（zhǐ）字，等等。

2. 语气得当

语气词是表达口气语调的。口语交际中的语气词与话语声音的高低、快慢、轻重、强弱密切配合，互为表里，生动显示话语基本含义之外的附加信息。与实词相比，它比较朦胧，往往在表达一个明白的信息时，同时传达出一个含蓄而又意味深长、耐人寻味的信息。

作为一名服务人员，不仅要善于从服务对象说话的语气中捕捉信息，更要学会巧妙地运用语气词，以实现与宾客情感的彼此沟通。旅游服务语言的表达，通常以应答的形式出现，这是由服务工作的性质决定的。

（二）礼貌性原则

旅游服务语言的礼貌性原则，是指旅游服务人员说话要注意尊重宾客，讲究文明礼貌，对客人做到"敬而不失，恭而有礼"。使用礼貌语言，可以体现出服务人员的善良、和蔼、大度、文雅，它能给宾客带去尊敬和心理的舒适与满足，博得宾客的好感和谅解。

礼貌语言非常丰富，运用也非常灵活，如敬重他人用"您"；对他人有所要求，用"请"、

"麻烦"、"劳驾";对别人提供的方便和帮助,用"谢谢"、"给您添麻烦了";给别人带来了不便,用"请多包涵"、"对不起"、"请原谅";没听清楚他人的问话时,说"对不起,我没听清,请重复一遍好吗";道别时,说"再见"、"一路平安"、"欢迎再来",等等。此外,礼貌用语还要根据旅游者的不同国籍、不同地区、不同民族、不同文化水平、不同职业、不同年龄、不同性别,灵活运用。可见,礼貌语言的使用颇具技巧性。

案例分析

已退房仍有客人在住

某天上午,南京一家饭店前台服务员发现,3103、3104房间的香港来客刘太太前一天晚上已结了账,可她第二天仍然住在房间里。刘太太是经理的老朋友,是公关部安排来的。如果简单地前去询问她为什么不离店,显得太不礼貌,但不问一声又怕宾客"跑账"。

总台服务员将情况及时告诉了公关部,公关部副经理很有礼貌地给刘太太打了电话:"您好,您是刘太太吗?""是啊,您是谁?""我是公关部的,真不好意思,您来了几天,我们还没有来得及去看您。这几天看了医生吗?""谢谢,还可以。""听说您昨晚已到总台结了账,今天没走成。是飞机取消,还是火车没赶上?您看公关部能为您做些什么吗?"

"谢谢,昨晚结账是因为陪同我来的朋友今天要离店。我想账单积得太多,先结一次比较好,这样走时结账就轻松了。我在这儿还要住几天呢,大夫说,一个疗程结束后还要观察。"

"刘太太,您不要客气,有什么需要我们做的只管吩咐,我这儿的电话是4107。"

(资料来源:http://www.canyin168.com/glyy/qtgl/qtal/200904.html.)

分析:这家饭店的公关人员用委婉而有礼貌的询问,探明了刘太太结账未走的原因。如果缺乏礼貌,直言询问,必然会伤害宾客的自尊心,有损饭店的形象。

(三)主动性原则

服务人员不管面对什么样的服务对象,都要主动热情,一视同仁地开口在宾客开口之前,这就是旅游服务语言的主动性原则。在旅游服务中,是否能开口在宾客开口之前,是衡量旅游服务人员的服务水平和服务质量的重要标准之一。旅游服务人员在服务中保持语言的主动性,关键是要有一种好的对客交往的心理状态。旅游服务人员服务语言的主动性原则,具体表现在以下几个方面。

1. 见到客人的时候,要主动热情地打招呼

不论什么场合,见到宾客都要主动热情地打招呼,诸如"您请进"、"欢迎您光临我们宾馆"。服务人员如果能面带笑容,主动热情地与宾客打招呼,宾客就会感到自己受到尊重,从而产生愿意接受服务的想法。

2. 在宾客犹豫不决时,要主动询问

有时候,因为不了解或不熟悉,宾客在选择消费之前常常出现犹豫不决的神态。这时,服务人员就要主动询问,以示关怀。比如,当某位宾客在饭店或旅行社门前驻足观望时,你可以上前询问"先生/小姐,请问,是否想住店"或"是否想参加旅游"。当宾客的愿望和需要得到证实后,服务人员就要满腔热情,千方百计地去满足宾客的要求,使宾客感到

服务体贴入微、周到细致。

3. 当了解到宾客有明显的需求动机时,要主动介绍

正确把握时机,恰如其分地向旅游消费者介绍旅游产品,不仅是一种有效的推销技巧,而且是旅游企业优质服务的具体体现。

4. 当发现宾客遇到问题时,要主动解释

在宾客遇到问题时,应在确认后主动与其交流沟通,说明实际情况,帮助其寻求解决办法。

5. 在宾客离店或结束旅行活动离团时,要主动送别

在宾客离店或结束旅行而离团时,服务人员应主动送别,使宾客有温暖、眷恋的感觉。

在旅游服务中强调主动性,并不是说服务人员在任何情况下都必须主动,主动性原则还有一个合理运用的问题,即怎样主动,关键是对说话时机的把握。当宾客说话时,必须让宾客把话说完,这是旅游服务运用主动性原则的前提。服务人员要根据不同的情景、不同的需要,灵活运用主动性原则,该主动时就要主动。在特殊场合、特殊条件下,也要学会"被动"。当然,这种"被动"是为了在服务中更加主动。

案例分析

预订房出售了

南京某大酒店的门前停着一辆出租车,一对日本夫妇先后从车上走下,接待员接过行李,陪宾客到总台前。

"我能为两位做些什么吗?"接待员十分礼貌地问。

"我在3天前离开大阪时与你们通过电话,预订一间朝南的套房,说好今日下午抵达,请你帮忙查一下预订记录。"那位日本先生说话慢条斯理。

接待员早就料到他们的到来,因为预订记录上确实写着"三木夫妇今天下午来店。"问题是今天的客房出租率100%,实在腾不出空房。"您的订房记录确实在这儿,但十分抱歉,今天我们没有一间空房,希望您能谅解。"接待员歉意深重地说道。

"那不行,我与三木夫人新婚旅行,特意到南京来瞻仰中山陵。我担心没房间,所以从大阪提前打电话来预订。你们已经答应的话怎能不算数?"三木先生的恼怒已十分明显。

"确实万分抱歉。今天下午原定的一个旅行团增加了几名成员,多要了4个房间,所以您预订的房间也不得不给他们了。"接待员如实相告。

三木夫妇更加生气了:"他们没预订却住进了房间,我们3天前就预订了反而露天睡不成?他们比我们重要?"本来说话很慢的三木先生此刻节奏加快了。

"不是这么回事。那个旅行团中有好多人在北京玩得太累,生了病。为了能照顾好那些病人,旅行社希望宾客不要分散在几个饭店,所以便占了先生的房间。"接待员仍然不慌不忙地解释,"我向部门经理汇报过此事。我们已经与本市唯一的五星级酒店——金陵饭店联系过了,那里今天有几间空房。我已代两位订了一间朝南的套间。那儿的设施比我们强,房间又临街,可以观赏南京的市容。如果两位不介意,我马上派车送两位过去暂住一个晚上。尽管金陵饭店的房价比我们高得多,但你们只需按预订的价格付款。明天上午我再派车接两位回来,我一定给两位安排一个朝南的套间。"付三星级酒店的房费可以

住五星级的酒店,何乐而不为？于是,三木夫妇欣然同意。

(资料来源:吴卫军.前厅案例解析[M].北京:旅游教育出版社,2005.)

分析:这家酒店的总台接待员在语言的主动性和被动性两个方面运用得较为成功。当宾客来到总台时,接待员主动与宾客打招呼:"我能为两位做些什么吗？"当接待员证实来客正是已经预订房间但酒店又无法满足其需要的那位日本宾客时,语气开始由主动变为被动:"……十分抱歉……希望您能谅解。"听到宾客带有明显不满甚至抗议的话语后,接待员仍以被动的语气,诚恳地向宾客进行解释。宾客的火气越来越大,接待员在进一步做出解释的同时,提出了原已准备好的解决方案,当即得到宾客的认可,问题得到圆满解决。宾客预订的客房在宾客到达后不能得到满足,这是个非常难以解决的棘手问题,这位接待员在领导未出面的情况下,就使问题得到顺利解决,除了解决方案本身符合宾客的心理需要之外,与其接待用语的成功运用也是分不开的。

(四)情感性原则

所谓情感性,就是要"情真意切"。从语言的角度讲,就是旅游服务人员对宾客说话要亲切、热情,要善于运用语言的"亲和"性功能。在旅游接待过程中,把宾客当作自己的亲朋好友,营造出一种生动活泼、亲切随和的服务气氛,通过语言实现服务者与被服务者之间情感上的沟通和交流,实现心与心的交融。

旅游服务人员的情感表露与一般社交情感表露不同。旅游服务人员与宾客的交谈,是代表一个组织与公众(宾客)之间的交往,因而关系到一个组织的形象与声誉。旅游服务人员与宾客交谈中的情感表现,不仅取决于服务者个人的情绪,更取决于其服务意识和工作责任心。例如,导游语言的情感性强弱与否,关键在于导游人员是否进入了角色,是否能做到对游客动之以情。假如一位导游在风景名胜前无动于衷,像和尚念经似的只会干巴巴地倒背程式化的"台词",恐怕这位导游说得再多也难以打动慕名而来的游客了。

二、旅游服务语言运用的基本要求

旅游服务语言的运用是一门综合艺术。在具体运用时应充分把握有声语言和无声语言之间的关系及其作用,灵活运用,才能取得双方满意的效果。

(一)增强旅游服务语言的针对性

旅游工作者在对客服务过程中,应当注意服务对象的年龄、文化背景、语言习惯及文化修养等方面的差异,灵活地掌握不同的用语,有利于沟通和理解,从而使矛盾得到缓和或避免矛盾的产生。

(二)用词规范准确、通俗易懂

旅游工作者与客人交流时应尽量口语化,用词要简洁、规范、得体,以免引起客人的误解,无意之中伤害客人。例如,在餐厅就餐时,服务员问客人"要不要饭？""还要不要菜？""要不要来点白酒？"等就比较糟糕。客人会回答"我们不是逃难来的","我们不是来要饭的!"服务员本是一片好心,也非常殷勤,但是由于语词不够规范得体,无意之中就会惹恼客人。

(三)根据语境调节语速、语调

旅游工作者的语音、语调等都要与自己积极向上的工作状态合拍,使用的语调最好是不高不低，适当以情发声，以声带情，使之声情并茂而无矫揉造作之感。抑扬顿挫的语调通常要表现出说话者起伏变化的情感情绪。在交谈或讲解中，高潮时，音色要明亮、圆润；低潮时，音色要深沉、浑厚。语调的起伏变化能使有声语言具有音乐般的韵律感和节奏感，悦耳动听。与客人交谈时最好保持柔和且末尾略上扬的语调。

（四）灵活掌握和运用幽默、委婉、模糊等语言

1. 幽默语言

幽默语言是一种借助于比喻、夸张、象征、寓意、谐音、反语等多种修辞手法的机智、风趣、诙谐的语言表达形式。它可以缓和紧张气氛，增添情趣，愉悦心情。恩格斯说，幽默是具有智慧、教养和道德上的优越感的表现。在与人交谈时，幽默是润滑剂，幽默风趣的语言，既能让人快乐，又能引发意味深长的思考。一家外企的外籍老总不慎将咖啡倒在办公室的地毯上。他异常恼火，让宾馆服务员立即清理干净，并不停地唠叨说蚂蚁和蟑螂部队一定会大规模袭击他的房间。服务员想了想，微笑着说："绝对不会发生这种事情，因为中国的蚂蚁和蟑螂只爱吃中餐。"这位外籍老板的脸顿时放晴，露出灿烂的笑容。

2. 委婉语言

委婉语言常常是在不便直说的情况下，用迂回曲折的方式去影响、暗示对方的一种语言表达形式。它不仅可以避免因针锋相对而造成矛盾的激化，而且可以使矛盾缓和、问题迅速得到解决。曾经有一个旅游团内有几个喜欢喝酒的客人，晚上聚在房内边喝酒边唱歌，影响了邻房客人的休息。第二天早餐时，领队听到几位客人反映，于是他站起来微笑着说道："大概是为了庆祝旅行即将圆满结束，几位客人连夜赶排节目，他们的热情使别人感动得睡不好觉。"话音刚落，全厅客人哄堂大笑。领队委婉得体的语言使问题在轻松愉快的气氛中"烟消云散"了。

3. 模糊语言

模糊语言是指人们在特定的语言环境中借助语言要素中的若干模糊性特点，用以表达思想和进行交流的一种方式。它可以增强有声语言在交流中的适应性、灵活性和生动性。一个旅游团正按预定日程观光游览，有几位客人途中提出要增加几个观光点，并希望马上得到答复。随团导游说："各位的意见很重要，我们将给予考虑。"这就是一种符合此时此刻特定语境的模糊应答。"重要"一词在这里是中性的，既不肯定，也不否定，因此表现出很大的伸缩性，比较模糊。同时，给人以重视他们的意见的温暖感。"将给予考虑"体现出时间上的不确定，较为主动，充分表现出导游的机智灵活。

（五）充分发挥无声语言的作用

在语言交流过程中，体态语言对人的影响最大，它与有声语言完美结合，就会使宾客的听觉和视觉同时受到良好的"双向刺激"，使其大脑兴奋起来，迅速产生共鸣，从而使旅游服务语言达到最佳效果。

首先，从业人员仪容仪表要体现出专业性。

其次，要善用微笑表情。微笑是最坦诚和最具有吸引力的表情，它是对客人和蔼、友善、真诚的表示，也是旅游工作者心灵美的外化。

再次，要巧用眼语。众所周知，眼睛是"心灵的窗户"，能充分表现人的内心世界与情感情绪状态。眼语是一种非常重要的无声的交流工具，在情感交流中往往起着有声语言不可替代的作用。旅游工作者在对客服务过程中如能巧用眼语，则往往会获得事半功倍的效果。

最后,要妙用手势语。手势语是对客服务中常用的一种辅助交流工具,有效的手势语可提升有声语言的可信度与感染力,缩短双方之间的心理距离。

不翼而飞的烟灰缸

临近中午,某饭店楼层房务员打电话给前厅结账处收银员说:"704房间内缺少了一只烟灰缸,准是被客人顺手牵羊带走了。"收银员马上向大堂副理汇报。当704房间的客人来到柜台结账时,大堂副理也赶来了。他彬彬有礼地把客人请到一处比较僻静的地方。

大堂副理:"先生,房务员刚才知悉您房里缺少了一只烟灰缸。"(蓄意点到为止,留待客人考虑表态。)

客人:"你的意思是说我拿的?真是岂有此理!"(客人面孔板起,似有问罪之意,但仍不免流露出一丝不安的神色。)

大堂副理:"我希望您回忆一下,今天早晨或昨晚是否有朋友来看过您?"(他想让客人下台阶,体面地照付赔偿费以摆脱僵局。)

客人:"根本用不着想,肯定没有客人来看过我。"(他暗思店方不至于为了一只烟灰缸而敢于搜查他的箱子。)

大堂副理:"我认为像您这样有身份的人是不会拿客房里的东西的,但是想请您回忆一下,是否把烟灰缸放在房间里哪个角落了,以前我们也曾遇到过这样的情况,按理发生了这类事,应该由我店保安员进行查明处理,我想还是麻烦您回房间自己找一下好吗?"

客人此刻总算变得聪明起来,于是提着箱子又上了电梯,大堂副理立即打电话给七楼房务员,要他把704房门打开让客人单独进去。

过了不多久,客人下来了,面孔上显出一副怒气未消的样子,找到大堂副理说:"你们的服务员太粗心了,烟灰缸不是明明放在窗台上面,窗帘的后面吗?"

大堂副理听见客人这样说,心弦完全放松了,可能会发生的一场不愉快的风波得以避免了。

(资料来源:http://www.canyin168.com/glyy/yg/ygpx/fwal/201002/19601_76.html。)

分析:有一些客人收集纪念品,把饭店客房内的烟灰缸或小巧的装饰品顺手拿走,这也并不罕见。那位大堂副理如果不考虑语言技巧,不注意工作方式方法,简单化地让保安员来处理这件事,必然会损伤客人的自尊心,使客人感到非常难堪。就算饭店"占了上风",实际上却丢了一个甚至更多的回头客,饭店的形象也会因此而受到影响。大堂副理的处理手法很巧妙,既保住了客人的面子,又保住了饭店的利益。由于客人体面地下了台阶,他下次再度下榻该店也就成为可能。

三、礼貌用语

礼貌用语是一种对他人表示友好和尊敬的语言。中国曾有"君子不失色于人,不失口于人"的古训。意思是说,有道德的人待人应该彬彬有礼,不能态度粗暴,也不能出言不逊。礼貌待人，使用礼貌语言，是中华民族的优良传统。

在宾客服务过程中，礼貌用语具有体现礼貌和提供服务的双重性，是服务人员向客人表示意愿、交流情感和沟通信息的重要交际工具，是旅游从业人员圆满完成服务工作的重要手段。

（一）礼貌用语的特点

1. 礼貌性

旅游从业人员在工作中对客人说的每一句话，都应该体现出自谦恭敬，使客人感觉受到了尊重。这一点在旅游接待服务的"五声"要求中，表现得最为明显。"五声"为：宾客来时有迎客声；遇到宾客有称呼声；受到帮助有致谢声；麻烦宾客时有道歉声；宾客离去有送客声。

2. 主动性

在对客服务的时候使用礼貌语言，应该是一种自觉而为的行动。主动用礼貌语言向客人表示问候、致意，是良好沟通的基础。

3. 约定性

旅游业从属于服务行业。服务行业中常用的行业礼貌用语，都是长久以来在实践工作中逐步形成的，并且得到了社会公众的接受和认可，为大家所熟知。所以，对客服务时应尽量使用这些约定俗成的礼貌用语，不能过多地在语言上"改革"和"创新"。

4. 亲切性

使用礼貌用语的时候要饱含感情，也就是将自己真诚、乐于为客人服务的意愿，化作亲切动听的音符渗透在语言中，这样可以让客人真切地感受到服务人员的友好。那些没有感情的工作语言，会让客人觉得是例行公事，不容易引发交往共鸣。

案例分析

特色菜风波

一天，餐厅里来了三位衣着讲究的客人，服务员李艳将他们引至餐桌坐定后，其中一位客人便开了口："我点××菜，你们一定要将味调浓些，样子摆得漂亮些。"同时转身对同伴说："这道菜很好吃，今天你们一定要尝尝。"客人点完菜后，李艳拿菜单进了厨房。当她再次来到桌前时，礼貌地对客人说："先生，对不起，今天没有这道菜，给您换一道菜可以吗？"客人一听勃然大怒，"你为什么不事先告诉我？让我们无故等了这么久，早说就去另一家餐厅了。"他发完了脾气，仍觉得在朋友面前丢了面子，于是拂袖而去。

（资料来源：侣海岩．饭店与物业服务案例解析[M]．北京：旅游教育出版社，2004．）

讨论：

1. 客人为什么生气离开？服务员李艳犯了哪些错误？
2. 如果你是旅游服务人员，你会怎么处理这件事？

分析：服务员在上班前未了解当天厨房备货、出品菜式的情况，致使客人点某道菜时未及时指出无货。服务员在语言上不恰当，未朝有利于事物发展的方向做出解释。如果知道无货，可换个方式向客人说明，例如："先生，这道菜是这里的特色菜，今天点这道菜的人特别多，已经卖完了，您能不能换道其他菜？××菜也是我们这里的特色菜，您不妨尝尝。"这时,客人会想到这酒店生意真不错,看来英雄所见略同,自己很有品位,能够吃到这里的特色菜,这样朋友面前也有面子,客人的社交、受尊重的需要得到了满足,自然就会接受服务员推荐的其他菜。或者说:"先生,对不起,您点的菜因原料没有及时进货,原有的有点不新鲜,不能做出可口菜肴供您品尝,十分抱歉。"这显然是顾及客人利益,为顾客着想,让客人对酒店产生极大的信赖感,客人自然会放弃这道菜,转而点别的菜。

(二)服务礼貌用语要求及基本内容

1. 服务礼貌用语的基本要求

(1)说话要用尊称,态度平稳;
(2)说话要文雅、简练、明确;
(3)说话要婉转热情;
(4)说话要讲究语言艺术,力求语言优美、婉转悦耳;
(5)与宾客讲话时要注意举止表情。

2. 服务礼貌用语法则

"三轻":走路轻,说话轻,动作轻。

"三不计较":不计较宾客不美的语言;不计较宾客急躁的态度;不计较个别宾客无理的要求。

"四勤":嘴勤;眼勤;腿勤;手勤(脑勤)。

"四不讲":不讲粗话;不讲脏话;不讲讽刺话;不讲与服务无关的话。

"五声":宾客来时有迎客声;遇到宾客有称呼声;受到帮助有致谢声;麻烦宾客时有道歉声;宾客离去有送客声。

"六种礼貌用语":讲问候用语;讲征求用语;讲致歉用语;讲致谢用语;讲尊称用语;讲道别用语。

3. 基本服务礼貌用语

"欢迎"、"欢迎您"、"您好":用于客人来到服务地点,迎宾人员使用。

"谢谢"、"谢谢您":用于客人为服务员的工作带来方便时,本着真诚的态度说。

"请您稍候"或"请您稍等一下":用于不能立刻为客人提供服务,本着认真负责的态度说。

"对不起,打扰您一下":用于打扰客人或给客人带来不便时,本着歉意的心情说。

"让您久等了":用于等候的客人,本着热情与表示歉意说。

(三)服务礼貌用语的分类

1. 根据情感分类

从情感上可将服务礼貌用语分为以下几种。

1)礼貌性用语

言辞的礼貌性主要表现在人际交往中敬语的使用上。敬语主要包含尊敬语、谦让语和雅语三方面的内容。

尊敬语是说话者直接表示自己对听话者尊敬、恭敬的语言。例如,与对方交流时,以"请"字开头,"谢谢"收尾,"对不起"常挂在嘴边。常用"您"称呼身份、地位较高的人等。

谦让语是说话者通过自谦从而对听话者表示敬意的语言。如:称自己"愚"或"敝人",

称自己的见解为"愚见"等。"自谦"体现着一种谦和、礼让的精神。

雅语是指用一种比较委婉、含蓄的方式表达双方都知道、理解但不便直言的事。

敬语的最大特点：彬彬有礼、热情庄重。

敬语常用的场合：比较正规的社交场合；与师长或身份、地位较高的人交谈；与人初次打交道或会见不太熟悉的人；会议、谈判等公务场合；接待场合。

2）修饰性用语

修饰性用语主要表现在经常使用谦谨语和委婉语两个方面。

谦谨语常常是以征询式、商量式的语气表达的语言。

委婉语是用好听的、含蓄的、使人少受刺激的代词来替代双方有可能忌讳的词语，以曲折的表达方式来提示双方都明白但又不必点明的事物。

在人际交往中，广泛使用谦谨语和委婉语有助于与交往对象沟通思想感情，使交往活动顺利进行下去。

3）风趣性用语

在日常交往中，生动幽默的语言能够起到活跃气氛、融洽感情、消除隔阂、增进沟通的作用。必要时，还能帮助消除尴尬局面。

在接待礼仪中，接待人员在接待宾客时，语言不能呆板，不要机械地回答，这样容易使宾客感到接待人员不热情、业务不熟悉、责任心不强。

4）灵活性用语

人际交往中，针对不同的对象、不同的性别和年龄、不同的场合，运用不同的语言，有利于增进沟通和理解，避免矛盾的产生或使矛盾得到缓解。

2. 根据用法分类

从用法上可将服务礼貌用语分为以下几种。

1）称呼语

称呼语是人们在交往中用来称呼的词语，使用合适的称呼语是社交活动中首要的礼仪。称呼语比较复杂，数量众多，形式多样。旅游工作者最常用的称呼语是敬称。

（1）泛尊称，如先生、女士、小姐、夫人、太太等。

（2）职业加泛尊称，如教授先生、秘书小姐等。

（3）姓氏加上职务职称，如张主席、李经理等。

2）问候语

问候语是旅游工作者与客人相见时向对方打招呼、表示欢迎、致以敬意、询问安好、表示关切的用语。

（1）标准式问候语。一般在称呼语后加"好"，如您好、各位好、诸位女士好等。

（2）时效式问候语。结合时间、时令进行问候，如早上好、晚安等。

3）迎送语

迎送语是欢迎或送别客人时的用语，分欢迎语和送别语。欢迎语是用来迎客的，当客人进入自己的服务区时必须有欢迎语。送别语是送别客人时使用的语言。

4）请托语

请托语是向客人提出要求或求助于他人时使用的语言。

（1）标准式请托语。主要用"请"，如请大家记住车牌号、请跟我来、请稍候、请让一让等。

（2）求助式请托语。常用的有劳驾、拜托、打扰、帮帮忙、请多关照等。

(3) 组合式请托语。如"麻烦您让一让","打扰了,劳驾您帮我照看一下"等。

5) 征询语

征询语是向客人了解需要和想法的语言。常用的征询语有以下三种类型。

(1) 主动式征询语。适用于主动向客人提供服务时。如:"您需要什么?""我能为您做点儿什么吗?"

(2) 封闭式征询语。多用于询问客人的意见,一般提供一种选择方案,以便对方及时决定是否采纳。如:"您觉得这种形式可以吗?""您要不先试试?""您不介意我来帮帮您吧?"

(3) 开放式征询语。提出多种方案,让对方有多种选择的余地,能够显示出对对方的尊重和体贴。如:"您是喜欢浅色的还是深色的?""您是想住单人间还是双人间?""您打算预订豪华包间、雅座还是散座?""这里有……您愿意要哪一种?"

6) 应答语

(1) 肯定式应答语。用来答复客人的请求。如好、好的、是的、一定照办、很高兴能为您服务、我一定尽力满足您的要求等。对于客人的请求要注意迅速及时地回复。

(2) 谦恭式应答语。用来回复客人的认同、满意、欣赏、赞扬、感谢。例如,"请不必客气,这是我们应该做的"、"您过奖了"、"谢谢您的夸奖,我一定更加努力"、"您能够满意,这是我的荣幸"等。

(3) 谅解式应答语。用于回应客人因故对自己表达歉意。如没关系、不要紧、您不必放在心上等。

7) 致谢语

致谢语是表达谢意、感激的用语。

(1) 标准式致谢语。通常用"谢谢",或者在后面加称呼语或表敬代词。例如,"谢谢您"、"太好了,谢谢您"等。

(2) 加强式致谢语。为了强化谢意,可以在"谢谢"前加程度副词。如多谢、非常感谢、十分感谢、万分感谢等。

(3) 具体式致谢语。就某一具体事情道谢,致谢原因通常一并提及。如给您添麻烦了、这次让您费心了、我们的事儿有劳您了等。

8) 赞赏语

赞赏语适用于称道或肯定他人时。对赞赏语运用恰当,常常能够改善关系、融洽感情,促进进一步交往。使用赞赏语要注意恰到好处。

(1) 回应式赞赏语。用于回应客人的表扬、赞赏。例如,"哪里,我做得还很不够"、"承蒙您的夸奖,真是不敢当"、"得到您的夸奖,我真开心"、"您把我说得太好了,谢谢您"等。

(2) 认可式赞赏语。用于回应客人的意见、建议或见解。如是的、对的、您的观点非常正确、您真是行家、您真不愧是这方面的专家等。

(3) 评价式赞赏语。用于对客人进行正面评价。如您真好、太好了、太棒了、您真有眼光、您的品位真高等。

9) 祝贺语

祝贺语常用于表达对对方的美好祝愿。常用的祝贺语主要有应酬式和节庆式两种。

(1) 应酬式祝贺语。如祝您健康快乐、祝您万事如意、祝您一帆风顺、祝您马到成功、祝您心想事成、祝您吉星高照、恭喜您、祝贺您、真替您高兴等。应酬式祝贺语的使用要注意切合情景,适合对方当时的情绪情形。

(2) 节庆式祝贺语。例如,节日快乐、生日快乐、新婚快乐、新年好、恭喜发财、祝您开张大吉、祝您福如东海、寿比南山等。

10) 推脱语

推脱语适用于无法满足对方的要求或暂时不能马上满足对方的要求的情况。用推脱的形式来拒绝,要注意语言得体、语气委婉、态度友好。

(1) 道歉式推脱语。例如:"真的很抱歉,我们条件还不够完善。""实在对不起,我们能力有限。"

(2) 转移式推脱语。例如:"对不起,您需要点别的吗?""我们这里最著名(最好)的是……您要不要试试?""这个与您要的看上去差不多,您看行吗?"

(3) 解释式推脱语。例如:"公司有明文规定,很抱歉,我无能为力。""请原谅,我们有规定,不能满足您的要求。"

11) 致歉语

常用的致歉语有对不起、抱歉、打扰了、不好意思、请原谅、失礼了、失陪了、失言了、失敬了、有失远迎、真对不起、很对不起、请多多包涵、非常过意不去等。

案例分析

敬语为何招致不悦

一天中午,一位住在某饭店的国外客人到饭店餐厅去吃中饭,走出电梯时,站在电梯口的一位女服务员很有礼貌地向客人点头,并且用英语说:"您好,先生。"客人微笑地回应:"你好,小姐。"当客人走进餐厅后,引台员发出同样的一句话:"您好,先生。"那位客人微笑地点了一下头,没有开口。客人吃好中饭,顺便到饭店的庭园中去遛遛,当走出内大门时,一位男服务员又是同样的一句:"您好,先生。"这时客人下意识地只点了一下头了事。等到客人重新走进内大门时,劈头见面的仍然是那个服务员,"您好,先生"的声音又传入客人的耳中。此时这位客人已感到不耐烦了,默默无语地径直去乘电梯准备回客房休息。恰巧在电梯口又碰见了那位女服务员,自然是一成不变的套路:"您好,先生。"客人实在不高兴了,装作没有听见似的,皱起眉头,而女服务员却丈二金刚摸不着头脑。

这位客人在离店时写给饭店总经理一封投诉信,信中写道:"我真不明白你们饭店是怎样培训员工的!在短短的中午时间内,我遇见的几位服务员竟千篇一律地简单重复着一句'您好,先生',难道不会使用些其他语句吗?"

(资料来源:http://www.360doc.cn/article/4424984_67054407.html.)

分析:"您早,先生(夫人,小姐)","您好,先生",都是常用的礼貌用语,但是服务员们在短短时间内多次和一位客人照面,不会灵活地使用敬语,也不会流露不同的表情,结果使客人听了非但不觉得有亲切感,反而产生恶感。语言表达不够艺术,以至于惹得客人不愉快,甚至投诉。礼貌规范的服务用语标志着一家饭店的服务水平,员工们不但要会讲,而且还要会灵活运用。

(四) 服务禁忌用语

使用服务禁忌用语的最大恶果在于会出口伤人。这种伤害是相互的，在伤害了服务对象的同时，也对自身形象造成伤害。禁忌语言不能在服务工作中使用，使用禁忌语言是有悖旅游服务工作宗旨的。

1. 俚语

俚语是指那些粗俗的、通行范围极窄的方言语，它的使用太过随意，不宜在服务行业中对客人使用。这些语言，多会触及他人的个人忌讳，尤其是和他人自身条件、健康条件相关的某些忌讳。

例如，对老年人，绝对不能说"老东西"、"老不死"等，就算指的并不是对方，但对方听到也会很反感。与病人交谈，尽量不要提"病号"、"病秧子"这类话语。

当面对有生理缺陷的客人，切忌使用"残废"一词。一些不尊重残疾人的称呼，如"傻子"、"侏儒"、"聋子"、"地不平(腿部残疾者)"等，是更不能触及的忌讳词语。在接触那些身体状况不甚理想的人时，对其身体上的不足，如胖人的"肥"，个子不高的"矮"等，都是需要回避的。

2. 秽语

秽语是指淫秽的语言。这类词语就算是委婉道出，或是使用缩写，也避免不了对他人造成的伤害。

3. 行话

行话是一个行业内的专门术语，一般人是不容易理解的。鉴于此，在对客人提供服务过程中最好不要使用行话，以免让客人觉得你是有意刁难或是有意孤立客人。

4. 性别歧视

在如今男女平等的社会中，无论男士或女士，都很在意自己是否被他人尊重。所以，在称呼女士的时候不要使用"小妞儿"，称呼男士时不要使用"小子"，称呼来自某地区的客人时，不要使用"××佬"等。

5. 敌视语

敌视语是指在服务工作中，对于一些要求工作人员提供服务的客人，某些服务人员由于自身的意愿和情感，而对客人给予瞧不起、鄙视的态度。例如："这个是我们这里的新品，你买得起吗？"

当客人表示不喜欢推荐的商品或是在经历了一番挑选，感到不甚满意而准备离开时，工作人员在其身后小声嘀咕"一看就知道是个穷光蛋"、"没钱消费就别在这儿费事"等。

有时，在客人对服务感到不满意或提出一些意见、批评的时候，有服务人员居然公然顶撞客人，说出："怎么样？我就这态度！""谁怕谁啊，我还不想伺候你这号人呢！""对我有意见？你算什么东西啊！"

在劝阻客人不要动手乱摸乱碰商品时，不能说："瞎摸什么！""弄坏了，你赔得起吗？"

对于此类敌视语，服务人员一定要避免使用。

6. 厌烦语

在服务工作中，服务人员应该做到有问必答、答必尽心、百问不厌、百答不烦。服务人员不论自己遇到什么难题或烦心事，都不能把自己的情绪带到工作中。例如，在客人询问某种商品的功能时，不允许说："我也不知道！""从未听说过！""你问我，我问谁去？"

当客人询问具体的服务价格时，不可以训斥对方："标签上面不是写着吗？""瞪大眼睛自己看去!""没长眼睛吗?"

当客人要求为其提供服务或帮助时,不能够告诉对方:"着什么急?""找别人去!""凑什么热闹?""那里不归我管!""老实等着!""吵什么吵?"或者自言自语:"累死了!""烦死人了!"

知识链接

英语礼貌用语

初次认识新朋友,握手问好:"Glad to meet you.""Nice to meet you."
打扰别人问问题,开口先说:"Excuse me."
别人关心帮助你,感谢用语:"Thank you."
致谢用语要牢记:"That's OK."
有了过错表歉意:"I'm sorry."
客人来访把门开:"Please come in."
征求意见和请求:"May I..."
同意许可:"Yes.""Sure.""Certainly.""OK!"

英文中一些常见的单词,如"thanks"、"hello"、"hi"、"sorry"等,均属于最简单的英文礼貌用语。交谈时对方因感冒而打喷嚏,对方会说:"Excuse me."而你可以说:"God bless you."来到商店,售货员会礼貌地问一句:"Can I help you?"这些都是语言礼貌原则的体现。人们表达礼貌的方式多种多样。

常见的英文礼貌用语例句有:

(1) I thought you were needing me, Mr. Singer.(用过去时表示礼貌)

(2) May I come in, please?(用情态动词表示礼貌)

(3) Every piece of luggage has to be examined through.(用被动式表示礼貌)

常见礼貌用语的运用如下。

1. Can you pass me... 和 Give me...

人们不喜欢别人支配他们去做事情,因此有时想直接得到你想要的可不是那么简单。换掉那些听起来是命令的语句,例如"Give me the newspaper."而使用"Can you pass me the newspaper?"

2. Could you give me five minutes? 和 Go away.

你工作非常忙,你的同事却请你帮忙……当你工作非常紧张而不能做其他事情的时候,只说"Go away."肯定是不合适的。取而代之,使用以下的短语就能让每个人都觉得愉快了:"Could you give me five minutes?"

3. Excuse me. 和 Move.

让别人"Move out of the way."听起来特别粗鲁而且这样说很可能会被别人拒绝。下一次有人挡了你的路,你可以说"Excuse me."这样就能避免不愉快的情况出现而得到你期待的结果!

4. I'm afraid I can't. 和 No.

有时候要拒绝一个朋友的邀请非常困难。只说"No."听起来很不礼貌。下一次你要表示拒绝却不冒犯别人的话就可以说:"I'm afraid I can't."

5. I'd like... 和 I want...

用下面的词表示请求常常被认为很不礼貌:"I want..."取代"I want a cup of coffee."试着向服务生说:"I'd like a cup of coffee, please."你就能得到你想要的咖啡和一个微笑了。

6. Would you mind... 和 Stop it!

如果有人做你不喜欢的事,而且可能还很不礼貌,你该怎样阻止他们呢?要想得到理想中的结果,不用大声叫嚣:"Stop talking on your phone in the cinema!"只需客气地对他们说:"Would you mind not using your phone in the cinema, please?"

7. Can you hold, please? 和 Wait.

在电话中适当选择礼貌用语可以使对话更有效或中止对话。如果有人打电话来找人,不要说:"Wait."而是,礼貌地说:"Can you hold, please?"或者说:"Hold on, please."

(资料来源:http://www.fdcew.com/Article/xingzheng/138905.html.)

四、培养良好礼貌用语习惯的途径

(一)树立良好的礼貌用语意识

树立良好的礼貌用语意识,除要求旅游从业人员有较高的个人修养外,更重要的是对自己角色的认识,摆正心态。现代旅游服务行业,每个人都是服务者和被服务者,只不过每个人提供的服务方式不同。因此,对于服务业而言,顾客就是上帝,是企业的生存和发展之本,礼貌语言的规范使用不仅代表企业形象,也是衡量员工个人素质的重要标准。有了这种正确的态度,工作起来心情舒畅,对宾客就更容易以礼相待了。

(二)培养丰富的个人情感

一个人的情感决定了他是否具有积极健康的生活态度。富有朝气和进取精神、生活充满热情的人,始终积极地将自己融入社会、融入生活。生活的热情使他(她)充满了灵感,同时也赋予其强烈的人际沟通意识。一个具有良好礼貌用语意识的人,在人际交往中始终占有积极主动的地位。正是由于积极的人际交往,才使得语言交流与表达能力不断完善。所以要想具有良好的礼貌用语意识,就应培养积极健康的生活态度。

(三)博览群书丰富知识

良好的礼貌用语还依赖于丰富的谈资。很难想象一个知识贫乏、无话可谈、以沉默应对客人的人会是一个很有礼貌的人。旅游服务人员要做到面对旅客侃侃而谈、语言生动、妙语连珠,必须具有丰富而广博的知识积累。因此,平常应多阅读一些社科类书籍。

(四)积极的语言实践锻炼

语言的表达是一种能力,能力的获得离不开实践的锻炼。语言的实践就是永不疲劳的锻炼与实践的过程。在语言的实践锻炼中,很重要的一点就是要勤讲多练,持之以恒。此外,它还要求练习者严肃认真地对待每一次接人待物,充分利用这些机会锻炼提高自己的礼貌语言的表达能力。

课堂讨论

情景：酒店常会遇到一些挑剔的客人，如何使"顾客就是上帝"这一服务原则得心应手地运用到每一次出现的挑剔冲突中，还需具备对客人进行心理分析的能力，这样才能有的放矢、缓解矛盾。

〔画面1〕一位富商请几位男女宾客共进晚餐。服务员上了鱼翅羹，每人一份。主人吃了一口，大表不满："我吃过上百次鱼翅了，你们的鱼翅做得不好，僵硬，不爽。去问问你们厨师是怎么做的！"

客人面露不悦，话说得很重。

服务员二话没说，答应去问。出去后，悄悄告知餐厅经理。

〔画面2〕餐厅经理走了过来，笑容可掬，故意放大音量说："老板真不愧是吃鱼翅的行家。今天的鱼翅在泡发和火工上确实稍缺一点点时间，这点小差别，您一口就尝出来，不愧为美食行家。"餐厅经理招手把服务员叫了过来，站到了富商边上又接着说："鱼翅不满意，老板您看，是换，还是取消？取消的话，损失当然我们承担，您不用支付分文。"

〔画面3〕"算了，算了。这次就算了，以后要注意质量。你们蒙混别人可以，骗我是骗不过去的。"富商还要借机炫耀一下自己。餐厅经理不愧经验丰富，进一步"欲擒故纵"。"老板，感谢您宽宏大量，我看就打八折吧。为了保证质量，我叫厨师也出来向你们道歉，并扣他当月奖金。"这时富商又开始显示他的大度和阔气了。

富商说："难道我就要省这20%的钱吗？老实告诉你，再多10倍的钱我也不在乎！厨师一个月赚不了多少钱，不能为这点区区小事扣他的钱嘛！"

至此，矛盾已有了很大的缓和。但在这种情形下，不要急于让客人结账，而应留给客人一段平静过渡的时间，或是让他有一个在赴宴客人面前吹嘘的机会。有条件的话，还可免费赠送一盘水果致歉。

〔画面4〕服务员送上账单，富商点清钱，爽快地付账离去。餐厅经理已站立在门口，递上名片，恭请客人再次光临。

这是发生在河南郑州花园酒店的一个真实的案例。自此以后，那位富商成了该酒店的座上常客，并经常介绍自己的朋友前来用餐，还指名经理必须好好关照，实际上是这位富商在继续向他周围的人炫耀自己。但对酒店来说，客源就是通过客人这样的心理满足不断增加、扩大的。

（资料来源：http://www.canyin168.com/glyy/kfgl/kfal/.）

讨论：
1. 餐厅经理是怎样运用语言满足客人的心理从而化解矛盾的？
2. 通过本案例，谈谈你对服务语言艺术重要性的认识。

项目小结

本章主要介绍了旅游从业人员的语言沟通礼仪，重点介绍了旅游服务工作中的礼貌用语相关知识,为旅游服务人员的语言沟通提供了学习的范本。

(1) 旅游服务人员语言沟通礼仪是礼仪知识和技能在旅游服务工作中的重要应用。为了让大家对旅游服务语言有一个基本的认识和了解,我们分析了沟通的内涵,介绍了沟通的分类方法及有效沟通的技巧,揭示了沟通的实质和内涵,这些观点是学习旅游沟通礼仪的基础。

(2) 良好的语言沟通能力需要不断的学习和积极的语言实践锻炼。为此,我们介绍了旅游服务人员语言礼仪的原则及旅游服务语言运用的基本要求,并对礼貌用语的相关知识点做了详尽的阐述及重难点分析。对这些内容的学习,能有效提升语言表达与沟通能力,是旅游服务工作的基础。

一、知识训练

1. 名词解释:

沟通　语言沟通　沟通技巧　有效沟通　礼貌用语

2. 简述沟通的分类方法及有效沟通的技巧。

3. 旅游服务语言沟通礼仪的原则和要求是怎样的?

4. 礼貌用语的常用类型有哪些?请举例说明。

5. 为什么要学习旅游服务语言沟通技巧?谈谈你对语言表达与沟通在旅游服务中的重要性的认识。

二、能力训练

1. 学完本章后,能自觉将沟通技巧及文明礼貌语言践行于日常工作生活中,提升语言表达与沟通能力。

目的:提高语言修养,为今后的服务工作打下良好的基础。

要求:尽可能在日常生活、交际中的每一个环节自觉运用沟通技巧及文明礼貌语言,使之成为习惯。

2. 根据不同的专业,选择一本《××服务案例解析》教材,分小组进行模拟演练,完成情景中服务工作者的语言沟通技巧训练。

目的:通过分析模拟使学生了解服务沟通礼仪在实际中的应用情况。

要求:小组完成情景分析,提交训练报告及对客服务时的心理感受。

先生,请您把脚放下来

一天下午14:23,胡先生在广州大厦的大堂吧等人,但是客人迟迟未来。大堂吧的环境虽然优雅、温馨,胡先生却有些坐立不安,毕竟此次生意的成败关系到公司的兴衰。"先生,请您把脚放下来,好吗?"服务员小林一边添加开水一边委婉地轻声提醒。胡先生这才发现自己竟不经意地把脚搁在对面的椅子上摇晃,此举引起了其他客人频频注视。本来等待已令胡先生极为烦躁,未假思索,他带了怨气盯着服务员一字一句地说:"我偏不放下,你能拿我怎么办?"经过片刻沉默,服务员笑了笑说:"先生,您真幽默,出这样的题目来考我。我觉得您蛮有素质的。"说完,她面带微笑转身就离开,并且始终没有回头。稍后,胡先生弯腰借弹烟灰的刹那,把脚放了下来。

（资料来源：http://www.fdcew.com/Article/shkf/97557.html.）

思考：
1. 胡先生后来为什么把脚放下来了？
2. 委婉的表达能给人带来怎样的感受？

第二篇 旅游服务人员的社交礼仪

Lüyou Fuwu Liyi

项目四　日常见面礼仪

知识目标：
(1) 了解见面礼仪的历史渊源；
(2) 掌握进行旅游服务时称呼、介绍的礼仪规范；
(3) 熟练掌握握手的方式、顺序和禁忌，了解拥抱礼、鞠躬礼的基本要求；
(4) 明确名片的功能和作用及名片的交换方法。

能力目标：
通过本项目的学习，能遵守日常见面礼仪规范，恰当应对见面场景。

素质目标：
能自觉按照见面礼仪的要求进行日常的人际交往。

(1) 通过本项目的学习，能充分了解日常见面的相关礼仪规范，提升日常交际能力；
(2) 能根据相关礼仪规范的要求指导自己的交际行为，做到知行合一。

> **案例导入**
>
> ### 订单"丢了"
>
> 张强刚走上工作岗位不久,就接触到一份大订单,这份订单如果能够拿下,今年他就可以完成当年销售任务的60%,张强为此做了很多工作。今天是对方约张强到单位商谈的日子,张强做了精心准备:整理服装,把材料放在公文包中,一切准备妥当,他准时到达对方单位,拜见了对方供应科的李科长。张强与李科长是首次见面,张强一见李科长马上上前握手。他热情有力地摇晃着李科长的手说:"见到您太高兴了,请多关照。"入座后,张强马上拿出自己的名片,李科长与之交换了名片,张强接过李科长的名片,仔细看了看后放在桌上,双方就订单的具体事宜再次进行了沟通。兴奋不已的张强在商谈结束后,把材料放回公文包,与对方告别后,兴冲冲地赶回公司向总经理汇报,李科长的名片仍然在桌上。不料,张强回到公司向总经理汇报时,总经理很生气地告诉他,按客户的要求,这份订单已交给他们部门经理去做了。张强不明白这是为什么。
>
> (资料来源:覃常员,张幸花.现代商务礼仪[M].北京:北京大学出版社,2009.)
>
> **讨论分析:**
>
> 1. 总经理为什么将订单交给了部门经理?
> 2. 如果你是张强,与客户会面时你会怎么做?

在旅游服务过程中,与客人见面,尤其是初次见面时,客人对旅游工作人员形成的第一印象往往最为深刻,对今后的人际交往起着决定性作用。因此,每一个服务人员要充分注意自己的会面礼仪、个人修养和品位,恰到好处地表现自己。

任务一 称　　呼

一、称呼的功能和原则

称呼指的是人们在日常交往应酬之中所采用的彼此之间的称谓语。在人际交往中,选择正确、适当的称呼,反映着自身的教养、对对方尊敬的程度,甚至还体现着双方关系发展所达到的程度和社会风尚。因此,在与客人的交往中,我们既要学习掌握称呼的基本规律和通行的做法,又要注意各国之间称呼的差别。

(一) 称呼的功能

1. 指别作用

姓名称呼与人本身的联系是特有的,它是一种特殊的符号,具有称代人本身的功能。每一个姓名称呼都与具体的所指对象相联系,都是某个人的特定标志,即一个姓名称呼特指一个具体的人。姓名称呼是其他称呼所不可取代的,它既可用于正式场合,也可用于非正式场合。

2. 表情功能

称呼语不仅可以用来打招呼,而且可以表达情感。称呼语是亲疏程度、感情深浅的温度计,亲疏关系在很大程度上决定了人们在言语交际中如何使用姓名称呼。亲疏关系反映了人与人之间的社会距离,从亲到疏形成一个连续的过程,亲疏之别界限模糊,但又是客观存在着的,对于语言交际有着不可忽视的影响,选择不同的姓名称呼会表达出不同的情感色彩。

3. 交际作用

称呼语是人际交往中使用最频繁的语言符号,正确恰当的称呼不仅能够融洽关系,有时甚至还能对交际起到事半功倍的效果。

就一般状况而言,交际中的姓名称呼,是以最简单明了的语言形式负载最简洁的语义内容,而其常规的语义内容就是指称受话对象,从而建立起发话者与受话者之间的交际联系。指称受话对象、建立交际联系,是姓名称呼语的最基本、最主要的交际功能。现实生活中,老师提问学生、教官提问士兵,均是以姓名称呼招呼受话人,以引起受话人的注意并建立起双方的交际关系。

此外,称呼语在执行交际功能的同时还具有表达人与人之间相互关系的作用。人所共知,社会是由人与人之间的复杂关系形成的网络体系,每个人处于特定的社会中,并且都占有一定的位置、扮演一定的角色,与其他人形成各种各样的角色关系。表面上看,这个位置是稳定的、不变的,实际上由于交际地点、时间的不同以及场合对象的改变,人们扮演的社会角色也不一样。但是称呼语的改变能淋漓尽致地展现某个人在社会生活中的角色关系。

4. 镜像作用

姓名称呼不仅是社会成员相互区别的符号,而且隐含着一个民族的语言、历史、文化等信息。如现代女性的称呼,在正式场合,她们往往使用自己的姓名称呼;在非正式场合,她们的称呼则呈现出多元化的倾向。这些迹象表明,女性在姓名称呼的使用权上取得了与男性同等的地位,这在某种程度上标志着整个社会的进步和女性社会地位的提高。例如,近年来在我国港澳地区出现了一些新的姓名称呼,如"陈方安生"、"范徐丽泰"等,这都是港澳地区已婚妇女在官方场合使用的正式称呼。姓名前加夫姓是女子已婚的一个标志,也是港澳地区文化受西方文化影响的一个结果,这些都是称呼语的镜像作用。

(二)称呼的原则

1. 礼貌的原则

尊重是称呼的第一要则。为了体现对对方的尊重,称呼时要注意以下内容。

1)中国人称呼的习惯

对一般人而言,姓得之于家族、受之于父母,所以显得十分重要。我们在形容某人成功时,说他是"一举成名";当一个人失败时,我们说他是"身败名裂";把极有影响的人誉为"大名鼎鼎"、"名人"、"名师"、"名家"、"名角"、"名流"、"名医"、"名厨"等,这些都反映出中国人对姓名的高度重视。这种观念必然影响到人际称呼语的使用。一般来说,中国人在交际中不能轻易对对方指名道姓、直呼其名。尤其是对长辈和上级直呼其名更是不礼貌的,就是平辈之间也不礼貌。所以,要想表示尊敬对方,就必须用其他称呼。对上级或尊者、长辈最好称呼其职务、身份,如"李厂长"、"马教授"、"王师傅"等;对平辈可以称呼为"老张"或"小李";如果关系密切则可称呼姓名中的名,如"志军"、"小红",这样显得既亲切又自然。

 案例分析

职场中的称呼

朱小艳进入了一家新的单位,领导带她熟悉周围环境,并介绍给部门的老同事认识。她非常恭敬地称对方为老师,大多数同事都欣然接受了。

当领导把她带到一位同事面前,并告诉朱小艳,以后就跟着这位同事学习,有什么不懂的就请教她时,朱小艳更加恭敬地称对方为老师。这位同事连忙摇头说:"大家都是同事,别那么客气,直接叫我名字就行了。"

朱小艳仔细想想,觉得叫老师显得太生疏了,但是直接叫名字又觉得不尊敬,不知道该怎么称呼对方比较合理。

你能给她出出主意吗?

(资料来源:http://www.docin.com/p-807896667.html.)

分析:新员工刚到单位时,不能随便以自己的想法来称呼对方,对于难以把握的称呼,可以先询问对方,比如,"请问该怎么称呼您?"不知者不怪,对方都会把通常同事对他的称呼告诉你。案例中,对方要求朱小艳直呼其名,只是客套话,作为一位新人,最好不要直呼其名,可以礼貌地询问对方。在职场上,过分亲昵和过分生疏的称呼都是不提倡的。因此,我们要把握好称呼这门学问,在职业道路上,做一位有礼貌的员工。

2) 人称代词的使用

使用人称代词称呼对方应用"您"表示尊敬。即使是平辈,在不熟悉的情况下,或正式场合,也可以"您"称呼。汉语第一人称"我"并无敬与不敬的讲究,但不少人,尤其青年人,说起话来,左一个"我认为",右一个"我认为",使人听起来有狂妄之感,不如改为"我们认为",以给人留下谦虚大度的好印象。

3) 关系的把握

在人际称呼中,当我们提及第三个人时,要注意关系的把握。如向对方提及他儿子时说:"张军什么时候来学校?"提及他妻子时说:"王英病好了吗?"这种说法不但显得冷冰冰的,而且会被对方视为不礼貌。如果换为:"军军什么时候来学校?""您儿子什么时候来学校?""嫂子病好了吗?""您爱人(夫人、妻子)病好了吗?"这样会让人感到更加亲切。

2. 亲切的原则

人际称呼的运用不仅能表示自己的一种存在,以引起对方注意,建立交往联系,而且更能表明自己对对方的态度,表达一定的情感。为了使称呼显得亲切,可采用如下办法。

1) 称呼身份

称呼身份即用交往双方的身份关系来称呼，既用于自称，也可用于称呼对方。比如小李是王教授的学生，他对王教授说"学生记住了"，就比说"我记住了"更富有情感。另外，若称呼对方身份而不用姓名，则情感更丰富，如说"总经理，您好"就比说"王总经理，您好"更富有情感一些。

2) 称呼名字

对长辈、上级和平辈中的陌生人直呼其名是无礼之举，但在有些特殊场合中，以名相称却显得十分亲切。如女儿给父亲写信时说"丽丽十分想念爸爸"就比说"我十分想念爸爸"要亲切一些。异性朋友初次见面可称呼姓名，如王丽娜，待双方建立恋爱关系后，可以称呼"丽娜"，而进入热恋阶段可以称呼"娜"。这种称呼的变化可以说明呼名不呼姓的传情作用。

3) 社交称呼亲属化

中国人普遍认为亲属关系就是最亲密的人际关系。这样一来，在社交场合中，人们要增加感情成分时，可使称呼亲属化。如小孩对与自己父辈和祖辈年龄相仿的人称"叔叔"、"阿姨"、"爷爷"、"奶奶"；年轻人对自己朋友的父母称"伯父"、"伯母"；青年男女中也多以兄妹相称，如"小明哥"、"李大姐"。其实，彼此之间并无血缘关系，这样称呼仅表达一种亲切的情感而已。

3．得体的原则

1) 符合角色变化

如果我们在机关工作，在一些正式场合下，无论双方关系如何，彼此之间都应是同事间的称呼，如"王科长"、"刘干事"、"张局长"等。即使是父子、夫妻、兄弟之间也应如此，而不应将家庭中的称呼带到工作中。但回到家中，则不应该按照工作上的角色来互称。

2) 切合对方的期待心理

称呼的人际吸引力，并不完全取决于称呼人的意思，而主要取决于是否切合被称呼人的期待心理。如一对青年男女结婚以后互称对方的父母为"爸爸"、"妈妈"而不是"叔叔"、"阿姨"或"伯父"、"伯母"。做父母的会因为你得体亲切的称呼而倍感亲切。

3) 切合活动场景

如老张与老马私交甚密，日常，老张习惯称呼老马的绰号"丝瓜"，老马并不会反感；但在全厂干部大会上，老张如果照喊不误，就可能引起老马气恼，其原因就在于没有区分交际场合。

4．规避禁忌

注意中西方文化差异。如在我国，对年长的人称谓"老"，是对长者的尊敬，而西方人却忌讳别人称自己"老"；在我国，"爱人"通常是指夫妻配偶，西方人则视"爱人"为"情人"。另外，西方国家有重学衔轻职衔的习惯，如称呼"约翰博士"比称呼"约翰经理"更受肯定。在社交场合，如果关系一般，切勿随意给对方起绰号，也不能用道听途说来的绰号称呼对方，更不能使用具有侮辱性的绰号，如"秃子"、"四眼"等。

二、常用的称呼方法

（一）敬称

（1）从辈分上尊称对方，这是对辈分高的人的一种敬称。例如"爷爷"、"奶奶"、"爸

爸"、"妈妈"、"叔叔"、"伯伯"、"伯母"、"表兄"、"表妹"、"堂兄"、"堂妹"等。

（2）从身份上尊称对方。如中国人对"尊"、"贤"、"令"这三个字的运用。对他人的长辈，宜在称呼前加"尊"字，如"尊母"、"尊兄"；对他人的平辈或晚辈，宜在称呼前加"贤"字，如"贤妹"、"贤侄"；若在他人亲属的称呼前加"令"字，一般可不分辈分与长幼，称对方的父亲为"令尊"，母亲为"令慈"，儿子为"令郎"，女儿为"令爱"，兄弟姐妹为"令兄"、"令弟"、"令姊"、"令妹"等。

（3）从职业上尊称对方。称呼职业，即直接以被称呼者的职业作为称呼。如将教员称为"老师"，将教练员称为"教练"，将专业辩护人员称为"律师"，将警察称为"警官"，将会计师称为"会计"，将医生称为"医生"或"大夫"等。一般情况下，在此类称呼前均可加姓氏或姓名。对于商界、服务业从业人员，一般约定俗成地按性别的不同分别称呼为"小姐"、"女士"或"先生"。

（4）从职务上尊称对方。可只称职务，如"部长"、"厂长"、"经理"等；也可在职务前加上姓氏，如"王部长"、"张科长"等；还可在职务前加上姓名，如"习近平主席"等。除此之外，还有职称上、学衔上的称呼，方法类似于职务上的称呼。

（二）谦称

（1）向他人谦称比自己辈分高和年龄大的亲属时，可在称谓前加一个"家"字，如"家父"、"家母"、"家兄"、"家嫂"等。

（2）向他人谦称比自己辈分低和年龄小的亲属时，则在称谓前冠一个"舍"字，如"舍弟"、"舍妹"等。

（3）向他人谦称自己的子女时，可在称谓前冠一个"小"字，如"小儿"、"小女"等。

（4）向他人谦称自己的配偶时，可分别称"爱人"、"太太"、"丈夫"等。

（5）自我谦称时，古代常用"愚"、"鄙人"等词。目前，在一般社交场合，自称可用"我"、"本人"等词。

○○○○○○○○○○○○○○○ 知·识·链·接 ○○○○○○○○○○○○○○○

中国古代的谦称

1．"拙"字一族：称自己的（文章、见解等）

拙笔：称自己的文章和书画。如：拙笔一幅，敬请惠存。

拙见：称自己的见解。

拙著（拙作）：称自己的作品。

拙荆：古人对人称呼自己的妻子。

2．"小"字一族：称自己或与自己有关的人或事物

小弟：男性在朋友或熟人之间谦称自己。如：小弟有一不情之请。

小儿：谦称自己的儿子。

小女：谦称自己的女儿。

小可：谦称自己（多用于早期白话）。如：小可不才。

小人:古代指地位低的人,后来地位低的人也将之用于自称。如:小人不敢。
小生:青年读书人的自称(多见于早期白话)。
小店:称自己的店。
小照:指自己的尺寸较小的照片。如:附小照一张。

3. "薄"字一族:称自己的事物
薄技:微小的技能,谦称自己的技艺。如:薄技在身;愿献薄技。
薄酒:味淡的酒,常用作待客时的谦词。如:薄酒一杯,不成敬意。
薄礼:不丰厚的礼物,多用来谦称自己送的礼物。如:些许薄礼,敬请笑纳。
薄面:为人求情时谦称自己的情面。如:看在我的薄面上,原谅他一次。

4. "贱"字一族:称与自己有关的人或事物
贱姓:与"贵姓"相对,谦称自己的姓。如:(您)贵姓?贱姓王。
贱内:对别人称自己的妻子(多见于早期白话)。
贱事:古人称自己的私事。

5. "敝"字一族:称自己或自己的事物
敝姓:称自己的姓。如:(您)贵姓?敝姓王。
敝人:对人称自己。
敝处:谦称自己的家或停住的地方。
敝校:谦称自己的学校。

6. "鄙"字一族:称自己或自己的事物
鄙人:谦称自己。
鄙意:称自己的意见。
鄙见:称自己的见解。

7. "愚"字一族:用于自己的谦称
愚兄:在比自己年龄小的人面前谦称自己。
愚见:谦称自己的意见。如:愚见浅陋,仅供抛砖引玉。
愚以为:谦称自己认为。如:愚以为不可。

8. "忝"字一族:表示辱没他人,自己有愧
忝列:有愧被引入或处在其中。如:忝列门墙(愧在师门)。
忝在:有愧处在其中。如:忝在相知之列。
忝任:有愧地担任。如:忝任宰相之职。

9. "敢"字一族:表示冒昧地请求别人
敢问:冒昧地询问,请问。如:敢问先生贵姓?
敢请:请求。如:敢请先生替我写封信。
敢烦:冒昧地麻烦你。如:敢烦小姐办件事。

10. "劳"字一族:烦劳,请别人做事所说的客气话
劳驾:麻烦你。
劳步:用于别人来访。如:您公事忙,请不要劳步。

劳烦:麻烦别人。如:劳烦尊驾。
劳神:客套话,用于请人办事。如:劳神代为照顾一下。

11."家"字一族:用于对别人称自己的辈分高或年纪大的亲戚
家父、家尊、家严、家君:称父亲。
家母、家慈:称母亲。
家兄:称兄长。
家姐:称姐姐。
家叔:称叔叔。

12."浅"字一族:较少
浅见:浅显的见解。
浅释:浅显的解释。

13."舍"字一族:用于对别人称自己的辈分低或年纪小的亲戚
舍弟:称弟弟。
舍妹:称妹妹。
舍侄:称侄子。
舍亲:称亲戚。

14."老"字一族:用于谦称自己或与自己有关的事物
老粗:谦称自己没有文化。
老朽:老年人谦称自己。
老脸:年老人指自己的面子。
老身:老年妇女谦称自己。

15."寒"字一族:较少
寒舍:对人称自己的家。
寒门:自指出身低下。

16."不"字一族:没有
不才:没有才能。
不敢当:表示承担不起(对方的招待、夸奖等)。
不敏:不聪明(表示自谦)。
不佞:没有才能。
不肖:品行不好(多用于子弟)。

17."管"字一族:较少
管见:浅陋的见识。

(资料来源:http://blog.sina.com.cn/s/blog_9ffd30b801010f0v.html.)

(三)国际交往中称呼的运用

在国际交往中,称呼包括一般尊称和特殊尊称两大类。
根据尊称的礼仪规范,在国际交往中,一般对成年男子,不论是已婚的或未婚的,都称

"先生"(mister);对于已婚女子称"夫人"(mistress),对于未婚女子称"小姐"(miss),对不了解婚姻状况的女子称"小姐",对已婚的和未婚的女子都可以称"女士"(madame);对教会神职人员,我国一般均统称"先生"。

在使用"先生"、"小姐"、"夫人"等称谓时,可以加上姓氏或姓名,如"约翰·泰勒先生"、"戴维斯小姐"、"伊丽莎白·格兰夫人"等,也可以加上职务、职称,如"市长先生"、"校长女士"等。

对医生、教授、律师以及拥有博士学位的人士,可单独称"医生"、"教授"、"博士"等,如"彼得博士"。也可加先生,如"法官先生"。

特殊尊称主要是对君主制国家的贵族和王室成员的尊称。在国际交往中,一般部长以上的官员按国家情况称"阁下",但是美国、德国、墨西哥等国则不称"阁下"而称"先生"。在欧美,对王室中地位最高的人初次见面都称"陛下";对王室成员及其配偶均可称"殿下"或"阁下";对有爵位的人,称爵位,包括"公爵、侯爵、伯爵、子爵、男爵",也可称"先生"。

案例分析

小姐?太太?

有一位先生为外国朋友订做生日蛋糕。他来到一家酒店的餐厅,对女服务员说:"小姐,您好,我要为一位外国朋友订一份生日蛋糕,同时打一份贺卡,您看可以吗?"女服务员接过订单一看,忙说:"对不起,请问您的朋友是小姐还是太太?"这位先生也不清楚这位外国朋友结婚没有,从来没有打听过,他为难地抓了抓后脑勺想想,说:"小姐?太太?一大把岁数了,太太。"生日蛋糕做好后,服务员小姐按地址到酒店客房送生日蛋糕。敲门后,一女子开门,服务员有礼貌地说:"请问,您是怀特太太吗?"女子愣了愣,不高兴地说:"错了!"服务员小姐丈二和尚摸不着头脑,抬头看看门牌号,再回头打个电话问那位先生,没错,房间号码没错。再敲一遍,开门,"没错,怀特太太,这是您的蛋糕。"那女子大声说:"告诉你错了,这里只有怀特小姐,没有怀特太太!"啪一声,门被大力关上了。

(资料来源:http://www.soluxeint.com/2010/0915/164.html.)

分析:在这个案例中,服务员在没有搞清客人是否结婚的前提下,不能凭推测去称呼客人"太太"。在西方,"女士"是对成年女性的通称,一般冠以她自己而非丈夫的姓名;"夫人"、"太太"用于称呼已婚女性,冠以丈夫的姓名或丈夫的姓以及她自己的名;已离婚的妇女可冠以她自己的姓名或前夫的姓以及她自己的名,而不能仅用前夫的姓;成年而未婚的女子称"小姐",冠以她的姓名;而对于不了解婚姻状况的女子可泛称"小姐"或"女士"。已婚的女性被别人称作"小姐"时,会愉快地接受这一"误称"。这些称呼之前也可以冠以职称、头衔。

三、称呼的注意事项及禁忌

称呼既要遵循礼仪规范的原则,又要入乡随俗,还要照顾被称呼者的个人习惯,这就要求我们掌握各民族和国家的风俗习惯,合理理解和使用称呼。但要注意,在使用称呼时,一定要回避以下几种做法。

1. 使用错误的称呼

使用错误的称呼,主要原因在于粗心大意,用心不专。例如:误读,一般表现为念错被称呼者的姓名。要避免犯此错误,就一定要做好先期准备,必要时不耻下问,虚心请教。误称,主要是指对被称呼者的年纪、辈分、婚否以及与其他人的关系做出了错误判断。

2. 使用过时的称呼

有些称呼,具有一定的时效性,一旦时过境迁,若再采用,难免会令人难堪。比如在我国古代,对官员称为"老爷"、"大人",若全盘照搬进现代生活里来,就会显得滑稽可笑、不伦不类。

3. 使用不通行的称呼

服务过程中,我们不仅面对本地客人,也会跨地域、跨省份、跨国界进行服务,所以尽量不要用地方性称呼。如"小姐"是对年轻女性的通称,我国在很多服务行业也用来称呼女服务员,但在海南等地方不宜这样称呼,而要称呼"小妹"或"阿妹"。

4. 使用不当的称呼

在正式场合,不适用不当的称呼。例如,在正规场合称兄道弟;有的地方把做挑夫的民工称为"扁担",将三轮车司机称为"麻木",这些都是不尊重人的称呼。

 案例分析

这里没有师傅

某高校一位大学生,用手捂着自己的左下腹跑到医务室,对坐诊的大夫说:"师傅,我肚子疼。"坐诊的医生说:"这里只有大夫,没有师傅。找师傅到学生食堂。"学生听后,脸红到了耳根。

(资料来源:http://www.doc88.com/p-2834344543567.html.)

分析:在这个案例中,学生对医生采用了不当的称呼,让医生觉得没有受到尊重。对于文化人的称呼一定要明确,这样才能减少尴尬。当然,大夫也应该注意服务态度,讲究礼仪修养,对于顾客不当的语言应予以宽容,批评对方应采用委婉的语气。

5. 根本不用称呼

有的人去陌生城市时这样问路:"喂,地铁站口在哪?"对于这种问话的方式,别人不会热情回答,不要责怪对方冷漠无礼貌,首先应反思自己的表达和称呼有没有问题。

6. 使用绰号称呼

不要随便称呼别人的外号或绰号,特别是在公共场所,这是极不尊重他人的表现。尤其不可称呼体现他人弱点或生理性缺陷的外号。

任务二 介 绍

在日常生活和工作中,人与人之间需要进行必要的沟通,以寻求理解、帮助和支持。介绍是最常见的与他人认识、沟通、增进了解、建立联系的方式。介绍可以分为自我介绍和他人介绍。

一、自我介绍

自我介绍,就是在必要的社交场合,由自己担任介绍的主角,自己将自己介绍给其他人,以使对方认识自己。

(一)自我介绍的分类

自我介绍根据介绍人的不同,又可分为主动型自我介绍和被动型自我介绍两种类型。

1. 主动型自我介绍

社交活动中,在欲结识某个人或某些人却无人引见的情况下,即可自己充当自己的介绍人,将自己介绍给对方。

2. 被动型自我介绍

应其他人的要求,将自己的某些方面的具体情况进行一番自我介绍。

(二)自我介绍的方式

1. 应酬式自我介绍

应酬式自我介绍适用于某些公共场合和一般性的社交场合。这种自我介绍最为简洁,往往只要报出自己的姓名就可以了。如"您好,我叫××","我是××"。有时,也可对自己姓名的写法做些解释,如"我叫陈华,耳东陈,中华的华。"

2. 礼仪式自我介绍

礼仪式自我介绍适用于讲座、报告、演出、庆典、仪式等一些正规而隆重的场合,是一种表示对交往对象友好、敬意的自我介绍。内容包括姓名、单位、职务等,同时还应加入一些适当的谦辞、敬语,以表示自己对交往对象的尊敬。如:"各位来宾,大家好,我叫刘飞,是××大学的教师,今天跟大家共同探讨一下在教学研究方面的心得,有不当的地方恳请指正。"

3. 工作式自我介绍

工作式自我介绍适用于工作场合,包括本人姓名、所在单位的名称及其部门,以及担任的职务或从事的具体工作等。

4. 交流式自我介绍

交流式自我介绍适用于社交活动中,希望与交往对象进一步交流与沟通,也叫沟通式自我介绍。应包括介绍者的姓名、工作、籍贯、学历、兴趣及与交往对象的某些熟人的关系。不一定要面面俱到,但应依具体情况而定。如:"我叫王伟,是××研究所的研究员,我与您夫人是高中同学。""我是李明,是××酒店的经理,我和您一样也是个球迷。"

5. 问答式自我介绍

问答式自我介绍适用于应试、应聘和公务交往。问答式自我介绍,应该是有问必答,别人问什么就答什么。

(三)自我介绍的注意事项

1. 注意时间

要抓住适当的时机,在适当的场合进行自我介绍。适当的时机有:一是对方有空闲时;二是对方情绪较好时;三是对方有兴趣时;四是对方受干扰少时。做自我介绍时还要简洁,尽可能地节省时间,以半分钟左右为宜。为了节省时间,做自我介绍时还可利用名片、介绍信加以辅助。

2. 讲究态度

进行自我介绍时,态度一定要自然、友善、亲切、随和、落落大方、彬彬有礼。既不能唯唯诺诺,又不能虚张声势、轻浮夸张。语气要谦和自然,语速要快慢适中,语音要清晰明亮。

3. 注意内容

自我介绍的内容一般包括四项基本要素:姓名、供职单位、所属部门、担任职务或所从事的具体工作。对于这四项要素,在做自我介绍时应一气连续报出,这样既有助于给人以完整的印象,又可以节省时间。要真实诚恳、实事求是,不可自吹自擂、夸大其词。

4. 注意方法

进行自我介绍时,应先向对方点头致意,得到回应后再向对方介绍自己;介绍时应善于用眼神表达自己的友善、关心以及沟通的渴望;如果你想认识某人,最好预先获得一些有关他的资料,诸如性格、特长及兴趣爱好等,这样在自我介绍后,易于建立融洽的关系;在获得对方的姓名之后,不妨口头加重语气重复一次,因为每个人最乐意听到自己的名字。

 案例分析

我可不是乐器

某单位有位员工名叫单弘,他在做自我介绍时,除了单位、部门、职务之外还特别指出:"我的名字很容易读错,有次药房的护士叫我拿药,称我为单弦,我成了一件乐器了。"大家听完都不禁笑了起来。

(资料来源:http://www.doc88.com/p-6068722539202.html.)

分析:自我介绍不仅是将自身的信息提供给他人,更要让听者产生深刻的印象,从而更好地记住自己。案例中这位员工特意将错误的前例呈现在大家面前,既强调了自己姓名的正确读法,也让大家记忆深刻,相信听众不会再念错他的名字,同时也记住了这个人。

二、介绍他人

在社交场合,我们往往有为不相识者彼此引见一下的义务,介绍他人就是经第三者为不相识的双方互相引见的一种介绍方式。

(一)介绍人

在社交场合中,我们可作为第三者为彼此不相识的双方做介绍。介绍人通常包括以下几种。

(1) 社交活动中的东道主;
(2) 社交场合的长者;
(3) 家庭聚会中的女主人;
(4) 公务交往中的专职人员(如公务人员、礼宾人员、文秘人员、办公人员、接待人员等);
(5) 正式活动中地位、身份较高者或主要负责人员;
(6) 熟悉被介绍者双方的人;
(7) 应被介绍者一方或双方要求予以介绍者;
(8) 在交际应酬中,被指定的介绍者。

(二)介绍的顺序

在正式场合为他人做介绍时,必须遵守"尊者优先"的规则,即尊者有了解的优先权。

1. 将男士介绍给女士

例如,介绍王先生与李小姐认识,介绍人应当引导王先生到刘小姐面前,然后说:"刘小姐,我来给你介绍一下,这位是王先生。"注意在介绍的过程中,被介绍者的名字总是后提。

2. 将年轻者介绍给年长者

将年轻者引见给年长者,以示对前辈、长者的尊敬。如:"李教授,让我来介绍一下,这位是我的同学张明。"在介绍中应注意有时虽然男士年龄较大,但仍然应先将男士介绍给女士。

3. 将未婚的介绍给已婚的

如:"王太太,让我来介绍一下,这位是李小姐。"注意:当被介绍者无法辨别其是已婚还是未婚时,则不存在先介绍谁的问题,可随意介绍。

4. 将职位低的介绍给职位高的

在商务场合要先将职位低的介绍给职位高的。如:"王总,这位是××公司的总经理助理刘女士。"注意:这里我们先介绍的是刘女士。尽管王总经理是一位男士,但由于王总经理的职位高于刘女士,在商务场合仍不先介绍他。

5. 先将家庭成员介绍给对方

在向别人介绍自己的家庭成员时,应谦虚地说出对方的称呼,这不仅是出于礼貌,而

且对介绍自己的家庭成员也比较方便。如:"张先生,请允许我介绍一下我的妻子。"

（三）他人介绍的方式

1. 标准式他人介绍

标准式他人介绍适用于正式场合,内容以双方的姓名、单位、职务等为主。如:"请允许我来为两位引见一下:这位是××公司营销部主任××小姐,这位是××集团副总经理××小姐。"

2. 简介式他人介绍

简介式他人介绍适用于一般的社交场合,内容往往只有双方姓名一项,甚至可以只提到双方的姓氏,接下来由被介绍者见机行事。如:"我来为大家介绍一下:这位是谢总,这位是徐董,希望大家合作愉快。"

3. 引见式他人介绍

引见式他人介绍是指通过社交场合,介绍者将被介绍双方引导到一起,不需要表达任何具有实质性的内容。如:"请两位认识一下吧。大家其实都曾经在一个公司共事,只是不在一个部门。接下来的,请你们自己说说吧。"

4. 礼仪式他人介绍

礼仪式他人介绍适用于正式场合,是一种最为正式的他人介绍,其内容略同于标准式,但语气、表达、称呼上都更为礼貌、谦逊。如:"××,您好!请允许我把××公司的执行总裁××先生介绍给您。××,这位就是××集团的人力资源经理××。"

5. 附加式他人介绍

附加式他人介绍,也称强调式他人介绍。附加式他人介绍用于强调其中一位被介绍者与介绍者之间的关系,以引起另一位被介绍者的重视。如:"大家好!这位是××公司的业务主管××先生,这是其儿子××,请各位多多关照。"

（四）介绍时的注意事项

（1）介绍者作为第三者介绍他人相识时,要先向双方打一声招呼,让被介绍的双方都有所准备,切勿上去开口即讲,否则会显得很唐突,让被介绍者感到措手不及。

（2）被介绍者在介绍者询问自己是否有意认识某人时,一般不应拒绝,而应欣然应允。实在不愿意时,则应说明理由。

（3）介绍人和被介绍人都应起立,以示尊重和礼貌;待介绍人介绍完毕后,被介绍双方应微笑点头示意或握手致意。

（4）在宴会、会议桌、谈判桌上,介绍人和被介绍人可视情况决定是否起立,双方也可点头微笑致意;如果被介绍双方相隔较远,中间又有障碍物,可举起右手致意或点头微笑致意。

（5）介绍完毕后,被介绍双方应依照合乎礼仪的顺序握手,并且彼此问候对方。问候语有你好、很高兴认识你、久仰大名、幸会幸会等,必要时还可进一步做自我介绍。

知识链接

集体介绍

集体介绍是他人介绍的一种特殊形式。集体介绍指介绍者在替他人做介绍时，被介绍者中一方或双方不止一人，甚至是许多人时的介绍。集体介绍大体可分两种情况：为一人和多人做介绍；为多人和多人做介绍。在以下时机需要做集体介绍：

（1）规模较大的社交聚会，有多方参加，各方均可能有多人；

（2）大型的公务活动，参加者不止一方，而各方不止一人；

（3）涉外交往活动，参加活动的宾主双方皆不止一人；

（4）正式的大型宴会，主持人和来宾均不止一人；

（5）演讲、报告、比赛，参加者不止一人；

（6）会见、会谈，各方参加者不止一人；

（7）婚礼、生日晚会，当事人与来宾双方均不止一人；

（8）举行会议，应邀前来的与会者往往不止一人；

（9）接待参观、访问者，来宾不止一人。

进行集体介绍的顺序可参照他人介绍的顺序，也可酌情处理。但注意越是正式、大型的交际活动，越要注意介绍的顺序。在做集体介绍时，应根据实际情况，坚持以下原则。

（1）少数服从多数。当被介绍者双方地位、身份大致相似时，应先介绍人数较少的一方。

（2）强调地位、身份。若被介绍者双方地位、身份存在差异，则应将地位、身份高者放在尊贵的位置，最后加以介绍。

（3）单向介绍。在演讲、报告、比赛、会议、会见时，往往只需要将主角介绍给广大参加者。

（4）人数多的一方的介绍。若一方人数较多，则可采取笼统的方式进行介绍。

（5）各方的介绍。若被介绍的不止两方，则需要对被介绍的各方进行位次排列。排列的依据包括：以其负责人的身份为准；以其单位规模为准；以单位名称的英文字母顺序为准；以抵达时间的先后顺序为准；以座次顺序为准；以距介绍者的远近距离为准。

（资料来源：李灵.礼仪规范教程[M].成都：电子科技大学出版社，2007.）

任务三 见 面 礼

见面礼是日常社交礼仪中最常用与最基础的礼仪。不同的时期，不同的国家和地区有着不同的见面礼仪。当代常见的见面礼有握手礼、鞠躬礼、拥抱礼、亲吻礼、脱帽礼等，下面分别予以介绍。

一、握手礼

握手是在相见、离别、恭贺或致谢时相互表示情谊、致意的一种方式,是世界各国通行的礼节。双方往往是先打招呼,后握手致意。

> **知识链接**
>
> ### 握手礼的由来
>
> 说法一:战争期间,骑士们都穿盔甲,除两只眼睛外,全身都包裹在铁甲里,随时准备冲向敌人。如果表示友好,互相走近时就脱去右手的甲胄,伸出右手,表示没有武器,互相握手言好。后来,这种友好的表示方式流传到民间,就成了握手礼。当今行握手礼也都是不戴手套,朋友或互不相识的人初识、再见时,先脱去手套,才能施握手礼,以示对对方的尊重。
>
> 说法二:早在远古时代,人们以狩猎为生,如果遇到素不相识的人,为了表示友好,就赶紧扔掉手里的打猎工具,并且摊开手掌让对方看看,示意手里没有藏东西。后来,这个动作被武士们学到了,他们为了表示友谊,不再互相争斗,就互相摸一下对方的手掌,表示手中没有武器。随着时代的变迁,这个动作就逐渐形成了现在的握手礼。
>
> 说法三:握手礼来源于原始社会。当时,原始人居住在山洞,他们经常打仗,使用的武器是棍棒。后来他们发现可以消除敌意,结为朋友,而最好的表达方式是见面时先扔掉手中棍棒,然后再挥挥手。
>
> (资料来源:http://baike.baidu.com/link?url=CcTtli8PzWKhAOF2-pKDxt7wh.)

(一)握手的时机

1. 欢迎与道别

(1)在家中、办公室里以及其他一切自己作为东道主的社交场合,迎接或送别来访者时,要握手,以示欢迎或欢送。

(2)在比较正式的场合同相识之人道别,要握手,以示自己的惜别之意和希望对方珍重之情。

(3)拜访他人后,在辞行时,要握手,以示"再会"。

(4)在重要的社交活动(如宴会、舞会、沙龙、生日晚会等)开始前与结束时,要与来宾握手,以示欢迎与道别。

2. 祝贺与感谢

(1)他人给予了自己一定的支持、鼓励或帮助时,要握手,以示衷心感激。

(2)向他人表示恭敬、嘉奖时,要握手,以示贺喜之诚意。

(3)他人向自己表示恭喜、祝贺时,要握手,以示感谢。

(4)他人向自己赠送礼品或颁发奖品时,要握手,以示感谢。

(5)向他人赠送礼品或颁发奖品时,要握手,以示郑重其事。

（6）应邀参与社交活动，如宴会、舞会之后，要与主人握手，以示谢意。

3．高兴与问候

（1）遇到较长时间未曾谋面的熟人，要握手，以示久别重逢而万分欣喜。

（2）被介绍给不相识者时，要握手，以示自己乐于结识对方，并为此深感荣幸。

（3）在社交场合，偶然遇到同事、同学、朋友、邻居、长辈或上司时，要握手，以示高兴与问候。

4．理解与慰问

（1）对他人表示理解、支持、肯定时，要握手，以示真心实意。

（2）得悉他人患病、遭受其他挫折或家人过世时，要握手，以示安慰。

下面一些情况则不宜与他人握手：对方手部有伤；对方手里拿着较重的东西；对方正在忙别的事，如打电话、用餐、主持会议、与他人交谈等；对方与自己距离较远；所在环境不适合握手。

（二）握手的顺序

在正式场合，握手次序要根据双方的社会地位、身份、职位而定。而在社交和休闲场合则主要根据年龄、性别、婚否等条件来确定。

（1）职位、身份高者与职位低者握手，应由职位、身份高者首先伸出手来；

（2）女士与男士握手，应由女士首先伸出手来；

（3）已婚者与未婚者握手，应由已婚者首先伸出手来；

（4）年长者与年幼者握手，应由年长者首先伸出手来；

（5）长辈与晚辈握手，应由长辈首先伸出手来；

（6）社交场合的先至者与后至者握手，应由先至者首先伸出手来；

（7）与主人告辞时，应由主人首先伸出手来。

一人与多人握手时，亦须注意先后顺序。一般来讲，在一人与多人握手时，顺序为：第一，由尊而卑；第二，由近而远。一般情况下应首先与自己距离最近的人握手。

 案例分析

郑瑞的尴尬

郑瑞是某单位的经理，有一天，他被邀请参加一场晚宴，此次晚宴规模巨大，聚集了职场上的众多成功人士。在宴会上，郑瑞被朋友介绍给一位姓曹的女士。为了表示自己的友好，他先把手伸出去了，可是曹女士居然没有反应，还在与一旁的朋友说说笑笑。郑瑞觉得非常尴尬，觉得手不能再缩回去了，撑了大概20多秒，曹女士还是不配合。后来他一着急说："蚊子！"转手去打莫须有的蚊子。这种场面让周围的人都不禁捏了把冷汗，郑瑞满脸通红地离开了。

（资料来源：http://www.dlxz.net/fsml/kyhs/art110253.aspx.）

分析：这是不懂得握手礼仪常识造成的尴尬。社交场合，男士和女士握手时应由女士先伸手，男士再与之握手；如果女士不主动伸出手，男士也不要冒昧地伸手。在长辈和领

导面前也一样,只要长辈和领导不伸手就不要主动伸手。但是如果女士、长辈或者领导伸出手,则要立刻伸出右手与之握手。

(三)握手的动作要领

1. 握手的态度

握手时应面含微笑,注视对方双眼,热情友好地伸出右手,同时亲切地致问候语,如"欢迎"、"很高兴认识您"、"您好"、"谢谢"等。

2. 握手的距离

握手时双方距离以 0.75～1.00 米为佳,距离过远则显得冷落对方,距离过近则手臂难以伸直,不雅观。

3. 手部的动作

握手时上身略向前倾,右臂自然向前伸出,手掌向左,拇指与手掌分开,其余四指自然并拢,双方手掌与地面垂直。

4. 握手的时间

握手时间过长或过短均不适宜,一般应控制在 3 秒内。在某种情况下,如久别重逢时,与对方握手的时间可稍作延长,以示亲切友好;而与异性握手时,时间应略短,否则有占便宜之嫌;在与数位初次相识者握手时,应注意握手时间大体上要等同,否则会让人产生厚此薄彼之感。

5. 握手的力度

握手力度应均匀适中,上下抖动但不要左右摇晃,力度以紧而不捏疼对方为宜。握得太轻或不握住对方的手,只是用几个手指和对方的手碰一下是一种失礼的行为。但与女士握手时应稍握即可,且用力要轻一些。

(四)握手的类型

1. 平等式握手

这是最为普通的握手方式,即施礼双方各自伸出右手,手掌呈垂直状态,四指并拢,虎口张开,肘关节微屈抬至腰部,上身微向前倾,目视对方与之右手相握,可以适当上下抖动以表示亲热。这种握手方式适用于与初次见面或交往不深的人相握。

2. 谦恭式握手

用掌心向上或向左上的手势与对方握手。这种人往往性格软弱,处于被动、劣势地位,处世比较谦和、平易近人,不固执,对对方比较尊重、敬仰,甚至有几分畏惧。

3. 控制式握手

用掌心向下或向左下的姿势握住对方的手,通过这种方式表达自己的优势、主动、傲慢或支配地位,一般不予采用。

4. 双手相握

主动握手者用右手握住对方的右手,再用其左手握住对方右手的手背,这种形式的握手,在西方国家被称之为"政治家的握手"。用这种形式握手的人,试图让接受者感到他热情真挚、诚实可靠。在朋友、同事之间,很可能会达到预想的结果。然而,如果与初次见面的人相握,则可能导致相反的效果,因为,接受者可能会怀疑主动握手者的动机。

5. 拉臂式握手

将对方的手拉到自己的身边相握。这种人往往过分谦恭,在他人面前唯唯诺诺、轻视自我,缺乏主见与敢作敢为的精神。

(五)握手的禁忌

1. 忌坐着握手

握手应站着相握,除年老体弱或残疾人以外,坐着握手被认为是失礼的行为。

2. 忌左手握手

握手要用右手,禁止用左手,因为左手会触犯宗教禁忌。伊斯兰教教义中认为左手是不洁之手,只能做属于个人的事情,不能与人接触。

3. 忌穿戴不当

握手时不能戴手套、帽子、墨镜。握手礼是依靠身体接触来显示诚意的礼节,戴手套则表示不信任和拒绝;戴着墨镜握手,会使双方缺乏眼神交流,感觉不够真诚,但戴墨镜的盲人除外;戴帽子也是不礼貌的行为。但是一些女士在社交场合穿着的礼服配有薄纱手套和礼帽,由于这些属于礼服的一部分,可以不用取下而与人行握手礼。同时,穿制服者可不脱帽,但应先行举手礼,再行握手礼。

4. 忌心不在焉

握手时要注意力集中,忌迟迟不握他人早已伸出的手,或是一边握手一边东张西望,或忙于跟他人打招呼等。

5. 忌傲慢无礼

伸出的手一定要干净、干爽,不要以不洁之手与人握手;当手上有水或不干净时,应谢绝握手,同时必须解释并致歉;握手时不要抢握,不要交叉相握,应待别人握完后再伸手相握;握手后不要立即擦拭自己的手掌。

二、鞠躬礼

鞠躬,意即弯身行礼,是人们在生活中对别人表示恭敬的一种礼节,既适用于庄严肃穆、喜庆欢乐的仪式,也适用于一般的社交场合。鞠躬礼在东南亚一些国家较为盛行,所以,在接待这些国家的外宾时可以行鞠躬礼致意。在我国,鞠躬礼主要应用于旅游酒店服务、领奖、演讲、谢幕等场合,在婚礼等喜庆欢乐的场合以及追悼会等庄严肃穆的仪式中,也会行鞠躬礼。

(一)鞠躬的规范

在社交场合,鞠躬礼的具体行礼规范是:行礼之前应当先脱帽,立正站好,保持身体端正,面带微笑,面向受礼者两三步远;行礼时,上身前倾弯腰,视线由对方脸上落至自己的脚前1.5米处(15度鞠躬礼)或脚前1米处(30度鞠躬礼);鞠躬时,男士双手自然下垂,可贴放于身体两侧裤线处,女士双手下垂搭放于腹前;行礼时,以腰为轴上体前倾,视线随着鞠躬自然下垂,礼毕身体还原。施礼后若要与对方谈话,则脱下的帽子不用戴上。

知识链接

鞠躬礼的起源

"鞠躬"起源于中国。商代有一种祭天仪式叫"鞠祭":祭品为牛、羊等,不切成块,而将整体弯卷成圆的鞠形,再摆到祭处奉祭,以此来表达祭祀者的恭敬与虔诚。这种习俗在一些地方一直保持到现在。人们在现实生活中,逐步沿用这种形式来表达自己对地位崇高者或长辈的崇敬。

(资料来源:http://baike.baidu.com/link? url=jJ8z08GtBJzs2Sg3paNxEQaYVng.)

(二)鞠躬的角度

鞠躬礼中,上身倾斜的角度可以从15度到90度不等,通常依据对受礼者的尊重程度而定,下弯的幅度越大,表示尊重程度越大。鞠躬的次数,可视环境和情况而定,一般社交、接待、服务等场合下均一次即可。

15度鞠躬礼又称为点头礼、颔首礼,它适用于同事之间、路遇熟人或在同一场合碰上多人而无法一一问候时施行。

30度鞠躬礼和60度鞠躬礼一般用于正式社交环境和工作环境中,施礼者以此表示郑重、尊重之意。

90度鞠躬礼主要用于特殊的社交场合,如追悼会、婚礼等。

(三)注意事项与禁忌

行鞠躬礼时应遵守以下准则:第一,当他人向自己行礼时,应立即还以鞠躬礼;第二,地位较低方要先鞠躬;第三,地位较低方的鞠躬幅度要相对深些;第四,表示道歉及忏悔时,鞠躬幅度可略大,甚至超过90度。

注意事项与禁忌:

(1)鞠躬时应该脱帽、脱墨镜;

(2)鞠躬时不可边工作边鞠躬;

(3)鞠躬不可速度太快;

(4)行鞠躬礼时不要注视对方;

(5)不可连续、重复施礼,鞠躬一次即可。

三、拥抱礼

所谓拥抱礼,是指交往双方互相以自己的双手揽住对方的上身,借以向对方致意。拥抱礼是流行于欧美的一种见面礼节,在中国,人们对此不甚习惯,而在国际社会中,它却得到广泛运用。

(一)拥抱礼的规范

规范的拥抱礼是两人在正面相距20厘米处面对站立,各自举起右臂,将右手搭在对方左肩后面,左臂下垂扶住对方右腰后侧,两人头部及上身都向左侧相互拥抱。在保持原手位不变的情况下,施礼双方还应接着在向右拥抱后,再次向左拥抱。

（二）使用区域

一般来讲,拥抱礼在西方国家广为流行;在中东欧各国、阿拉伯国家、大洋洲各国、非洲与拉丁美洲的许多国家里,拥抱礼也颇为常见;但是在东亚、东南亚国家里,许多人对此无法接受。

（三）使用场合

在庆典、仪式、迎送等较为隆重的场合,拥抱礼最为多见,在政务活动中尤为如此;在私人性质的社交、休闲场合,拥抱礼则可用可不用;在某些特殊的场合（如谈判、检阅、授勋等）,人们则大都不使用拥抱礼。

（四）人员范围

在欧洲、美洲诸国,男女老幼之间均可行拥抱礼;而在亚洲、非洲的绝大多数国家,尤其是在阿拉伯国家,拥抱礼仅适用于同性之人,与异性在大庭广众之下行拥抱礼,是被禁止的。

四、亲吻礼

亲吻礼是西方国家常用的一种见面礼节,常见于欧美诸国及阿拉伯国家。现代的人们在社交场合,常用此礼来表达对受礼者的亲密、热情、友善、尊敬之情。

亲吻礼是通过唇或面颊接触他人致意的礼节,在行礼时,常与一定程度的拥抱相结合。视行礼双方关系的亲疏程度,亲吻的部位与方式不尽相同,因此可以分为不同的亲吻礼类型,如吻面礼、吻手礼、吻唇礼、吻颌礼等,其中最常见的是吻面礼和吻手礼。

知识链接

亲吻礼的产生

亲吻,是源于古代的一种常见礼节。人们常用此礼来表达爱情、友情、尊敬或爱护。据说它产生于婴儿与母亲间的嘴舌相昵,也有人说它产生于史前人类互舔脸部来吃盐的习俗。据文字记载,在公元前,罗马与印度已流行公开的亲吻礼。有人认为,古罗马人爱嚼香料,行亲吻礼足以传口中芳香。也有人说,古人用亲吻时努唇的形状来表示爱情的心形。还有人考证,法国是世界上第一个公开行亲吻礼的国家。当代,在许多国家及地区的上流社会,此礼日盛。

（资料来源：http://baike.baidu.com/link?url=j0VBKTF5sRGJqNH65kjJ4yufDPCI22.）

（一）吻面礼

吻面礼适用于亲友间、女孩间、男孩跟女孩间、长辈跟晚辈间。吻面礼是一种交流的方式,可以拉近相互间的关系。

1. 吻面礼的规范

双方先贴右面,然后再贴左面,贴面时嘴唇不碰脸颊而发出"啵"声音,而且越响越好,表示你越和对方亲近。如果表示特亲密,例如老人对小孩、年长女性对年轻女性,则可以直接用嘴唇亲吻对方面颊。

2. 注意事项

吻的次数可以表示亲密程度,一般吻两下,如朋友或同学之间;四下也行,通常在挚友或家人之间。

行吻面礼就意味着两人之间的友好关系已经非同一般,换而言之,表示你愿意接纳对方进入你私人生活范围。同某人行过一次吻面礼后,再次相见,都应保持行同样的礼节,不然会被视为失礼,或表示不想再与对方保持亲密关系。

行吻面礼时不得分亲疏,如果几位朋友相聚,你与特别亲密的朋友行过吻面礼后,切莫忘记其他人,否则会显得不妥。

男人之间通常不行吻面礼,他们招呼的方式是握手,主要原因是可能会被误认为同性恋。但有时家庭男性成员或是很好的男性朋友之间也行吻面礼。

男性与朋友的女友或妻子第一次见面不行吻面礼;上司一般不与下属行吻面礼;同事之间一般不行吻面礼,如行此礼,通常表示他们之间的关系更近一些。

(二) 吻手礼

吻手礼是流行于欧美上层社会的一种礼节。英法两国的人们喜欢行"吻手礼",不过行这种礼仪的人也仅限于上层人士。吻手礼的受礼者,只能是女士,而且应是已婚女士。

1. 吻手礼的规范

男士行至已婚女士面前,首先垂首立正致意,然后以右手或双手捧起女士的右手,俯首用自己微闭的嘴唇,去象征性地轻吻一下其指背。

男子同上层社会贵族妇女相见时,如果女方先伸出手作下垂状,男方则可将指尖轻轻提起吻之。如果女方不伸手则表示不行此礼。行吻手礼时,若女方身份地位较高,则男方要在屈一膝作半跪状后,再握手行吻手礼。

 案例分析

都是"吻"惹的祸

2007年1月25日,援助黎巴嫩国际大会在巴黎举行。在会议开幕前的记者会上,法国总统希拉克依次与数十个国家的元首相见。鉴于参加会议的部分国家领导人是女性,希拉克按照法国传统礼节,一一与她们行了颇有绅士风度的"吻手礼"。

接受吻手礼的先后有美国国务卿赖斯女士、加拿大国际合作部部长乔西·维尔纳女士、奥地利外长乌苏拉·普拉斯尼克女士、希腊外长多拉·芭科亚妮女士等。据现场记者说:"希拉克在吻赖斯时,无疑显得最亲密和专心。两人的头贴得极近,希拉克先将他的嘴唇按在赖斯的左手上亲一下,然后换右手再亲。而赖斯则笑得合不拢嘴巴,显得颇为开心。"

然而，在轮到英国外交大臣、现年63岁高龄的玛格丽特·贝克特女士时，谁都认为贝克特也将得到希拉克的吻手礼。然而后者好似忽然不来电一般，没有热情。在见到贝克特主动伸出的右手时，希拉克根本没动嘴，仅仅冷淡地捏了一下。气氛顿时变得尴尬。

第二天，英国媒体立即曝光了此事，希拉克这种做法在英国引发轩然大波。英国人为自己的女大臣遭到的这种"不公平待遇"感到惊讶。一时间，议论尘嚣甚上。说什么"人老珠黄无人问津啦"等等，更有好事者认为，希拉克是在"借吻发挥"，暗示他对英国政府的不满。

（资料来源：http://read.dangdang.com/content_715635.）

分析：因"吻手礼"而引发国际风波，这的确出人意料。希拉克的这种做法或许刺激到英国人最敏感的神经。英法两国历史上成见不少，明争暗斗，结盟时候少，开战时候多。另外，在法国有关"吻"的礼仪中，本就有不能"厚此薄彼"的要求，是否亲吻、亲吻几下跟关系的亲疏有着直接联系。当然，究竟是何原因，只有希拉克心里清楚。

2．吻手礼的使用场合

（1）英国的上层人士，在对女士们表示敬意和感谢时，往往行"吻手礼"。

（2）在法国一定的社会阶层中，"吻手礼"也颇为流行。不过行吻手礼时，嘴不应接触到女士的手，也不能吻戴手套的手，不能在公共场合吻手，更不得吻少女的手。

（3）在德国的正式场合，仍有男子对女子行吻手礼，但多做个吻手的样子，不必非要吻到手背上。

（4）在波兰民间，吻手礼十分流行。一般而言，吻手礼的行礼对象应为已婚妇女，行礼的最佳地点应为室内。在行礼时，男士应双手捧起女士的手，在其指尖或手背上象征性轻吻一下，假如吻出声响或吻到手腕之上，都是不合规范的。

五、脱帽礼

所谓脱帽礼，是指以摘下本人所戴帽子的方式来向交往对象致意。

脱帽礼来源于冷兵器时代。当时，作战都要戴头盔，头盔多用铁制，十分笨重。战士到了安全地带，首先是把头盔摘下，以减轻沉重的负担，这样脱帽就意味着没有敌意。如到友人家，为表示友好，也以脱盔示意。这种习惯流传下来，就是今天的脱帽礼。

在国际交往中，每逢正式场合以及一些社交场合，人们往往会向自己的交往对象行脱帽礼。在东西方国家里，它都较为流行。行脱帽礼时，一般有以下三点注意事项。

1．方法有异

行脱帽礼时，戴制服帽者，通常应双手摘下帽子，然后以右手执之，端在身前；戴便帽者，则既可完全摘下帽子，又可以右手微微一抬帽檐代之。不过越是正规之时，越是要求完全彻底地摘下帽子。

2．男女有别

本着"女士优先"的精神，一般准许女士在社交场合不必摘下帽子，而男士则不享有此项特殊待遇。

3. 用途广泛

一般而言,脱帽礼除适用于见面时之外,还适合于其他场合。比如路遇熟人,进入他人居所或办公室,步入娱乐场所,升挂国旗、演奏国歌等场合,都可以行脱帽礼。

任务四 名 片

名片,是当代社会私人交往和公务交往中一种最为经济实用的介绍性工具。由于它印制规范、文字简洁、使用方便、便于携带、易于保存,而且不讲尊卑、不分职业、不论男女老幼均可使用,因此用途广泛,颇受社会各界的欢迎。

名片是一个人身份的象征,在我国,名片出现的历史很悠久。古代文人、达官早就有传递名片的习惯,只不过那时的名片是选优等纸片、手工制作的。当今,名片已成为人们社交活动的重要工具。因此,名片的选择、交换、接受、存放也要讲究社交礼仪。

知识链接

名片在我国的发展

秦始皇统一中国,开始了伟大的改革,统一全国文字,分封了诸侯王。咸阳成了中国的中心,各路诸侯王每隔一定时间就要进京述职,诸侯王为了拉近与朝廷当权者的关系,经常联络感情也在所难免,于是出现了"谒"。所谓"谒"就是拜访者把名字和其他介绍文字写在竹片或木片上(当时纸张还没发明),作为给被拜访者的见面介绍文书,也就是现在的名片。

到了汉代,中央集权制国家进一步发展,随汉初疆域扩大,"谒"的使用越来越普遍。进入东汉末期,"谒"又被改称为"刺"。由于东汉蔡伦发明的纸张开始普遍采用,于是"刺"由竹木片改成了更便于携带的纸张。

唐宋时期,中国封建社会进入了全盛期,带动了社会经济与文化大发展。唐初科举制度开始实行,让一些有才能的庶民也能靠自己努力,进入到统治阶级中来。为了与世袭贵族争夺权力,他们在官场上相互提携,拉帮结派的门阀也开始形成。每次科举考试后,新科及第者都要四处拜访前科及第者和位高权重者,并拜其为师,以便将来被提携。要拜访老师,必须先递"门状",这时"刺"的名称也就被"门状"代替了。

到了明代,统治者沿袭了唐宋的科举制度,并使之平民化,读书便成了一般人改善生活的唯一出路,识字的人随之大量增加。人们交往的机会增加了,学生见老师,小官见大官都要先递上介绍自己的"名帖",即唐宋时的"门状"。"名帖"这时才与"名"字有了瓜葛。明代的"名帖"为长方形,一般长七寸、宽三寸,递帖人的名字要写满整个帖面。如递帖给长者或上司,"名帖"上所书名字要大,"名帖"上名字大表示谦恭,"名帖"上名字小会被视为狂傲。

清朝才正式有"名片"的称呼。清朝处于中国封建社会的末期,由于西方的不断入侵,与外界交往增加了,和国外通商也加快了名片的普及。清朝的名片,开始向小型化发展,特别是在官场,官小使用较大的名片以示谦恭,官大使用较小的名片以示地位。

(资料来源:http://www.kawww.com/jifa/fa2.htm.)

一、名片的递送礼仪

(一)递送名片的时机

(1) 因自身的需要而初次拜访某人时,应交换名片,以加深印象;
(2) 希望认识对方时,可以通过递交名片进行初步的沟通;
(3) 与他人接触时,为了表示自己重视对方,应当主动递交名片;
(4) 当你作为第三人被介绍给对方时,应当主动递交名片;
(5) 当对方主动提议交换名片时,应立即做出回应,交换名片;
(6) 对方向自己索要名片时,应积极予以回应;
(7) 自己的情况有变更时,应交换名片予以通知;
(8) 打算获得对方的名片时,应主动交换名片。

(二)递送名片的顺序

在社交场合,递送名片的顺序一般是先客后主、先低后高。当与多人交换名片时,应依照职位高低的顺序,或是由近及远,依次进行。切勿跳跃式地进行,以免对方有厚此薄彼之感。名片的递送应在介绍之后,在尚未弄清对方身份时不应急于递送名片,更不要把名片视同传单随意散发。

(三)递送名片的时间

应当根据实际情况而定。如果双方只是偶然相遇,可在相互问候后,得知对方有与你交往的意向时,再递送名片。如果名片持有者与他人事先有约,一般要在告辞时递送名片。

(四)递送名片的方法

递送名片时,应将名片放置手掌中,用双手拇指和食指执名片两角,其余指头托住名片反面,名片文字要正对对方,以便对方观看;如果对方是外宾,最好将名片上印有对方认得的文字的那一面面对对方,同时讲些友好客气的话。如"请多联系"、"请多关照"、"我们认识一下吧"、"有事可以找我"等;名片的持有者在递送名片时动作要从容,表情要亲切、自然。而且,应当事先将名片放在身上易于掏出的位置,取出名片握在手里,然后再在适当的时机得体地交给对方。

二、名片的接受和索取礼仪

(一)名片的接受

接受他人名片时,应起身、面带微笑注视对方,同时要用双手接受,并及时说一声"谢谢";接受名片后应当认真地看名片所显示的内容信息,必要时可以从上到下、从正面到反面重复看一遍,也可以把名片上的姓名、职务读出来,以表示对赠送名片者的尊重,同时也加深了对名片的印象;如果接下来与对方谈话,不要将名片收起来,应该放在桌子上,并保证不被其他东西压住,这会使对方感觉你很重视他;参加会议时,应该在会前或会后交换名片,不要在会中擅自与别人交换名片;千万不可把名片随便弃置一旁,应把名片细心地存放好。

在接到别人的名片后,如果发现不认识或读不准的字要虚心请教。这样做不仅不会降低自己的身份,相反还会使人觉得你是一个对待事情很严谨的人,从而增加对你的信任。当然,在收到别人的名片后,也要记得把自己的名片递送给对方,因为只收别人的名片,而不拿出自己的名片,会被视为无礼、拒绝之意。

(二)名片的索取

如果没有必要,最好不要强索他人的名片。若索取他人的名片,则不宜直言相告,而应采用以下四种方法。

1. 交换法

想索要别人的名片时,最省事的办法就是把自己的名片先递给对方。所谓"来而不往,非礼也",当你把名片递给对方时,对方不回赠名片是失礼的行为,所以对方一般会回赠名片给你。

2. 激将法

有的时候遇到的交往对方地位身份比我们高,或者身份为异性,难免有提防之心,这种情况下把名片递给对方,对方很有可能不会回赠名片。遇到这种情况,不妨在把名片递给对方的时候,略加诠释,如:"王总,我非常高兴能认识您,不知道能不能有幸跟您交换一下名片?"在这种情况下,对方就不至于不回赠名片。即使他不想给,也会找到适当借口让你下台阶。

3. 谦恭法

在索取对方名片之前,稍做铺垫,以便索取名片。例如,见到一位研究电子计算机技术的专家可以说:"非常高兴认识您,虽然我已经玩电脑四五年了,但是与您这种专业人士相比相形见绌,希望以后有机会能够继续向您请教,不知道以后如何向您请教比较方便?"前面的一席话都是铺垫,只有最后一句话才是真正的目的:索取对方名片。

(三)拒绝他人索取名片

当他人索取本人名片,而自己不想给对方时,不宜直截了当,而应以委婉的方式表达此意。可以说"对不起,我忘了带名片",或者"抱歉,我的名片用完了"。不过若手中正拿着自己的名片,又被对方看见了,这样讲显然不合适。

若本人没有名片,而又不想明说,也可按上述方法委婉地表达。

如果自己名片真的没有带或是用完了,自然也可以这么说,不过不要忘了加一句"改日一定补上",并且一定要言出必行。否则会被对方理解为自己没有名片,或成心不想给对方名片。

（四）名片的存放

1. 自己名片的存放

在参加交际活动之前，要提前准备好名片，并进行必要的检查。随身所带的名片最好放在专用的名片夹里，也可放在上衣口袋里。不要把名片放在裤袋、裙兜、提包、钱包里，那样既不正式，又显得杂乱无章。在自己的公文包以及办公桌抽屉里，也应经常备有名片，以便随时使用。在交际场合，如感到要用名片，则应将其预备好，不要在使用时再去瞎翻乱找。

案例分析

皱巴巴的名片

小王是一家公司的业务员，他的业务知识很丰富，但是做事情有些大大咧咧不注意细节。有一次，他去拜访公司的一个大客户，这位客户想在小王的公司订购一大批产品。到了那里之后，接待人员将小王领到总经理办公室，说明来意之后，小王想把自己的名片给对方，但是他在包里面找来找去也没有找到，后来终于在夹层中找到了一张皱巴巴的名片，上面还写有一些字，他随手递给了总经理。谈了一会，总经理借口出去一下，回来的是总经理秘书，他告诉小王总经理临时有事情出去了，让小王先回去，就这样，即将到手的订单飞走了。后来小王才知道，总经理觉得小王不尊重他，还觉得小王如此粗心，那他的公司的产品细节上肯定也存在问题。

（资料来源：http://www.docin.com/p-299392447.html.）

分析：我们通常都有自己的名片，这是我们的第二个身份证，直接代表了我们的身份和形象。正确使用名片会起到提升个人形象的作用，使用方法不正确则又可能损害个人甚至公司的形象。案例中小王没有规范地存放和使用名片，最终造成了订单的流失。

2. 他人名片的存放

参加交际活动后，应立即对所收到的他人名片加以整理收藏，以便于今后使用。不要将名片随意夹在书刊、材料里，压在玻璃板底下，或是扔在抽屉里面。存放名片的方法上大体有五种（它们还可以交叉使用）：

(1) 按姓名的外文字母或汉语拼音字母顺序分类；
(2) 按姓名的汉字笔画的多少分类；
(3) 按专业或部门分类；
(4) 按国别或地区分类；
(5) 若收藏的名片甚多，还可以编一个索引，那么用起来就更方便了。

三、注意事项

名片是商务人士与所在组织形象的一个缩影，因此，名片的交换礼仪应引起大家足够的重视，除了规范地递送和接收名片以外，还要注意以下问题。

第一,随时随地携带数量充足的名片,以免出现名片不够发放的情况。

第二,向某个单位的每个人递送名片,而不是只向该单位的老板递送名片。

第三,名片不能随意涂改。在国际交往中,强调名片犹如脸面,脸面是不能涂改的,因此,无论是电话号码,还是电子邮箱等,都不能在原有的名片上进行修改。

第四,不提供私宅电话。涉外礼仪和我国传统礼仪有区别,涉外礼仪讲究保护个人隐私,不得随意向别人索取私宅电话之类。

第五,名片不要写上两个以上的头衔。"闻道有先后,术业有专攻",一个人名片上给的头衔太多,会有三心二意、用心不专、蒙人之嫌,所以很多外国客人,身上会有好几种名片,在跟不同对象进行交往、强调自己不同身份的时候,使用不同的名片。

第六,处在一群彼此不认识的人当中,最好让别人先发送名片。名片的发送可在刚见面或告别时,但如果自己即将发表意见,则在说话之前发名片给周围的人,这样有助于让他人认识你。

课堂讨论

情景:在广州商品交易会上,厂商云集,企业家们济济一堂。华新公司的徐总经理在交易会上听说伟业集团的崔董事长也来了,想利用这个机会认识这位素未谋面又久仰大名的商界名人。午餐会上他终于见面了,徐总经理彬彬有礼地走上前去:"崔董事长,您好,我是华新公司的总经理,我叫徐刚,这是我的名片。"说着,便从随身带的公文包里拿出名片,递给了对方。崔董事长显然还沉浸在之前与人谈话中,他顺手接过徐刚的名片,简单以"你好"回应一句并草草看过,放在了一边的桌子上。徐总经理在一旁等了一会儿,并未见这位崔董事长有交换名片的意思,便失望地走开。

(资料来源:绳传冬.现代礼仪实用教程[M].大连:大连理工大学出版社,2008.)

讨论:

1. 双方的行为是否存在问题?
2. 如果是你,你会怎么做?

项目小结

(1) 在现代社会中,人们的社会属性日益增强,与人交往的机会也日益增多。与人交往中,一个人的形象与给人留下的印象,虽然主要取决于个人品质与修养,但就外在表现而言,其言谈举止、待人接物的方式是否符合社会通行及人们认可的交往礼仪规范,也是很重要的。

(2) 社会交往中的称谓要符合礼仪规范。在生活中要合乎常规、入乡随俗,在工作岗位上,人们彼此之间的称呼要庄重、正式、规范;至于介绍礼仪,不管是他人介绍、自我介绍,还是集体介绍,都要把握好语言和姿态,注意运用合适的面部表情与对方沟通;在进行握手时要注意握手的时机、次序,以及握手的方法与禁忌;名片礼仪,贵在运用,要表现出对对方的尊重与赞赏。

(3) 在旅游服务中,问候、致意、握手、鞠躬、介绍以及递送名片等礼仪细节常常被人们忽视,而细节往往更能体现一个人的修养及品位。因此,掌握日常见面礼仪规范,将为旅游从业人员的社交成功提供有效的帮助。

项目实训

一、知识训练

1. 见面称呼的基本原则是什么,有哪几种方式?
2. 简述亲吻礼的适用场合及规范。
3. 名片的索取有哪几种方法?名片应如何存放?
4. 比较介绍他人和握手的顺序,它们有何异同?
5. 在做自我介绍时应注意哪些问题?

二、能力训练

1. 情景:A公司准备跟B公司洽谈一个大型项目。一天,B公司的总经理张华和助理陈丽来到A公司进行首次会面,初步商谈合作意向。A公司的总经理余治军携助理何梅、市场部经理宋明亲自进行了接待。

目的:深刻理解称呼、介绍、握手和名片递送的规范要求。

要求:5人一组分别扮演情景中的5个人物,模拟初次见面的过程中,进行介绍、礼貌称呼、彼此握手和交换名片的一系列过程。在模拟过程中严格按照日常会面的相关规范,做到演练自然、合乎逻辑、注重细节。

2. 寻找影片资料中分别含有拥抱礼、亲吻礼、脱帽礼的内容。

目的:通过查找视频,让学生了解相关致意礼节在实际中的应用情况。

要求:3人一组进行调查、提交报告。

案例分析

兄弟的尴尬

刘健是五洲广告公司的总经理,张鹏是公司策划部部长,两人是高中、大学的同学,也是非常要好的朋友,两人工作上一直配合得不错。一次,两人一同前往一个隆重的广告招商大会,刘健先到了,并且与几个熟悉的贵宾聊得很投机。过了一会,张鹏来了,他走到刘健旁边,一边拍刘健的肩膀一边说:"哥们儿,够快的啊!都先来了,你不是说还要办点事吗?害得我来迟了一步。"周围的来宾一脸疑惑地看着张鹏。刘健忙笑着介绍说:"这是我们策划部部长,我的大学同学、好兄弟。"刘健的笑容显得很尴尬。

(资料来源:覃常员,张幸花.现代商务礼仪[M].北京:北京大学出版社,2009.)

思考:

1. 张鹏在见面交往中犯了什么错误?
2. 结合礼仪知识,谈谈你阅读这则故事后的感想。

项目五　工作交往礼仪

知识目标：
（1）熟悉礼品馈赠等相关礼仪知识；
（2）掌握接打电话的基本礼仪要求，了解收发信函、传真与电子邮件等通联礼仪知识；
（3）明确宴请礼仪的作用，了解宴会的分类，知晓中西餐礼仪要求；
（4）掌握拜访与接待礼仪规范要求。

能力目标：
通过对工作交往礼仪的学习，能在工作、社交场合展示自然、大方、得体、合适的气质，较好地完成旅游服务工作。

素质目标：
掌握工作交往礼仪规范，熟练应对旅游服务工作中的各类情景。

能根据各项工作交往礼仪的要求指导自己的职业行为，做到知识内化于心、外显于行。

> **案例导入**
>
> ### 招待韩国贵宾
>
> 素以接待国宾任务闻名的上海某大酒店,于2001年下半年又一次承担了重大国宾接待任务。原来,应全国人大常委会和国务院的邀请,韩国国家代表团一行访沪并下榻该酒店。
>
> 餐饮部总监召集厨师开会,制定新的菜单,力争做到让韩国贵宾在餐厅吃出心意,吃出情谊,更吃出满意。为了制作出纯正地道的韩国泡菜,餐饮部几经周折才查询到20年前接待韩国客人时制作韩国泡菜的秘方。宴席上,由总厨师长主理的这一碟看似平常的泡菜引得韩国贵宾连连称奇:"在中国第一次品尝到如此地道的泡菜,感觉就像在家里吃饭一样。"韩国人早餐有吃米饭的习惯,为了让贵宾们吃得更舒心,餐饮部专门在早上的自助餐台上特意增加了米饭和韩国特色小菜。
>
> 临走时,一位部长提出想买一些中国糖果。这时所剩时间不多,但为了尽可能满足贵宾的需要,该酒店还是答应下来了。就在代表团即将离店时,一位员工手里捧着4个品种的糖果,气喘吁吁地赶了过来。当韩国贵宾接过这包糖果时,显得有些激动,小小的糖果传递的是亲人般的情谊。
>
> 短短的24小时过去了,可是该酒店无微不至的超常服务让韩国贵宾感受到中国人民的深情厚谊。离店时,团长欣然表示:我对酒店工作人员按照中国人民的高尚礼节和道德规范表现出来的热情和亲切表示感谢!
>
> (资料来源:陈觉. 餐饮服务要点及案例评析[M]. 辽宁:辽宁科学技术出版社,2004.)
>
> 讨论分析:
> 1. 韩国贵宾为何对酒店接待工作如此满意?
> 2. 这个案例在接待方面给了你哪些启发?

工作交往礼仪泛指人们在工作交往过程中形成的应共同遵守的行为规范和准则。没有交往就难以合作,没有合作就难以生存、发展。拜访、待客、宴请、馈赠、聚会、通联等是我们经常遇到的几种人际交往方式。在这些日常工作交往中,如果我们懂得基本的礼仪知识,并在实践中能正确地加以应用,就能备尝交际成功带来的欢乐。

任务一 馈赠礼仪

馈赠即赠送礼品,是指在人际交往中,为了向他人表达某种个人意愿(祝贺、敬重、感激等),将某物品不求报偿、毫无代价地送给对方。馈赠礼仪中,需要注意以下三个方面的内容:礼品选择、赠送礼品、接受礼品。下面分别予以讲述。

一、礼品选择

礼品是个人品位的体现,对方从礼品中能衡量出你的心意、智慧与才干。礼品选择是否正确,直接关系到对方对你的印象。因此,选择礼品时需注意以下几点。

(一)针对性

"投其所好"是礼品选择的一个重要依据。在礼品赠送之前需要就对方的需求、喜好等情况进行研究,送给他人的礼品应符合其喜好,或者对其工作、生活有所帮助,即具有实用性。例如,对于即将参加工作的学生,一套职业装、一本求职类书籍都是非常受欢迎的礼物。礼物不在于其本身的贵贱,关键在于"投其所好"。

(二)独特性

随着人们生活水平的提高,送礼已经成为加强沟通、联络感情的重要方法之一,然而送礼的频繁也加大了礼品选择的难度。千篇一律的礼物不仅不能实现送礼的初衷,有时甚至会给对方留下死板、不用心的印象。因此,挑选礼品时应精心挑选,选择有纪念性、艺术性,很难被替代的礼品,做到与众不同、脱颖而出,这样的礼物必定能够给人眼前一亮并持续发光的印象。

(三)注意对方的禁忌与忌讳

俗话说:"十里不同风,百里不同俗。"同一种礼品在不同国家、地区、民族往往会被赋予不同的寓意;同时,由于不同人的身体状态、个人经历也决定了其对礼品的好恶。因此,送礼之前应该充分了解对方的禁忌与忌讳。

不同国家与地区有不同的禁忌与忌讳。法国人爱鲜花,然而菊花万万不可送;英国人则不喜欢百合花,因为这意味着死亡;俄罗斯人则忌讳直接送钱给别人,这意味着施舍与侮辱。

不同的宗教,忌讳也有所不同。基督教信徒忌讳数字"13",因此在为其挑选礼物时,应避免与13相关的数字;伊斯兰教信徒则不吃猪肉、不饮酒,因此在为其挑选礼物时,以上两类礼物都是不予考虑的;佛教主张不杀生,给僧人送礼切忌肉类食品。

不同的个体也存在着不同的禁忌与忌讳。给糖尿病患者送含糖量高的食品,多半是不受欢迎的;对于有听力障碍者,送其高档音响,极有可能使两人之间产生误会。

案例分析

高尔夫球的销量

朋友的一个公司,向日本出口高尔夫球,开始的时候是四个球一个包装,而且产品的质量特别好,可就是没有人买。商家进行市场调研后,迅速将所有的产品重新包装,变成两个球一个包装,结果该产品在日本的销售非常好。同样的产品,只是换了包装,为什么会销量大增呢?

(资料来源:http://www.doc88.com/p-5337308145515.html.)

分析： 不同国家与地区有不同的禁忌与忌讳，在礼品的选择过程中应充分尊重对方的禁忌与忌讳。日本人在送礼时是非常忌讳数字"4"和"9"的，因为它在日语中发音和"死"、"苦"相近。想一想，与健康活动相关联的高尔夫球运动，有谁愿意和"死"联系在一起呢？

二、赠送礼品

（一）礼品包装注意事项

精美的礼品包装能够提升礼品档次，给人以神秘感、重视感，可以说是礼物馈赠过程中的画龙点睛之笔。赠人之礼应提前包装，礼品的包装应注意以下几点。

1．精心包装

包装礼品是赠礼不可或缺的一个步骤。既可选取包装纸，也可选取包装瓶和包装盒。然而，精心包装首先应做到保护礼品，尤其是易碎、易变形的礼品需要装在硬质盒子中，并且用填充物来固定。此外，要做到包装美观、大方。应挑选颜色、图案、材质与礼品相称的包装品，以提升礼品的档次。

2．无价格标签

礼品带有价格标签会有故意让受礼者关注礼品价格之嫌，有失礼貌和真诚度，因此在礼品包装前须取掉价格标签。

3．切忌喧宾夺主

虽然礼品的包装能够起到提升礼品档次的作用，但不能因过于奢华而喧宾夺主。不能只重包装而忽略礼品本身，否则将给对方华而不实的感觉，反而对礼品本身较为失望。因此，包装应起到陪衬作用，达到锦上添花之效果。

（二）赠送礼品的注意事项

1．选准时间

在恰当的时间送上精美的礼品能够起到事半功倍的作用，送礼时间的选择应考虑以下两个方面。

（1）选准时间段。重大节日、重要活动、对方生日或家中有喜事及重要纪念日等时间段为送礼的最佳时期。

（2）选准时间点。送礼时间应避免早起、午休、用餐时间。若是上门送礼，则应提前预约，以避免唐突；若是重大活动送礼，则安排在活动即将结束前；公众场合赠礼应尽量做到人人有礼。若只为其中一人备礼，为避免尴尬，则需选择与其独处时赠送。

2．大方赠送

大方赠送既表现为送礼者内心坦坦荡荡，同时也体现为送礼行为的大方。送礼本是增强沟通、加深感情的重要方式，是常用交际礼仪的一部分，送礼者不应有"不光彩"、"偷偷摸摸"的心态。送礼时，应目光专注，面带微笑，站立并双手献上，还要说明送礼缘由。

3．避免强人所难

虽然送礼成为当今较为普遍的交流方式，但是总体来说，中国人对于礼品的接受较为含蓄。因此,送礼者应明确说明送礼缘由,若对方只是客套性推辞可坚持赠送;若确是对方不能收之礼,则应及时停止,避免场面尴尬。

案例分析

麦琪的礼物

美国作家欧·亨利在其著名的小说《麦琪的礼物》里讲了这样一个故事:一位妻子想在圣诞节送给丈夫一份礼物,她盼望能买得起一条表链,以匹配丈夫祖上留下的一只表。因为没有钱,于是她把自己秀丽的长发剪下来卖了。圣诞之夜,妻子对丈夫献上了自己的礼物,一条精美的表链。丈夫也在惊愕之中拿出了他献给妻子的礼物,竟是一枚精致的发卡。原来,丈夫为给妻子买礼物,把自己的表卖了。这时,他们紧紧地拥抱在一起,彼此的爱成为这圣诞之夜唯一的却是最珍贵的礼物。

(资料来源:金丽娟.旅游礼仪[M].桂林:广西师范大学出版社,2014.)

分析:送礼是一门艺术,关键是要有心、用心、上心,善于表达自己的心意。这对夫妻献给对方的礼物,在此时似乎已毫无作用,但事实并非如此,礼物不仅升华了他们之间的爱,更激发了他们战胜生活苦难、追求幸福生活的决心和意志。有这样的情和爱,世上还有不可克服的困难和不可逾越的难关吗?

三、接受礼品

受赠者在接受礼品时的一言一行都影响着馈赠者对其本人以及对所赠礼物的判断,不合礼仪的行为极易引起对方的误解。因此当受赠者接到礼物,不管是接受还是拒绝都应该以礼相待。

(一)笑纳之礼

1. 欣然接受

当接受他人礼品时,受赠者应立即起身、面向对方,目光注视馈赠者,面带微笑,双手接过,同时表达感谢。

接过礼品后不应立即搁置一旁,若条件允许,需当着馈赠者的面慢慢打开包装,由衷地欣赏并称赞礼品,并再次表示感谢。

2. 礼尚往来

中国人一向注重礼尚往来。《礼记·曲礼上》说:"礼尚往来,往而不来,非礼也;来而不往,亦非礼也。"受赠者对于受赠礼品应牢记于心,并择适当时机,选取适当的礼品赠与对方,作为还礼。

还礼的时间不宜过于靠近送礼时间,避免对方产生完成任务之错觉,但离得太远也有所失礼。因此,应选择居中时间,最好是对方遇喜事或过节等活动期间,选择价格相仿、能够表达情意的礼品还礼。

（二）拒绝之礼

在工作生活中，常常有一些礼品不能收、不愿收，难免需要拒绝馈赠者。此时务必讲究拒绝之礼，处处给对方台阶下。有以下几类方法可采用。

1. 婉言谢绝

婉言谢绝是拒绝礼品的最佳也是最常用的方式。当判断不宜收礼时，首先应该感谢对方的一片好意，同时从侧面提醒馈赠者本人不能收此礼，让对方意识到不当之处，并主动停止送礼行为，避免场面尴尬。

例如，情人节当天，若某位女士收到一束红玫瑰，而该女士对赠送者并无进一步发展的意愿，此时，她可回答："非常感谢你送的鲜花，但是我更喜欢黄玫瑰，如果是黄玫瑰我就毫不犹豫地收下了！"送花男士一听便能明白该女士的意思，黄玫瑰多送朋友，对方愿做朋友而非恋人。

 案例分析

王安石的婉言谢绝之道

王安石是北宋杰出的政治家、改革家、文学家。有一次，一位客人前来拜访王安石，带来两件家藏古物：古镜和宝砚，准备送给他。王安石看了镜子和砚台，确是稀罕之物，便故意问客人："这镜子和砚台有什么特别的好处？"

客人说："你看这镜子光滑透明，可远照200里外的物和景。再看这砚台，石质又细又密，不伤笔，又省墨。不信你可以呵口气试试，马上就能得水磨墨。"

王安石哈哈大笑道："两件都算是稀奇宝物，可对我来说没有多大作用啊。我的脸还不及碟子大，哪里用得上能照200里外风景的古镜呢？再说我有个习惯，要写字必先取水磨墨。你的砚台呵气就得水，对我有多大作用呢？"

就这样，王安石婉言拒绝，把镜子和砚台还给了那位客人。

（资料来源：商金龙. 送礼的艺术[M]. 武汉：华中科技大学出版社，2013.）

分析：一般情况下，对于对方真心赠送的礼物不能拒收。但有时候，出于种种原因，不能接受他人相赠的礼品时，要讲究方式、方法，切忌令人难堪。可以使用委婉的、不失礼貌的语言，向赠送者暗示自己难以接受对方的好意。王安石的婉言谢绝之道值得借鉴。

2. 直言缘由

直言缘由能够清晰地表达受赠者的意愿，尤其是国家公务人员，涉及企业利益的核心岗位，或有明确职责并对礼品馈赠有严格要求的岗位，若遇不当赠礼情况，应直接说明缘由，当面拒绝。例如，甲方派专人向竞争对手高管赠送礼品，希望得到对方公司的机密信息，此时受赠者应直接回绝，可以回复："不好意思，我与本公司签订了《保密协议》，保守公司机密是我的义务。"

3. 事后退还

若当面未能成功拒绝礼品,或者礼品是通过邮寄的方式送达,可以采用事后退还的方式。事后退还务必把握好时间,在收到礼品的 24 小时内将礼品原封不动地退还对方,同时,通过书信、电话或当面解释的方式说明缘由,以征得对方谅解。

知识链接

千里送鹅毛　礼轻情意重

唐朝贞观年间,西域回纥国是大唐的藩国。一次,回纥国为了表示对大唐的友好,便派使者缅伯高带了一批珍奇异宝去拜见唐太宗。在这批贡物中,最珍贵的要数一只罕见的珍禽——白天鹅。缅伯高最担心的也是这只白天鹅,万一有个三长两短,可怎么交差呢?所以,一路上,他亲自喂水喂食,一刻也不敢怠慢。一日,缅伯高来到沔阳河边,只见白天鹅伸长脖子,张着嘴巴,吃力地喘息着,缅伯高心中不忍,便打开笼子,把白天鹅带到水边让它喝了个痛快。谁知白天鹅喝足了水,合颈一扇翅膀,"扑喇喇"飞上了天!缅伯高向前一扑,只拔下几根羽毛,却没能抓住白天鹅,眼睁睁看着它飞得无影无踪。一时间,缅伯高捧着几根雪白的鹅毛,直愣愣地发呆,脑子里来来回回地想着一个问题:"怎么办?进贡吗?拿什么去见大唐的皇帝?回去吗?又怎敢去见回纥国的国王!"思前想后,缅伯高决定继续东行。他拿出一块洁白的绸子,小心翼翼地把鹅毛包好,又在绸子上题了一首诗:"天鹅贡唐朝,山重路更遥。沔阳河失宝,回纥情难抛。上奉唐天子,请罪缅伯高。礼轻情意重,千里送鹅毛!"缅伯高带着珠宝和鹅毛,披星戴月,不辞劳苦,不久就到了长安。唐太宗接见了缅伯高,缅伯高献上鹅毛。唐太宗看了那首诗,又听了缅伯高的诉说,非但没有怪罪他,反而觉得缅伯高忠诚老实,不辱使命,就重重地赏赐了他。

(资料来源:商金龙.送礼的艺术[M].武汉:华中科技大学出版社,2013.)

任务二　通联礼仪

通联礼仪就是人际交往中进行通信、联络时所应遵守的礼仪规范。随着信息化时代的到来,人们的交流沟通方式多种多样:既有传统的书信往来,也增加了电话、手机、邮件、传真、电报等现代化的通联手段。为了保障沟通质量,提高沟通效率,提升个人形象,需要讲究通联礼仪。

一、电话礼仪

当代,电话、手机已成为人们较为常用的通联方式。我们在享受现代通联的便捷与快乐时,请不要忘记通联时的礼貌,注意维护自己的"电话形象"。

（一）拨打电话的礼仪

1. 电话拨打时间正确

打公务电话尽量做到提前预约，并避开休息时间；每周一的上午较为繁忙，不宜通电话；若是电话交涉内容较多，且非紧急事情，则不应选择在上班后的前 30 分钟以及下班前 30 分钟打电话，应给对方留下充足的处理时间。

2. 通话内容言简意赅

拨打电话前，应将核心内容用笔纸列出，组织好语言后再拨打。做到通话内容言简意赅，谈话语速适中，表达清晰。适当控制通话时间，原则上一次通话不超过 3 分钟。

3. 文明电话沟通

（1）使用礼貌用语。作为主叫方，首先应该问好，使用"您好"、"早上好"等问候语，然后自报家门，说明致电原因。例如："您好！我是大鹏公司人力资源部的李丽，想要与贵公司行政部李敏经理沟通……劳驾您帮忙转接，谢谢！"

（2）适时终止通话。当明显感觉对方对谈话内容不感兴趣，或对方有结束谈话之意时，不宜延长谈话时间，需选择适当时间终止对话。对话结束不应太突然，当谈话内容接近尾声，主叫方适时地给出结束语，例如"打扰您了"、"拜托您了"、"谢谢"、"再见"。

（二）接听电话的礼仪

1. 及时接听

一般情况下，电话铃声响起则立即停止手头事务，在铃声响起 3 声左右时，左手拿电话，右手拿笔，随时准备做记录。

2. 自报家门

接电话者应首先问好，使用"您好"、"早上好"等问候语，避免以"喂"开头。随后告知公司名称、部门以及个人姓名，三者并非需要同时告知。若是公司内部电话，告知部门及个人姓名即可。例如："您好，人力资源部李丽，请问有什么可以帮助您？"若是公司外部来电，则以公司名称、部门名称为主。例如："您好，蓝天公司人力资源部，请问有什么可以帮助您？"

3. 热情交流

接听电话忌讳声音冰冷。由于电话交流无法看到表情与肢体语言，信息的传递完全依靠声音，而冰冷、懒散的声音容易产生距离感，因此，电话交流过程中，应面带微笑、声音柔和、态度谦虚，让对方感觉到电话那头的热情。

4. 确认信息

当交谈内容结束后，需及时与对方确认沟通信息，避免信息漏记与错记，尤其是替他人留言时，务必做到逐条信息确认。

5. 及时反馈

若受托代办事情，需明确告知对方预计办妥时间，并在约定时间前向对方回复事情办理情况，做到信息及时反馈。

（三）移动电话使用礼仪

1. 遵守公共秩序

在公众场合，尤其是图书馆、电影院、教室以及医院等地方，不得旁若无人地大声讲电话，更不要在公共场所开启"免提"功能，必要时应做到手机关机或静音。

2. 适度使用手机

当前手机的功能已经不仅仅是打电话、发短信了，手机已经成为人们的核心社交工具。在地铁、公交车等公共场所处处可见"低头族"，大家都低头看着手机屏幕，甚至在家里、在亲友聚会上也经常出现盯着手机少与周围人交流的现象，极大疏远了与周围人的距离。手机使用者应适度使用手机，避免因为手机的不当使用而疏远了与周边亲人、朋友的感情。

3. 安全使用手机

（1）财物安全。由于各类支付软件在手机上的频繁使用，使得手机诈骗案件频发。手机使用者务必保管好手机，切勿泄露各类账号与密码，不要将智能手机与银行卡同时放置。

（2）人身安全。切勿在飞机上、加油站等手机禁用场所拨打电话；行走过程中切勿玩手机；通话时，需及时拔掉手机充电器，以避免人身伤害。

二、信函礼仪

（一）书信礼仪

书信是历史悠久的通联方式，至今依然具有其独特的功效和魅力。与手机、邮件、传真等现代化的通联方式相比，书信虽然信息传递量有限、传递速度较慢，但书信系亲笔书写，更显诚意。因此，合理运用书信礼仪能够取得更好的沟通效果。

1. 书信的撰写

书信有着严格的格式要求。书信的撰写可分为两部分：信文与封文。信文是指书信本身，封文是指信封上的文字。

1）信文

信文主要包含称呼、问候语、正文、祝福和落款。

称呼是基于身份、年龄、性别等因素对对方的称谓，一般是采用尊称，置于第一行顶格。

问候语是书信不可缺少的一部分，应书写于第二行，并前空两格。

正文要求言简意赅、条理清晰、文明礼貌。

祝福多采用习惯用语，如顺颂商祺、敬请福安、肃请金安、顺颂起居等，分两行书写，第一行需空两格，第二行需顶格书写。

落款主要包含自称、姓名、日期。自称通常要对应收信者的身份关系，多与姓名前后并列书写，祝福语的后一行靠右边书写。日期多位于自称与姓名的正下方。

2）封文

封文主要包括收信人的地址、称谓和落款等。

知识链接

信文范例

尊敬的康正教授：

　　您好！

　　您去年12月21日的来信已经收到，内容尽知。

　　能够收到您的来信，我非常高兴。多谢您对我的理解和鼓励。

　　您来信索取的那份资料，我将尽快找到，并挂号寄给您。收到后请予告知，以免惦记。

　　我省公关协会拟于今年4月2日在省会举办一次谈判理论研讨会。目前虽尚未定出具体计划，但全体理事一致要求，请您于百忙之中来为我们做一次有关现代商务谈判理论的主题报告。若蒙应允，我们将深感荣幸。您决定之后，请尽快通知我。

　　知您日理万机，不多写了，请多多保重。

　　左政会长，牟冬梅秘书长附问您安好。

　　专此敬复，不尽欲言。

　　敬颂

　　春祺！

学生姜仪上
2012年1月2日

（资料来源：金正昆.社交礼仪教程[M].4版.北京：中国人民大学出版社，2013.）

2．书信投递

书信书写完毕后需将信纸折叠装入信封，并将信封封口，在信封正面写明收信者与本人的姓名、地址、邮编等相关信息。

3．接受书信

接受书信者需要注意保护隐私，做到及时回复。

所谓保护隐私，即不得扣留、私拆、偷阅他人书信；同时对于本人的书信要做到有序保管；对于涉及单位机密的书信应加密保管，或按照有关要求做好销毁工作。

及时回复，不仅指收到书信后立即回复对方"来信已收到"，以示尊重，也包含对书信内容的反馈，尤其是对于对方嘱托之事务必及时反馈处理情况，避免对方挂心。

（二）公函礼仪

函属于平行文，是相互商洽工作、询问和答复问题、向无隶属关系的有关主管部门请求批准时使用的文种。从内容作用上可分为申请函、商洽函、询问函、答复函、告知函；从行文方向上可分为来函和复函。函的写作要领如下。

1. 叙事清楚

函是从单位的角度,用于与外界联系、洽谈工作、请求支持等,所以书写过程中最重要的便是叙事清楚。何事需要支援,为何需要支援,需要如何支援,都需在函中明确列出,方便对方判断是否予以支援、是否进一步洽谈。

2. 用语平和

函属于平行文,所谓平行,是指行文单位与主送单位之间无隶属关系。因此,用词应恳切、谦和,避免使用"务必及时办妥"、"你们不可……"等命令式的语言,尽量采用"烦请支援"、"请予支持为盼"等商量、请求类语言。

3. 短小精悍

函的主要目的是征求意见或回复对方,不用详叙过程,更不必长篇大论,表意清楚即可。以复函为例,若态度为否定,则先表明否定态度,后列出其中缘由。不宜在函的开头长篇论述对方请求的不合理之处,最后再表态,以免产生误会。应重在表态,简短列出其他事宜。

案例分析

××学校关于请求帮助解决进修教师住宿问题的函

××大学校长办公室:

为培养师资,我校选派了5名教师到贵校××学院进修。因该学院基建工程尚未完工,我校进修教师的住宿问题至今未得到解决。请贵校为我校5名教师提供帮助,解决其住宿问题。住宿费用等事宜,按贵校有关规定办理。

请予支持为盼。

××学校(印章)
××年××月××日

(资料来源:张保忠,詹红旗,张明哲.公文写作技法与实用例文[M].北京:中国言实出版社,2010.)

分析:此例中的行文单位与主送机关之间无隶属关系,所以使用函。此文是典型的"一事一函"。正文写作思路是:先说明选派5名教师到某校进修的目的,因为什么原因而使住宿问题没有得到解决,进而向主送机关提出给予帮助的请求,最后打消对方关于住宿费用的疑虑。结尾使用表示请求的"请予支持为盼",既庄重又得体。

三、收发传真、电子邮件礼仪

(一)收发传真礼仪

传真机以其方便快捷而被广泛运用于商务领域,使用传真机需注意以下事项。

1. 提前预约

由于传真机通常是放在公共区域，或者多人合用一台，为确保传真内容第一时间接收，收发传真前应提前与对方预约时间。

2. 防止泄密

传真发送完毕后务必带走原件。尤其是出差在外，需要在公共区域使用打印机时，尽量自己操作，防止泄密。

3. 及时转交

收到他人传真后，务必及时转交，以免耽误他人工作。

（二）电子邮件礼仪

1. 电子邮件的撰写

1）主题明确

邮件主题是邮件内容的高度概括，高度精练的主题能够使读者对邮件内容一目了然，激发阅读兴趣，节约阅读时间，方便邮件归类。

2）内容完整

所谓内容完整，是指一份电子邮件需包含主题、收件者邮箱、称呼、问候语、正文、祝福与落款等内容。

同时，在内容编辑过程中需养成三大好习惯：一是先编辑正文，后填写收件邮箱；二是重要邮件在发送前自己要仔细检查；三是若有附件，切勿忘记添加。

3）重点突出

邮件沟通已经成为公务沟通的主要方式之一，处理邮件占用了上班族的大量工作时间，冗长、逻辑顺序混乱的邮件会令人厌烦。因此，在书写邮件时，应做到重点突出、条理清晰。通常邮件正文只写明邮件核心信息、支撑材料，数据表格等文件则以附件的方式附后。但需要注意应在正文对应位置加上"详见附件一"、"详见附表二"等提示语，既节约对方阅读时间，又方便其保存附件内容。

4）慎用功能

在接收邮件过程中，需慎重使用附加功能。常用附加功能如下。

（1）加密。若邮件内容为机密，则需要给邮件做加密处理，并将密码通过短信、电话等方式告知对方。

（2）紧急。当邮件内容较为紧急，在发送时可点击紧急按钮，邮件前方会出现标志"！"，以提示对方此封邮件的紧急性。

（3）抄送。抄送就是将邮件同时发送给收信人以外的人。用户将所写的邮件抄送一份给第三方，第三方亦可收到该邮件。收件人在收到邮件的同时，也可查看到第三方为被抄送者。抄送功能通常运用在邮件内容需第三方知晓时。例如，A部门为B部门某员工发送一封感谢邮件，可以抄送至B部门的领导，让对方领导知晓下属工作得力，从而更好地达到感谢的效果。

（4）密送。又称"盲抄送"，和抄送的唯一区别就是密送能够让各个收件人无法查看到这封邮件同时还发送给了哪些人。

2. 电子邮件的接收

(1) 及时回复。收到邮件后,需第一时间回复,以免对方挂心。亦可通过设置邮件自动回复功能,让对方第一时间知晓邮件已送达。同时对于邮件所托事件的办理进度,也需及时回复对方。

(2) 集中处理。络绎不绝的邮件需大量阅读与回复时间,若收到一封处理一封,则会打断正常工作节奏,降低工作效率。为避免以上弊端,邮件处理量较大的人员,应做好个人时间管理,安排集中处理邮件时间。一般来说,上班前30分钟、午饭前后、下班前30分钟为较合适的时间点,也可选取个人空闲时间处理,当然,紧急邮件除外。

(3) 定期整理。邮件的整理可分为两大块:删除与归类。对于明显后期无用邮件应及时删除,其他文件则应做好整理归档工作,根据个人工作性质建立不同的文件夹,将对应邮件放置其中,方便后续查找。

知识链接

常用商务邮箱——Outlook邮箱

Outlook邮箱为目前使用频率最高的企业电子邮件服务品牌。其涉及邮件、人脉、日程、SkyDrive(后改为One Drive)等服务,并与Facebook(脸书)深度集成。Outlook邮箱有三大核心功能。

一是与Office共享与协作。可在收件箱中直接打开和编辑具有完整保真度的Word、Excel和PowerPoint文件。可以保存Office文档、照片或其他大文件,与朋友共享内容,无需附件发送。

二是了解联系人的最新动态。Outlook通讯簿可提供今日照片或其他社交网络的照片和最新更新。

三是自动化收件箱。Outlook能够提供业内最佳的垃圾邮件防护功能,可快速清理无用邮件,便捷、快速地访问有用电子邮件。

(资料来源:http://www.wm23.com/wiki/131342.htm.)

任务三 拜访与接待

拜访又称拜会、拜见,是指亲自或派人到朋友家或有业务关系的单位去拜见访问某人的活动,主要分为事务性拜访、礼节性拜访和私人拜访三种形式。拜访与接待是人与人之间、社会组织之间、个人与企业之间互相交流、增进感情的常用沟通方式。在拜访与接待过程中,如果我们懂得做客与待客之道,并做到灵活运用,就能够以行动来营造友好和谐的社交氛围。

一、拜访礼仪

（一）提前预约

主动拜访他人前应通过电话或其他方式预约拜访时间与地点，并提前告知拜访目的，方便对方做相应准备，以确保达到拜访目的。

（二）精心准备

1. 形象准备

拜访前，根据拜访对象、场合、目的等，对个人仪容、仪表进行修饰。

2. 礼品准备

根据拜访的性质判断是否需要准备礼品。若需要准备礼品，则应根据对方的需求与喜好选择恰当的礼物作为见面礼。

3. 资料准备

若是公务拜访，并且有明确的洽谈内容，则需提前准备好相关资料，以保证洽谈顺利进行。

（三）准时赴约

按照约定时间前往拜访地点，过早抵达或迟到都是不恰当的。一般可提前5分钟到达约定地点等候，以示尊重。

知识链接

韵律原则

日本专业的统计数据指出："人们一般每8分钟会受到1次打扰，每小时大约7次，或者说每天50~60次。平均每次打扰大约是5分钟，总共每天大约4小时，也就是约占工作时间的50%。其中80%（约3小时）的打扰是没有意义或者极少有价值的。同时，人被打扰后重拾原来的思路平均约需3分钟，总共每天大约就是2.5小时。"根据以上的统计数据，可以发现，每天因打扰而产生的时间损失约为5.5小时，按8小时工作时间计算，这占了工作时间的68.8%。

"韵律原则"包括两个方面的内容。一是保持自己的韵律。具体的方法包括：对于无意义的打扰电话要学会礼貌地挂断；要多用打扰性不强的沟通方式（如e-mail）；要适当与上司沟通，减少来自上司的打扰等。二是要与别人的韵律相协调。具体的方法包括：了解对方的行为习惯，不要唐突地拜访对方等。

（资料来源：杰弗里·迈耶.时间管理[M].北京：燕清联合传媒管理咨询中心，译.北京：机械工业出版社，2004.）

（四）礼貌做客

拜访时应始终坚持礼貌做客原则，做到入室敲门、主动问好、按指定位置就坐、亲切交谈等。

（五）适时道别

谈话内容结束时，拜访者应及时道别，同时感谢对方的款待。配以"打扰了"、"谢谢您"、"欢迎您来本公司做客"等感谢语，出门后主动请主人留步。

二、接待礼仪

（一）提前邀请

邀请分为正式邀请与非正式邀请。正式邀请通常采用请柬、书信、传真等书面的方式；而非正式邀请则以当面口头或电话等方式提出。邀请提出后若对方确定前往，则需就其抵达时间、车次、食宿要求等信息进行进一步沟通。

（二）热情接站

1. 确定接待规模

公务接站需提前确定接待规模。接站人员由与对方同级别或者高于对方级别者担任。

2. 树立接站标志

在接站处要树立醒目的接站标志，并提前告知对方接站位置与标志内容。接站标志一般采用写明本单位名称或接站人员姓名的接站牌，不建议采用对方单位或对方的名称。原因是写有本单位名称的接站牌可回收利用，而写有对方名称的接站牌不方便作为废弃物进行处理。

3. 注意座次礼仪

小轿车的座次排位分为两类，如图5-1、图5-2所示。若专职司机为接站人员，则右后方座位为上座，次之为左后方，副驾驶位置是最危险的位置，通常被视为最差的座位；如果主人亲自接站并作为驾驶人员时，副驾驶为上座，方便两人交谈。后排座位排序由优到次分别是右后方座位、左后方座位、中间座位。

图5-1　专职司机接、送站

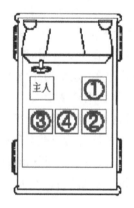

图5-2　主人作为司机接、送站

知识链接

签字仪式中的座次礼仪

签字仪式在商务活动中极为常见,签字仪式上最能体现礼遇高低的是座次问题,应认真对待。在签字仪式中的座次排列应严格遵循面对房间正门的"右高左低"原则。即客方签字人在右方就坐,主方签字人在左方就坐,双方随行人员站立于自方签字人员身后(见图5-3)。原则上双方随行人员人数应大体相同。

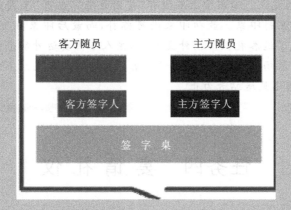

图5-3 签字仪式中的座次礼仪

(资料来源:金正昆.商务礼仪教程[M].北京:中国人民大学出版社,1999.)

（三）周到接待

在接待过程中应做到有礼有节、热情周到。客人抵达会面地点后应以茶待客,并与其亲切交谈。茶水要求浓淡适中,一般七八分满较为适宜。若客人停留时间较长,则应根据其需求安排好食宿。

（四）礼貌送客

重要客人离开时,单位主要领导应亲自与其道别,做到"迎三送七"(客人来时上前三步去迎接,客人走时送出去七步);安排专人专车将其送至飞机场、火车站、汽车站等处;帮助客人处理好行李托运等相关事宜;客人上车后,送站人员不要离开,应端正站立并目送对方直至视线看不见为止。

案例分析

总理的送别

20世纪50年代的一天,周恩来总理前去机场欢送西哈努克亲王离京,前往送行的还有军队的一些高级干部。大家目送着西哈努克进了舱门,便迫不及待地往机场门口走,打算去看正在进行的足球比赛。此时周恩来总理向身边的秘书轻语:"你跑步过去,告诉机场门口,一个也不许放走,我等下有话说。"整个送行过程中,周恩来总始终端正站立,看着飞机起飞,在机场上空绕一圈,然后渐渐远去,直至消失。随后周恩来总理和前来送行的外交使节告别。客人走后,周总理面对那些将军喝问:"你们学过步兵条例没有?步兵条例里哪一条规定,总理没有走,你们就可以走了?在部队里,首长没有走,下边全走了,行吗?客人还没走,机场已经没人了,人家会怎么想?你们是不是不懂外交礼节?"从那以后,这样的事就再也没发生过了。

(资料来源:http://www.360doc.com/content/10/0708/11/2075984_37603380.shtml.)

分析:送客是接待工作的最后环节,送客时应按接待时的规格对等送别。"迎三送七"是迎送宾客最基本的礼仪。心理学上不但有"首因效应",也有"末因效应","最初"和"最后"的信息都能给人深刻印象。最初印象尚可弥补,而最后印象往往无法改变。本案例中,军队干部们忽视了送客礼仪。按外交礼仪,主人不但要送外宾登机,还要静候飞机起飞,飞机起飞后会在机场上空绕圈,要摆动机翼。所以飞机起飞后不能马上离开,应端正站立直至对方视线看不见送站者为止。

任务四 宴请礼仪

"夫礼之初,始诸饮食",饮食是人类社会礼仪产生的源泉。

宴会是社交与饮食结合的一种社交聚会,是最常见的社交形式之一。通过宴会,人们不仅获得美食的享受,而且可增进人际交往。宴会礼仪是人们在宴请活动中应遵守的行为规范,是人们在举行宴请活动时的行动指南。俗话说:"宴席可以改变历史,筷子可以涂改史书。"宴请礼仪在人际交往中有着十分重要的作用。

知识链接

为什么说礼仪始于餐饮?

《礼记·礼运》记载:"夫礼之初,始诸饮食。"这句话传达出了一个这样的信息:礼仪始自餐饮。我国是一个礼教十分发达的国家,长期被视作"礼仪之邦"、"食礼之国",懂礼、习礼、守礼、重礼的历史可谓源远流长。

据考证,我国最早出现的食礼,与远古的祭祀仪式有着直接的关系。在《礼记·礼运》中有这样一段描述,其大意是:原始社会的先民,把黍米和猪肉放在烧石上烤炙而献食;在地上凿坑当作酒樽用手掬捧而献饮;用茅草长槌敲击土鼓,以此来表示对鬼神的敬畏和祭祀。

后来,食礼由人与神鬼进行沟通扩展为人与人交际,就这样适应了日益复杂的社会关系,食礼对人与人之间的关系起到了调节作用,并进而形成了吉礼、凶礼、军礼、宾礼、佳礼等"先秦五礼",这样便奠定了古代饮食礼制的基石,开启了礼仪的先河。

(资料来源:段洁,陈谦.餐桌礼仪与口才[M].北京:中国经济出版社,2008.)

一、宴会类型

宴会有多种分类方法:按种类有中餐宴会、西餐宴会;按规格有国宴、正式宴会、家宴、便宴;按习俗有婚宴、寿宴、满月宴、接风宴、饯别宴、谢师宴等;按内容有鱼翅宴、燕窝宴、清真宴、全羊宴、全鸭宴、全鱼宴、素食宴等;按时间有午宴、晚宴等;按形式有正式宴会、鸡尾酒会、冷餐会、茶会等。现对几种常见宴会种类进行介绍。

(一)国宴

国宴是国家元首或政府首脑出面,宴请别国的国家元首、政府首脑的宴会。国宴的特点是:出席者的身份高,接待规格高,场面隆重,政治性强,礼仪严格,工作程序规范、严谨等,是我国规格最高的正式宴会。

(二)正式宴会

正式宴会规格低于国宴,通常是政府和社会团体、有关部门为来访的贵客或重大庆典活动而举行的宴会,或来访宾客为答谢主人而举行的宴会。除不挂国旗、不奏国歌外,其余的程序安排与国宴基本相同。

(三)鸡尾酒会

鸡尾酒会亦称酒会,是欧美国家最流行的宴请形式之一。通常以酒类、饮料为主招待客人。一般酒的品种较多,并配以各种果汁,向客人提供不同酒类配合调制的混合饮料(即鸡尾酒),还备有小吃,如三明治、面包、小鱼肠、炸春卷等。

由于鸡尾酒会属于一种比较自由轻松的酒会,赴会者在衣着方面不用讲究太多,只要穿日常服装便可以了。在鸡尾酒会,除非规模极小,否则都是站着的,但亦应有些椅子可以让年纪大的客人使用。

知识链接

鸡尾酒的由来

所谓鸡尾酒,实际上是一种混合酒,其配方据说已有2000多种。混合酒为什么叫鸡尾酒呢?一种说法是以前外国有一名贵族,善于配制混合酒,很受宾客欢迎,应接不暇,忙乱中丢失了调酒的勺子,便信手拔下头饰上的鸡毛调制,因而得名。另一种说法是西欧某国,猎人上山狩猎时各自带酒。一次进餐时,大家把酒混在一起共饮,酒味极佳。由于各种酒混在一起,五光十色,在阳光下闪烁,像鸡尾一样好看,因而得名。

(资料来源:王详林.现代礼仪实用教程[M].成都:电子科技大学出版社,2011.)

(四)冷餐会

冷餐会又称为冷食自助餐,菜品以冷食为主,但有时也备有少量的热餐。冷餐会要准备自助餐台,各种餐具,菜品、饮品都集中放在自助餐台上。宾客根据个人需要,自己取餐具选取食物。宾客可多次取食、可以自由走动、可以任意选择座位、可以站着与别人边谈

边用餐。目前,冷餐会已经成为社交活动中比较受欢迎的宴会形式。

(五)茶会

茶会是人们用茶点招待宾客的社交性聚会。一些机关、团体、企业在公务活动中,也常用"茶话会"形式进行公务聚会,或作为会议间歇的休息安排,以达到交流思想、联络感情、洽谈业务、开展公务活动等目的。

二、宴请基本礼仪要求

(一)宴请者礼仪

为了达到宴请目的,作为宴会筹办人员,宴请者有一系列的宴请礼仪需要遵循,注意事项如下。

1. 邀请

较为正式的宴请活动,一般都会提前一周左右将宴会请柬送至对方,这既是宴请礼仪的要求,同时也是对赴宴者的提醒。在发送宴会请柬时,慎重选择邀请范围,避免因顾此失彼而引起的误会。宴会请柬可参考以下范文:

请　　柬

××老师:

　　兹定于××年××月××日××时在××大酒店一楼宴会大厅举行宴会以庆祝元旦佳节的到来。敬请光临。(凭柬入座)

　　地址:××市××路88号

××大学
××年××月××日

---

2. 迎候

宴会开始前,男女主人需在门口迎接客人,对赴宴者表示感谢,并做简短的寒暄。当主宾抵达后,由主人陪同其进入宴会厅,与其他客人会面。

3. 座次

正式宴会对于座次有着严格的规定。基本原则是靠近舞台、面向门、居中的位置为上座。国际礼仪中,以右为尊,而我国的政务礼仪则讲究以左为尊。宴请者需提前做好座次表与座位牌,避免座次混乱。

4. 致辞

致辞是正式宴会不可或缺的一部分,通常安排在宴会伊始,即先致辞后用餐。首先由主持人介绍致辞者身份,然后开始致辞。若是欢迎或欢送宴会,则宾主双方都要致辞。

5. 祝酒

在宴会进行中通常有主人向客人敬酒、客人之间互相敬酒的习惯。敬酒的目的是加深交流、增进友谊,主、客都应量力而行,切忌酗酒,坚决杜绝酒后驾驶。

知识链接

碰杯礼的由来

碰杯礼的由来有两种说法。

第一种说法认为来自古希腊。古希腊人认为,在饮酒的时候,鼻子能闻酒香,眼睛能看酒色,舌头能尝酒味,唯独耳朵不能感受。为了弥补这一缺陷,他们想出在饮酒前互相碰杯的主意,使耳朵能听到酒杯的清脆响声。久而久之,这种做法逐渐成为饮酒礼节。

第二种说法认为来自古罗马。在古罗马武士"角力"竞赛前,双方先要喝一杯酒,以示相互勉励。但由于酒是事先准备好的,为了证明酒没毒,在喝酒时,决斗双方先把酒倒出互相搅拌,然后一饮而尽。这种风俗逐步成为酒席上的碰杯礼节。

(资料来源:王详林.现代礼仪实用教程[M].成都:电子科技大学出版社,2011.)

6. 送别

小型宴会通常以果盘结束,客人起身告辞,主人送至门口或车前。

大型宴会则以主人宣告宴会结束为准,主宾离席,其他客人互相告别离去。

（二）赴宴礼仪

宴会举办是否成功与赴宴者的礼仪修养密切相关,赴宴者应注意以下事项。

1. 及时回应邀请

接到宴会邀请后,应及时回复对方能否出席。确定出席后一般不轻易更改。若不能出席,则应表示歉意。

2. 适当修饰

赴宴者应根据宴会类型或请柬上的明确要求,选择恰当的服饰与妆容。做到参加宴会时精神饱满、容光焕发,这样既能够融入宴会环境,又体现了对宴请者和其他来宾的尊重。

3. 把握赴宴时间

关于赴宴时间的把握,国际上有一条惯例是不宜提前,避免宴请者未准备好。赴宴者可采取准时抵达或晚5分钟左右抵达的方式。

4. 交谈与进餐

抵达宴会地点后,应主动与主人寒暄,遇到不熟悉的客人也应点头示意。听从指引入座,与同桌客人可互相介绍、寒暄问候及亲切交谈。

中餐以主人举杯致辞为用餐开始标志,西餐则是以主人打开餐巾为开始标志。

5. 礼貌告别

宴会结束后,应与邀请者礼貌告别,表示感谢。一般不得中途离场,如果确有急事,应向身边两三位嘉宾说明情况,并向邀请者表示歉意。

6. 表达谢意

宴会结束后,应在适当的时间通过电话的方式向对方致谢,以便加深友谊。注意把握致谢时间,不宜在宴会结束后太久,应在宴会结束后 1~2 天内致谢较合适。

三、中西餐礼仪比较

(一)中西餐具使用礼仪

1. 中餐主餐具

1)筷

筷也叫"箸",是中餐中最主要的餐具,主要用来夹取食物。筷子的正确使用方法是:用右手执筷,用拇指、食指、中指三指前部,共同捏住筷子的上端约三分之一处,筷子的两端一定要对齐。在用餐前、用餐过程中,在不用筷子时,一定要将筷子整齐码放在饭碗的右侧,用餐后则一定要将筷子整齐地码放在饭碗的正中。

使用筷子时需注意以下七大禁忌:

一忌迷筷。避免举着筷子却不知道夹什么,在菜碟间来回游移。更不能用筷子拨盘子里的菜。

二忌泪筷。避免夹菜时滴滴答答流着菜汁。应该拿着小碟,先把菜夹到小碟里再端过来。

三忌移筷。避免刚夹了这盘里的菜,又去夹那盘里的菜。应该吃完之后再夹另一盘里的菜。

四忌敲筷。在等待用餐时,切忌用筷子敲打碗、盘、杯等物品。

五忌吮筷。不论筷子上是否残留有食物,都不要用嘴吮吸它,在夹菜前尤其要注意。

六忌插筷。不要将筷子插放在食物、菜肴之上。根据民俗,只有祭祀祖先才这样。

七忌舞筷。与人交谈时,应暂时放下筷子。切不可用筷子指点对方。

2)匙

匙又叫勺子,其主要作用是舀取菜肴、食物。有时,用筷子取食时,也可以用勺子来辅助。用勺子取食物时,不要过满,免得溢出来弄脏餐桌或自己的衣服。在舀取食物后,可以在原处"暂停"片刻,待汤汁不会再往下流时,再移回来享用。尽量不要单用勺子去取菜。

暂时不用勺子时,应放在自己的碟子上。不要把它直接放在餐桌上,或是让它在食物中"立正"。用勺子取食物后,要立即食用或放在自己碟子里,不要再把它倒回原处。而如果取用的食物太烫,不可用勺子舀来舀去,也不要用嘴对着吹,可以先放到自己的碗里等凉了再吃。不要把勺子塞到嘴里,或者反复吮吸、舔食。

3)碗

碗是用来盛放主食、汤羹等食物的。一般来讲,不要端起碗进食,尤其不要双手端起碗进食。在食用碗内的食物时,要用筷子、匙等辅助着吃,不要直接用手,也不能直接用嘴吸食。碗内的食物剩余不多时,不要直接全部倒进口中,更不要用舌头舔。不能将碗扣着放在餐桌上。

4）盘

盘主要用来盛放食物，稍小点的盘子被称为碟子，在使用方面和碗略同。盘子在餐桌上一般要保持原位，而且不要堆放在一起。

在食用自助餐时，通常用食碟代替碗的功能，此时需注意以下几点。一是一次不要取放过多的菜肴，看起来既繁乱不堪，又像是饿鬼投胎。二是不要把多种菜肴堆放在一起，弄不好它们会相互"串味"，不好看，也不好吃。三是不吃的残渣、骨、刺不要吐在地上、桌上，而应轻轻取放在食碟前端。放的时候不能直接从嘴里吐在食碟上，要用筷子夹放到碟子旁边。如果食碟放满了，可以让服务员换。

2．中餐辅助餐具

1）水盂

水盂即盛放清水的水盆。在食用中餐过程中偶尔需要用手，水盂是用于餐前洗手用的。例如上龙虾等食物之前会送上一只小小水盂，其中漂着柠檬片或玫瑰花瓣，千万不要把它当成饮料，只能用来洗手。洗手时，可两手轮流沾湿指头，轻轻涮洗，然后用小毛巾擦干。洗手后，不要乱甩、乱抖。

2）水杯

水杯主要用于盛放清水、汽水、果汁、可乐等软饮料。不要用它来盛酒，也不要用其盛汤，更不要倒扣水杯。一般餐桌上会为每位用餐者准备茶水饮料和酒水，通常茶水饮料在左侧、酒水在右侧，饮用时尽量不要拿错。

3）湿巾

湿毛巾一般会在餐前或餐后由服务员送上。餐前餐厅提供的湿毛巾是用于擦手的，切忌用其擦脸、擦嘴、擦汗。使用后，毛巾要放回原处，由服务人员取走。饭后提供的湿毛巾是用于擦嘴的，不要用于擦脸和擦汗。

○○○○○○○○○○○○○○○○○ 知·识·链·接 ○○○○○○○○○○○○○○○○○

筷子的由来

中国人使用筷子，大约在三千多年以前。其实，在使用筷子之前，我们的祖先同样也经历了一个用手抓饭吃的过程。但滚烫的食物又如何抓取得了呢？于是不得不随地折取一些草茎木棍来帮助。

筷子，可谓是中国的国粹，它既轻巧又灵活，在世界各国的餐具中独树一帜，被西方人誉为"东方的文明"。我国使用筷子的历史可追溯到商代。《史记·宋微子世家》中有"纣始有象箸"的记载。纣为商代末期君主，以此推算，我国至少有三千年的用筷历史了。先秦时期称筷子为"挟"，秦汉时期叫"箸"。古人十分讲究忌讳，因"箸"与"住"字谐音，"住"有停止之意，乃不吉利之语。"箸"和"住"同音，而船家们最怕抛锚停住，因此把"箸"改成了"快儿"，后延伸为"筷"，意思是让船快行，这就是筷子名称的由来。

（资料来源：http://wenku.baidu.com/link?url=3Sg13c0n18MirRtXSo6im6qm50q7ya8v_D8LgqwW3G5_z1VZONVkGUSERv_LvJLCdHc0GHtaVnpeLycxEPkOwnWbA18eQjzeexkJz8Z7A5II7&from_mod=download.）

4)牙签

尽量不要当众剔牙,非剔不行时,用另一只手掩住口部。剔出来的东西,不要当众观赏或再次入口,也不要随手乱弹、随口乱吐。剔牙后,不要长时间叼着牙签,更不要用来扎取食物。

3. 西餐餐具

中餐与西餐一个极为明显的区别便是餐具的使用。西餐的主要餐具有刀叉、汤匙、餐巾等,下面分别予以介绍。

1)刀叉

使用刀叉进食是西餐的主要标志。刀叉需要配合使用,左手拿叉、右手拿刀,将食物切成刚好一口的分量,然后用叉送入口中。暂停用餐,应将刀叉按"刀右叉左"式摆放,刀口朝内、叉齿朝下,成"八"字形放于餐盘中(见图5-4)。用餐完毕,则可将刀口朝内、叉齿朝上,按"刀右叉左"并列摆放(见图5-5)。使用刀叉时有以下几项禁忌需要注意:

(1)在刀叉使用过程中忌发出响声;

(2)切食物的过程中,不可用刀来回切割,即刀拉回时不用力,往下压时用力;

(3)不可将主食从头到尾全部切完后再食用,应边切边吃。

图5-4 "刀右叉左""八"字形摆放　　　图5-5 "刀右叉左"并列式摆放

2)汤匙的使用

汤匙在西餐中主要用于饮汤、吃甜品,在使用过程中有以下注意事项:

(1)汤匙一次取食的分量以轻松入口为准,以其前端入口,不可将整个汤匙塞入口中;

(2)汤匙可用于取汤、甜品,但不得用于舀咖啡、红茶喝;

(3)汤匙使用完毕后应置于原处,不可直立于杯中、汤盘中;

(4)使用过程中,应尽量保持汤匙的干净。

3)餐巾的使用

餐巾在西餐中发挥着极其重要的作用,主人打开餐巾通常为用餐开始的标志,而主人将餐巾置于餐桌,则为用餐结束的标志。餐巾在使用过程中有以下注意事项:

(1)餐巾应平铺于并拢的大腿上,不可将餐巾披于领口、围在脖子上;

(2)餐巾不可用于擦汗、擦脸、擦餐具;

(3)中途离席,仍会继续用餐时,应将餐巾置于座椅上。

案例分析

不合理的西餐礼仪

王玲在外企做总经理秘书工作,中午要随总经理到西餐厅宴请利华公司的老总。她在餐厅入座后,摊开餐巾别在衣服领口上,然后躺靠在椅背上叫服务员拿菜谱点菜。

第一道食物面包和汤上来了。喝汤时,由于刚上的汤比较烫,为了加快汤的冷却,她一边用汤匙搅和着热汤,一边用手在汤碗上方不停地煽动。后来,又用刀子切了面包放进汤中,然后用叉子将面包叉出来吃。不一会,牛排上来了,她右手拿刀,左手拿叉,将牛排全部切成小块,然后用叉子一块块地送入嘴里。突然,她的手机响了,她马上离席,边接电话边往洗手间走去……

试分析王玲在上述案例中的失礼之处。

(资料来源:http://www.doc88.com/p-3979980889189.html.)

分析:西餐用餐过程中需注意一系列礼仪,案例中的王玲以下几点需要改进:第一,不应将餐巾别在衣服领口上,西餐用餐前应将餐巾摊开平铺于并拢的大腿上;第二,任何场合都需讲究优雅坐姿,要求只坐座椅前三分之二;第三,牛排应吃一块,切一块;第四,汤太热时,不可用嘴吹或用手去扇,应等汤稍凉之后再喝;第五,西餐中吃面包时,需用手撕下一口大小的量再送入口中;第六,用餐过程中需离席,应告知左右用餐者:"有事,失陪一下。"

(二)中西餐座次礼仪

1. 中餐桌次排列

中餐一般是圆桌,多桌宴请时,有位次问题,也有桌次尊卑问题。中餐桌次排列通常分为两类:两桌小型宴请与多桌大型宴请。

(1)两桌小型宴请。通常有两种摆放方式:两桌横排,此时面门右桌为上,面门左桌为下(见图5-6);两桌竖排,此时远门为上,近门为下(见图5-7)。

(2)多桌大型宴请。大型宴请通常由三桌或三桌以上的桌数组成,在排列时需注意远门为上、居中为上、以右为上(见图5-8)的三大核心原则。同时要考虑到距离因素,即离主桌越近者地位越高。

2. 中餐位次排列

每张餐桌上的具体位次,除了遵守以右为上、面门为上、居中为上、远门为上、临台为上等基本原则以外,还需区分是否有第二主人,即是否偕夫人。具体排位如下。

当每桌只有一位主人时,第一主宾在其右方就座,第二主宾在其左方就座(见图5-9);倘若主宾地位高于主人,也可让主宾坐主座。

当每桌有两位主人时,即男、女主人同在一桌,以男主人为第一主人、女主人为第二主人,男主人坐上座,女主人与其相对而坐,主宾和主宾夫人分别在男女主人右侧就座(见图5-10、图5-11)。

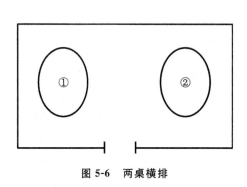

图 5-6　两桌横排

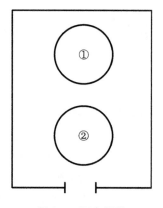

图 5-7　两桌竖排

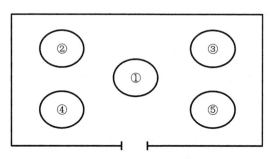

图 5-8　多桌大型宴请

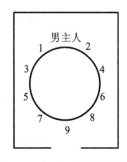

图 5-9　每桌一位主人时的排位方法

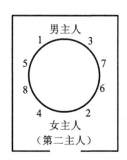

图 5-10　每桌两位主人时的排位方法一

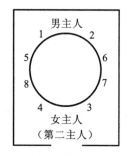

图 5-11　每桌两位主人时的排位方法二

3. 西餐座次礼仪

一般情况下西餐的座次礼仪主要体现在位次礼仪上，对桌次礼仪一般涉及较少。

西餐排位与中餐同样遵循面门为上、以右为尊的原则，除此之外，还有以下原则。

（1）女士优先。在西餐礼仪中，女主人始终被尊重，尤其是在社交宴会上，女主人通常为第一主人，就坐于面门、远门的主座上，男主人则为第二主人。

（2）交叉排列。西餐宴会通常被视为交际宴会，为方便来宾交流，需采用男女交叉排列、生人与熟人交叉排列原则。

（3）敬重主宾。在西餐中，主宾极受尊重，通常采取男主宾位于女主人右侧，女主宾位于男主人右侧的方法排列（见图 5-12）。

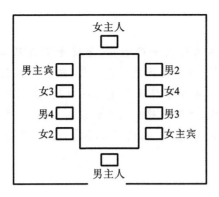

图 5-12 西餐位次排列

（三）中西餐的菜序

1. 西餐上菜顺序

西餐是吃了一道菜之后再上另外一道，这是西餐跟中餐的较大不同。另外，西餐上菜的顺序也很有讲究。

（1）开胃菜。作为西餐头盘的开胃菜多是由蔬菜、水果、海鲜、肉类等食物组成的大拼盘，味道以咸和酸为主，数量较少，质量较高。

（2）面包。西餐中的面包多为切片面包，根据个人口味配上果酱、黄油或奶油。

（3）汤。按照西餐传统，喝汤才是正式开始吃西餐了。

（4）菜。西餐的菜有冷菜也有热菜，通常以热菜为主，最有代表性的是牛肉、牛排、羊肉及羊排。蔬菜类菜肴在西餐中被称为沙拉，可以安排在肉类菜肴之后，也可以和肉类菜肴同时上桌。

（5）点心和甜品。吃过主菜之后，通常会上三明治、蛋糕等点心。点心之后则是布丁、冰淇淋等甜品。

（6）热饮。西餐结束后通常会送上热饮，最正宗的热饮是红茶和什么也不加的黑咖啡，两者选一。

知识链接

品饮咖啡的礼仪

1. 咖啡杯的拿法

咖啡杯的正确拿法，应是拇指和食指捏住杯耳，将杯子端起。喝咖啡时，若遇到一些不方便的情况，可用右手拿着咖啡杯耳，左手轻轻托着咖啡碟，慢慢地移向嘴边轻啜。饮毕，应立即将咖啡杯置于咖啡碟中，不可将二者分别放置。添加咖啡时，不要把咖啡杯从咖啡碟中拿起来。

2. 咖啡匙的使用

使用咖啡匙要特别注意两条禁忌：一是不要用咖啡匙舀咖啡喝；二是不用的时候，平放在咖啡碟里，不要立在咖啡杯里。

3. 闻香品咖啡

一般来说,趁热品尝主人端上来的咖啡,是喝咖啡的基本礼节。一杯咖啡端到面前,应该像品茶或品酒那样,有个循环渐进的过程:在咖啡端上来的那一刻,应首先体会一下那扑鼻而来的浓香,对着咖啡杯深深地吸一口气,先闻其香;然后吹开咖啡油轻啜一小口,这便是咖啡的原味;之后再随个人喜好加入糖、奶。

(资料来源:徐慧文.礼仪实务[M].北京:中国人民大学出版社,2014.)

2. 中餐上菜顺序

一顿标准的中餐,无论何种风味,其上菜顺序一般都是相同的,主要分为以下几个步骤。

(1) 开胃菜。所谓开胃菜,即打开胃口的菜,故作为中餐的头盘。开胃菜通常是由冷盘组成的大拼盘。

(2) 主菜和汤。在开胃菜之后的通常为主菜。其出菜顺序以口味清淡和浓腻交互搭配,或干烧、汤类搭配为原则,最后通常以汤作为结束。

(3) 点心和水果。主菜结束后供应的点心,一般是甜汤配甜点心、咸汤配咸点心。最后则是水果拼盘。

情景:丁健是一家公司的总经理,一天,他应邀参加一个大型的宴会。宴会的主人是一家大型跨国公司的董事长,所以应邀而来的客人也全是社会名流和商界精英。

宴会上,丁健就座在主人的旁边,而他的斜对面是一位年轻人。经过介绍,丁健了解到这位年轻人是主人麾下的得力干将,也是商界的后起之秀。丁健与年轻人攀谈起来,他觉得这位年轻人非常聪明、非常有个性,他很希望能和这位年轻人交个朋友,但是在宴会开始之后,年轻人的表现却让他瞠目结舌:只见年轻人把肘放在桌子上,用筷子在空中挥舞,满嘴含着东西说话,把碎屑喷得四处飞溅……很显然,这并非一个令人愉快的场面或经历。

事后,宴会的主人就此事对丁健说道:"我必须做点什么来改变这个年轻人的餐桌礼仪。我不能让他在和我们的顶级客户用餐时有这种表现。"他顿了顿,接着说道:"我想我应该使我的员工知道餐桌礼仪的重要性,要不然公司的损失可就大喽!我真受够了在公司的各种仪式上总是发现我的面包圈或饮料被别人拿走,因为他们不知道自己的边碟永远放在他们的左边,而他们的杯子放在他们的右边!"丁健若有所思地点了点头。

(资料来源:朱瑞.商务礼仪——打造你的成功形象[M].北京:中国长安出版社,2006.)

讨论:

1. 那位年轻人的哪些行为不符合宴会礼仪要求?
2. 谈谈宴会礼仪的重要性。

项目小结

工作交往礼仪是礼仪知识和技能在工作交往场合中的具体运用。本项目介绍了馈赠、通联、宴请以及拜访与接待四大工作交往礼仪。

(1) 得体而适度的馈赠在旅游服务工作中是非常重要的。本任务主要从礼品的选择、赠送与接受三方面对馈赠礼仪进行了介绍,以点带面,了解馈赠的基本技能和注意事项。

(2) 通联礼仪是当今运用较多的沟通方式。主要介绍了电话、信函、收发传真及电子邮件等几种常用的通联礼仪。通联礼仪的掌握需注重理论与实践相结合。

(3) 宴会及拜访与接待是最为常见的旅游服务工作内容之一。在学习过程中,要重点明确拜访与接待的注意事项,掌握宴请礼仪基础知识,了解中西餐礼仪的主要区别。

项目实训

一、知识训练

1. 谈谈你对"礼尚往来,往而不来,非礼也;来而不往,亦非礼也"这句话的理解。
2. 简述如何建立良好的电话形象。
3. 简述中西餐礼仪的区别与联系。
4. 为什么要学习宴请礼仪?宴请礼仪在工作生活中有哪些重要作用?

二、能力训练

协助学校或企业,完整开展一次大型会议的接待工作。

目的:通过大型会议的接待工作使学生掌握馈赠、通联、宴请、拜访与接待等日常工作礼仪。

要求:分项目小组开展工作;尽可能在接待工作的每一个环节做到用工作交往礼仪的要求指导自己的言行。

案例分析

不 速 之 客

小张和她丈夫这天正要带宝宝去打预防针,这时手机响了起来,原来是单位的同事小刘说要来看看宝宝,并且已经在路上,马上就要到小张家了。小张无奈,只好和丈夫坐下来等小刘。

小刘进了屋,由于是第一次造访,对小张家里的布置很好奇,于是就看这看那,还要进小张的卧室去瞧两眼。小张拦住并很有礼貌地说:"我们最近很忙,还没来得及打扫房间,不好意思啊!"小张的丈夫也过来打圆场:"小刘,你看来了这么半天了,我们还没给你倒水呢,你想喝点什么?"小刘这才到客厅坐下来。他们聊了一会儿,让他们没有想到的是,小刘不仅没有要走的意思,反而拿出一些商品的宣传册向小张推销起商品来了,为了验证她

推销的产品的优点,还兴致勃勃地做起了实验。这时,小张的丈夫终于等得不耐烦了,不停地看表并用眼神暗示小张时间来不及了。于是,小张找了一个谈话的空当,对小刘说:"好,我相信这种产品确实有很多好处,但是,我马上要带孩子去打预防针,要买的话,我以后再跟你联系。"小刘这才意识到自己原来成了"不速之客",于是匆匆告辞离开。

(资料来源:徐慧文.礼仪实务[M].北京:中国人民大学出版社,2014.)

思考:

1. 为什么小刘成了"不速之客"?小刘在拜访中有哪些失礼的行为?
2. 结合工作交往礼仪知识,谈谈你阅读这则案例后的感想。

第三篇
旅游行业礼仪及礼俗常识

Lüyou Fuwu Liyi

项目六　旅游饭店服务与接待礼仪

知识目标：
（1）通过本章的学习，了解旅游饭店的主要岗位设置及各岗位服务人员的基本素质要求；
（2）明确饭店主要岗位的服务要求和禁忌，掌握对客服务中的礼仪规范。
能力目标：
通过对旅游饭店主要岗位礼仪规范的学习与训练，能按照服务规范和礼仪标准完成旅游饭店的服务接待工作。
素质目标：
培养旅游行业服务礼仪意识，能将各岗位礼仪规范正确运用到实际工作当中，提升综合职业素养。

（1）了解旅游饭店四大业务部门——前厅、客房、餐饮、康乐部门的服务与接待礼仪，以便在对客服务中能够很好地运用，实现饭店的经营目标及适应游客多方面的旅游需求。

(2) 通过本项目的学习与训练,提升饭店服务中的问题分析能力、人际交往能力和合作能力。

>>> 案例导入

找到了当上帝的感觉

某宾客入住某饭店时,已没有其要求的标准客房。大堂经理小林推荐高一级的客房,但宾客坚持只住标准客房。于是小林首先请宾客到大堂吧休息,同时安慰宾客:"您先在这里休息一会,让我想想办法。"

回到前台想了一会,小林给预订标准客房的订房人逐个打电话确定今天是否一定入住。1个小时后,终于有一位订房人表示他的宾客临时有事,今天晚上就不到饭店来住了。

当小林把这个消息告诉那位在大堂吧等候的宾客时,宾客高兴地说道:"我今天在这里找到了当上帝的感觉!"

(资料来源:陈姮.旅游交际礼仪[M].大连:大连理工大学出版社,2009.)

讨论分析:
1. 宾客为什么找到了当上帝的感觉?
2. 这个案例对你以后的实际工作有哪些启发?

饭店是以建筑物为凭借,主要通过客房、餐饮、娱乐等设施及与之有关的多种服务项目,向客人提供服务的一种专门场所。旅游饭店与旅游景区、旅行社被视为旅游业的三大支柱。旅游饭店固然需要硬件建设,但更重要的是软件建设。饭店服务礼仪贯穿于饭店服务的各个岗位及其全过程,是衡量饭店服务质量的重要标志。

任务一　前厅服务礼仪

饭店前厅位于酒店大堂,是负责销售客房商品和提供其他服务,组织接待工作,协调各部门的对客服务,为客人提供订房、入住登记、问询、行李、电话、留言、退房、委托办理等服务的综合性服务部门。前厅服务始终贯穿于客人在酒店居住的全过程,在这里,客人形成了对饭店的"第一印象"和"最后印象"。因此,对前厅部工作人员的个人素质和服务礼仪都有较高的要求。

一、门卫员迎送礼仪

门卫员是酒店的"门面",在某种意义上代表着酒店全体员工的精神面貌。因而门卫员着装要整齐,站立要挺直,走路要自然、稳重、雄健,给人以仪表堂堂、目光炯炯、潇洒俊朗之感。

门卫员服务客人于酒店正门外,代表酒店对抵离的客人表示迎送。一般来说,门卫员分两班工作,每班通常有三人:一人站于外车道负责抵达酒店的车辆的接待服务,一人站立于客人候车处负责离去车辆的送别服务,另一人在内休息,随时待命。

1. 迎宾礼仪

(1) 欢迎。载客汽车到达宾馆酒店,负责外车道的门卫员应迅速走向汽车,微笑着为客人打开车门,向客人表示欢迎。

(2) 开门。凡来酒店的车辆停在正门时,必须趋前开启车门,迎接客人下车。通常先开启右后车门,用手挡住车门的上方,提醒客人不要碰头。对老、弱、病、残客人应予帮助,并提醒注意门口台阶。

(3) 处理行李。遇到车上装有行李,应立即招呼门口的行李员为客人搬运行李,协助行李员装卸行李,并注意有无遗漏的行李物品。如果暂时没有行李员,应主动帮助客人将行李卸下车,并携行李引导客人到接待处办理登记手续。行李放好后即向客人交接和解释,并迅速到行李领班处报告,之后返回岗位。

(4) 牢记车牌号及颜色。门卫要牢记常来本店的客人的车辆号码和颜色,以便提供快捷周到的服务。

(5) 雨天为客打伞。在没有雨篷的地方,要为客人打伞。

(6) 客人进店。要为客人开启大门,迎进大厅,并说:"您好,欢迎光临我们酒店。"

2. 送客礼仪

(1) 送客。客人离店,负责离店的门卫员应主动上前,向客人打招呼问候,并为客人叫车。待车停稳后,要替客人打开车门,请客人上车。如客人有行李,应主动帮助客人并与客人核实行李件数。客人坐好后,应为客人关上车门。关门时要注意不可用力过猛,不能夹住客人手脚。车辆即将开动,门卫员应躬身立正,站在车的斜前方1米远的位置,上身前倾15度,双眼注视客人,举手致意,微笑道别,说:"再见""一路平安""一路顺风""谢谢您的光临,欢迎您再来""祝您旅途愉快"等。

(2) 送团队客人。当团队客人以及大型会议、宴会的与会者集中离开时,要提高工作效率,尽量减少客人的等候时间。对重要客人车辆离店,要先行安排,重点照顾。

(3) 特殊情况。当候车客人多而无车时,应有礼貌地请客人按先后次序排队乘车。载客的车多而客人少时,应按汽车到达的先后顺序安排客人乘车。

知识链接

饭店行礼

15度的行礼:表示示意,用于迎接宾客,接受命令。30度的行礼:表示敬意,含有感谢之意,经常是宾客将要离开时使用。45度的行礼:最高级别的行礼,不常使用,因其含有非常抱歉的含义。低头示意:表示尊重。无论是哪种行礼,都不需要弯动颈部,而是脊背笔直地弯腰。

(资料来源:陈姮.旅游交际礼仪[M].大连:大连理工大学出版社,2009.)

二、行李员迎送礼仪

行李员站立于大门两侧,代表酒店迎接客人,同时又是大厅的服务生,回答客人询问,介绍酒店情况。行李员的主要工作是,为抵离酒店的客人运送行李,为住店的客人递送包裹、报纸、信件、电报、电传等,为本单位其他部门派送文件、报表及短时间放置的欢迎牌、指示牌等,悬挂酒店旗及各种旗帜,看管行李专梯。

1. 迎宾礼仪

(1) 微笑欢迎,帮卸行李。对进店的客人应以微笑点头表示欢迎;行李卸下车只许放在外车道与内车道之间的斑马线内;如行李较多,行李员应帮客人卸行李;若客人已入大厅接待处登记,则行李员应在卸下行李后立即清点行李件数,并记下客人所乘车辆的号码、所属单位及特征,然后搬行李到登记处请客人核实。

(2) 举止有礼。行李员举止应有礼貌,搬运及时并轻稳,不可用脚踢行李,对易破损的行李要注意提拿,客人要自己提取行李,则不可勉强。

(3) 引导客人办理手续。行李员应引导客人到登记处办理住宿手续;客人办手续时,应在客人身边等候;迎领客人时,应走在客人两三步远的左前方,步子要稳。

(4) 看管行李。客人办理登记时,应以正确站姿立于客人身后约1.5米处,替客人看管行李,并随时听从客人吩咐和总台服务员的提示。

(5) 护送客人到房间。客人办妥手续后,应主动上前向客人或总台取房间钥匙;途中对客人要热情主动,遇有转弯时应回头微笑,向客人示意;如果客人有事去别处,要求行李员将行李送进房间,行李员应核实客人房间的钥匙号码。

(6) 搭乘电梯。搭乘电梯时,应先将一只手按住电梯门,请客人先进;进电梯后,应靠近电梯控制台站立,以便操纵电梯;出电梯时,应让客人先出;出电梯后,应继续引领客人到房间;如果客人行李太多过重,需要使用行李车,则护送客人到电梯间后要向客人解释,请客人先到房间,再推车乘搭行李专梯。

(7) 入房前。进入房间前,要先按门铃,再敲门;如果房内无反应,再用钥匙开门。

(8) 开门后。应先接通电源总开关,请客人先进入房间;开门后,如果发现房内有客人的行李、杂物或房间还未搞卫生,应立即退出,并向客人解释清楚,然后与楼层服务台和总台接待处联系;客人入房后如对房间不满意,要求更换房间时,应立刻与总台接待处联系;完成换房后,马上通知总台接待处;如果个别客人要换房间,但换后仍不满意,提出再换或换回原来房间,行李员完成换房工作后应将结果通知总台接待处。

(9) 随客进房。随客人进入房间后,应把行李放在行李架上或按照客人吩咐将行李放好;随后应向客人介绍房间设施及各种设施的使用方法,介绍完毕后应询问客人是否还有吩咐;若无,即应向客人告别、道谢,然后迅速离开;离开时,应面对客人后退两步,之后转身离去,轻轻关门。

(10) 返回登记。待每一单散客的行李入店后,应迅速返回前厅,并在散客行李入店登记表上逐项登记清楚。

2. 送客礼仪

(1) 主动送客。行李员见大厅内有客人携带行李离店时,应主动上前帮助提携,并送客上车。

(2) 运送行李。接到运送行李通知后,应立即通知行李专梯接应;拿着(已写房号、提示牌号码)寄存行李卡,推车走行李通道,乘行李专梯上楼。

(3) 清点行李。进入房间前,应先按门铃,再敲门,征得客人同意后方可入房提取行李;入房后,应与客人一起清点行李件数、检查行李破损情况,问明客人行李运送地点及取回时间,并按要求填写寄存卡;如果客人不在房间,则应请楼层服务员开门取行李,并与服务员共同清点行李件数、检查行李破损情况等。

(4) 告知结账。如果知道客人要走而未付账,应在帮助运送行李时有礼貌地告知客人结账位置。

(5) 送客离店。送客人离开酒店时,应再次请客人清点行李,然后再装车;应提醒客人交回房间钥匙,向客人道谢,并祝旅途愉快。

(6) 善后处理。送走客人后,应把钥匙交回询问处,把行李车放回原处,并注销所有行李牌。

3. 注意事项

(1) 轻拿轻放。行李员应保持正确站姿,做到服务周到,笑脸迎客。搬运行李时一定要轻拿轻放,切不可抛掷、脚踢。如遇到行李物品上注明"易碎"、"小心轻放"等字样,一定要特别小心。

(2) 谨防错送。当进出客人较多时,切勿搞错行李、张冠李戴。行李摆放应留有间隔,并及时挂上行李牌。如遇到团队行李,应先集中清点件数,逐一核对房号,然后再分送。

(3) 查实结账。搬运离店行李时,应先与总服务台联系,落实其账目是否结清、钥匙是否交回,并要登记,以便查询。

 案例分析

"热情"的服务员

一天晚上19:00,韩国宾客金先生入住某饭店。办理手续后,行李员将其引领进房间,按服务规程想介绍一下饭店设施。金先生却对他说:"没事了,我想休息一下。"行李员忙向宾客告辞,离开了房间。金先生想着已经与几个重要宾客预约好在20:00开始宴会,想先洗个澡,洗去旅途的疲乏。他在卫生间正准备放水时,听到了门铃声,金先生犹豫了一下后跑出卫生间,对着房门说:"请等一下。"然后以最快的速度穿好衣服,开了门,却发现一个客房服务员站在门口,对金先生说:"您好,先生,这是我们饭店的欢迎茶。"金先生看着放在盘子里沏好的茶和小毛巾,却一点也没有乐于接受的样子,只说了一句:"放在桌上吧。"然后看了看手表,问服务员:"还有什么事吗?"服务员:"没有了,希望你居住愉快。"然后告辞而去。金先生等服务离开后,到卫生间放好水,脱了衣服正准备进浴缸,却又听到了三声门铃响。金先生只好又穿好衣服打开门,看到一位服务员正微笑着站在门口,对金先生说:"这是今天晚上的报纸,祝您居住愉快。"金先生叹了口气收下了报纸。刚过一会儿,门铃又响了……

(资料来源:陈垣.旅游交际礼仪[M].大连:大连理工大学出版社,2009.)

分析： 在人际交往中，待人热情之人通常最受欢迎。法国大文豪伏尔泰认为："没有一点热情将一事无成。"美国总统威尔逊则说过："冷漠无情就是最大的残忍。"但是，服务人员的热情相待，必须有一个"度"的限制，要切记"热情有度"4个字。"热情有度"就是要求接待人员在待人热情的同时，一定要铭记：自己的一切所作所为，均应以不影响对方、不妨碍对方、不给对方添麻烦、不令对方感到不快或不便、不干涉对方的私人生活、不损害对方的个人尊严为限。与外宾打交道时，接待人员若掌握不好这个限度，而对对方过"度"热情，就有可能使自己不适当地"越位"，导致好心办坏事。

三、饭店总服务台礼仪

总服务台是饭店的神经中枢和参谋部，是宾客各种消息的来源地，同时又是对外联络的重要媒介和主要渠道。它既是接待宾客的第一环节，又是最后一个服务环节。能否做到"宾至如归"、"宾去思归"，在很大程度上取决于总服务台的服务质量。

总服务台的主要任务是宾客入住登记、安排房间、回答问询、结算账目、保存宾客资料等，总服务台应提供全天候服务。

1. 总机服务礼仪

（1）总机服务员应熟练掌握岗位英语或岗位专业用语，接到电话后应先用中文问候，然后用英语问候。问候时应同时报出酒店名称，如："您好！海天大酒店。"

（2）在正常情况下，应于电话铃响10秒内回答。接电话时，语音清晰，态度亲切。

（3）转接电话，应准确、及时、无差错。

（4）接电话时，应使周围环境没有嘈杂声和其他干扰声。

 案例分析

不受欢迎的电话

某公司的毛先生是杭州某五星级饭店的商务宾客。他每次到杭州，肯定会住这家饭店，并且每次都会提出一些意见和建议。可以说，毛先生是一位既忠实友好，又苛刻挑剔的宾客。

某天早晨8:00，再次入住的毛先生打电话到总机，询问同公司的王总住在几号房。总机李小姐接到电话后，请毛先生"稍等"，然后在电脑上进行查询。查到王总住在901房间，而且并未要求电话免打扰服务，便对毛先生说："我帮您转过去。"说完就把电话转到901房间。此时901房间的王先生因昨晚旅途劳累还在休息，接到电话就抱怨下属毛先生不该吵醒他，并为此很生气。

（资料来源：陈桓.旅游交际礼仪[M].大连：大连理工大学出版社，2009.）

分析： 案例中的李小姐应该留意通话的时间，考虑早上8:00可能会影响宾客休息。现代饭店管理崇尚规范化和超前服务，如果违背了宾客的本意，就说明服务还不到位，还不能让宾客满意。李小姐如果能迅速分析宾客询问房间号码的动机，在不能确定的前提下,先回答宾客的问话,委婉地提醒宾客,现在时间尚早,是否稍后再联系。这样既满足了宾客的需求,又让宾客感受到了服务的主动性、超前性、周到性。

2. 预订服务礼仪

预订可分为电话预订和网络预订两种。预订员应熟练掌握预订服务程序及有关要求,了解、掌握酒店客房类型、价格及餐饮、康乐、会议等方面的有关情况。

1)电话预订

(1)接电话时,应正确问候宾客,同时报出部门名称。

(2)应能准确确认宾客抵离时间,询问宾客是否需要交通接送服务。

(3)应能准确提供所有适合宾客要求房型的信息,正确描述房型的差异(如位置、大小、房内设施等),并能清楚说明房价及所含内容。

(4)如该日期没有宾客要求的房型,应能主动提供其他选择。

(5)应准确询问宾客姓名及其拼写,询问宾客地址及其联系方式。

(6)提供预订号码或预订人姓名。

(7)说明酒店入住的有关规定。

(8)通话结束前重复确认预订的所有细节。

(9)通话结束,员工向宾客致谢。

2)网络预订

预订员受理客人网络预订时,要准确、及时地传递与确认预订房间数、抵离时间、预订人姓名、单位、联系方式、付费方式等有关内容。超额订房要科学合理,确保不发生失约行为。

3. 登记入住礼仪

宾客抵达前台后,应及时接待。登记时,应确保登记入住手续高效、准确、无差错。

(1)接待时,应能主动、热情、友好地问候宾客。

(2)登记时,要准确填写宾客登记卡上的有关内容。

(3)应确认宾客姓名,并至少在对话中使用一次。

(4)询问宾客是否需要贵重物品寄存服务,并解释相关规定。

(5)应与宾客确认离店日期。

(6)登记完毕,应主动指示客房或电梯方向,或招呼行李员为宾客服务,并祝愿宾客入住愉快。

案例分析

记住宾客的姓名

一位常住的外国客人从饭店外面回来,当他走到服务台时,还没有等他开口,问讯员就主动微笑地把钥匙递上,并轻声称呼他的名字。这位外国客人大为吃惊,由于饭店对他留有印象,使他产生一种强烈的亲切感,故地重游如回家一样。

还有一位客人在服务台高峰时进店,服务员问讯小姐突然准确地叫出:"××先生,服务台有您一个电话。"这位客人又惊又喜,感到自己受到了重视,受到了特殊的待遇,不禁添了一份自豪感。

另外一位外国客人第一次前往住店,前台接待员从登记卡上看到客人的名字,迅速称呼他以示欢迎。客人先是一惊,而后作客他乡的陌生感顿时消失,显出非常高兴的样子。简单的词汇迅速缩短了彼此间的距离。

此外,一位VIP(贵宾)来到前台登记,服务人员通过接机人员的暗示,得悉其身份,马上称呼客人的名字,并递上打印好的登记卡请他签字,使客人感到自己的地位不同,由于受到超凡的尊重而感到格外开心。

(资料来源:陈妲.旅游交际礼仪[M].大连:大连理工大学出版社,2009.)

分析:马斯洛需求层次理论认为,人们最高的需求是得到社会的尊重。自己的名字为他人所知晓就是对这种需求的一种很好的满足。在饭店及其他服务性行业的工作中,主动热情地称呼客人的名字是一种服务的艺术,也是一种艺术的服务。通过饭店服务台人员尽力记住客人的房号、姓名和特征,借助敏锐的观察力和良好的记忆力,提供细心周到的服务,使客人留下深刻的印象,客人今后在不同的场合会提起该饭店如何如何,等于是饭店的义务宣传员。

目前国内著名的饭店规定:在为客人办理入住登记时至少要称呼客人名字三次;前台员工要熟记VIP的名字,尽可能多地了解他们的资料,争取在他们来店报家门之前就称呼他们的名字,当再次见到他们时能直称其名;同时,还可以使用计算机系统,为所有下榻的客人做出历史档案记录。为客人提供超水准、高档次的优质服务,把每一位客人都看成是VIP,使客人从心眼里感到饭店永远不会忘记他们。

4. 叫醒服务礼仪

(1)服务人员接电话时,应能正确问候宾客,同时报出所在部门。

(2)重复宾客的要求,确保信息准确,同时询问是否需要第二遍叫醒。

(3)能够准确、有效地叫醒宾客。

(4)正常情况下,电话在铃响后10秒内接起。

5. 礼宾/问讯服务礼仪

1) 信息充足

由于前厅处在酒店的中心枢纽位置,前厅必然成为酒店的主要信息来源。前厅作为客房销售的主角,必须为客人提供关于酒店设施与服务的准确信息。有关酒店所在地的各种资料和重要活动,也都是客人咨询的内容。毋庸置疑,问讯处能提供的信息越多,便越能满足客人的需要。

2) 完善服务

问讯员应对酒店的形象负责,努力推销酒店的设施和服务。服务时应注意以下几点。

(1)接电话时,应正确问候宾客,同时报出所在部门。

(2)正常情况下,如宾客走到前台,能在30秒内被招呼。

(3)应热情、友好地问候宾客。

（4）礼宾服务台上应备有及时更新的酒店宣传册，能提供地图并指出附近景点的准确位置。

（5）所有的宾客留言、传真或宾客要求的物品都能应宾客要求及时送到。

（6）所有留言都要记录清晰、易懂，并记在酒店专用纸上。

（7）问讯员应熟练掌握店内各种设施的位置、服务项目和营业时间，熟练掌握住客资料，熟练使用问讯设备。

（8）问讯员应熟悉酒店周边环境，包括当地特色商品、旅游景点、购物中心、文化设施、餐饮设施等信息。

（9）问讯员应熟悉酒店各项产品，包括餐饮、娱乐等信息。

（10）委托代办业务应高效、准确、无差错。

6．结账服务礼仪

结账员应能热情、友好地问候宾客，询问宾客入住是否愉快等。结账手续应确保高效、准确、无差错。

1）了解结账方式

结账员应了解各种结账方式。如果客人选择现金结账，应要求客人一次付清，不赊账。如果客人要求转账结算，应确认转账地址及转账安排。酒店不是银行，在接受转账付款要求时要特别小心。在与客人谈到其支票时，因为此时客人的自我价值、自尊心都与钱有关，一定要精心、小心、耐心。如果客人的信用卡过期了，切记不要大声指责客人。

2）保持账务完整

要检查客人是否有结账前最后一刻的留言、信件或者还未入账的临时费用，如餐饮、酒水、长途电话等，以保持账务完整。如果发现有临时费用而客人已经离店，则需要追账。而追账会损害酒店声誉，使客人误认为酒店管理不善，因而应尽量避免。

3）态度冷静、服务快捷

结账过程中，态度强硬会失去客人，态度不肯定或缺乏自信又会给酒店带来损失或额外工作量，因此应时时保持冷静自信，和蔼可亲。严谨、准确、快捷是搞好客人账目、确保酒店收入的关键。凡涉及客人费用账目的建立，有关现金、支票、信用卡、直接转账及团队付款凭证等复杂事项，都要认真检查核实。结账要尽可能快捷，尽可能方便客人，简化手续，同时又要保障酒店的利润收入。

（1）应确认宾客姓名，并至少在对话中使用一次。

（2）应确认宾客房间号，确认宾客的所有消费如客房内微型酒吧的酒水、早餐等。

（3）应认真核实客人在费用记账传票上的签字与他本人的信用卡上的签字是否一致。

（4）如果在客人的房价、账单或其他方面出差错，要在客人离店前审核清楚，并让客人满意付款离店。如果在账单方面出现极大分歧，应尽快调查核实。

（5）向宾客出示的账单应内容详细、条目清晰、准确完整。

（6）最后应向宾客致谢，并邀请宾客再次光临。为确保旺季结账速度与质量，建议拥有300间以上客房的酒店设立绿色通道，提供快速结账、提前结账、房间结账等服务。

任务二 客房服务礼仪

客房是向客人提供住宿的物质承担者,是饭店构成的主体。客房服务涉及的服务区域大、项目多、参与服务的人员广。客房服务构成复杂,主要包括楼层客房服务、饭店公共区域服务、客房中心服务、洗衣房服务。客房是客人的"家外之家",是客人在饭店中逗留时间最长的地方,服务人员的服务态度和服务水准的高低,直接影响客人对饭店服务质量的评价。

一、客房服务礼仪概述

客房服务人员工作时应按规定穿着制服,做到服装整洁、讲究个人卫生、不佩戴贵重珠宝首饰、不浓妆艳抹、工作前不吃有异味的食物。同时要做到以下几点。

(1) 对客人应礼貌、热情、周到、主动。接到总台接待任务后,应及时做好准备工作;见到宾客应笑脸相迎,并致辞如"您好"、"欢迎";应能根据宾客的性别和身份礼貌称呼,如"先生"、"女士"、"小姐"、"阁下"等;与宾客交谈时要以"请"字当先,以"谢谢"收尾。

(2) 节假日迎宾时,应说祝贺语,如"新年好"、"圣诞快乐"、"感恩节愉快"、"祝您度过一个愉快的假期"等等。

(3) 应主动帮助宾客拿行李物品,但如宾客拒绝帮助,就不要强拉硬拿。对老幼病残宾客,要给予特殊关照。对在风俗习惯或宗教信仰方面有特殊要求的宾客,应尽可能满足其要求。

(4) 把宾客引领到房间门口,开门后可请宾客先进。对不了解房间设备使用情况的宾客,应耐心介绍。进房后,应简单介绍饭店的各项设施,如餐厅、酒吧、美容室的位置等,帮助客人适应环境。对冰箱里的饮料是否收费,应婉转地告知宾客。如客人没有其他需求,应立刻退出客房,以免影响宾客休息。退出时,应先退后一两步,再转身离去。

(5) 适逢宾客生日等,应及时问候、祝贺。如遇宾客身体不适,应主动询问以便提供帮助。

(6) 应尽量满足宾客的正当要求。如宾客要在房内用餐,应及时协调解决;对客人需要的邮件、报纸、杂志等,要及时传送;如因故无法解决,应向宾客说明原因、致歉,并请求谅解。

(7) 平时见到宾客,要主动打招呼,不能视而不见。与宾客相遇,要点头致意,并主动让路,不可与宾客抢道并行。如有急事,要超过前面行走的客人,应先致歉,然后加快步伐超越。

(8) 不能与其他服务人员聚在一起议论宾客的仪表、生理缺陷、行为习惯等,不能给宾客起绰号。工作时应保持安静,不能大声喧哗或与他人嬉笑。不能在走廊内奔跑,以免造成紧张气氛。夜间工作时,应轻声细语,以免影响宾客休息。

(9) 宾客交谈时,不要插话或以其他形式予以干扰。工作中,如宾客挡道,应礼貌招呼,请求协助。

(10) 工作中如发生差错,要主动、诚恳地道歉,不能强词夺理、推卸责任。对宾客的投诉,要耐心倾听,虚心接受,马上改正。即使错在宾客,也不要与之争辩,待宾客消气后,再婉转解释,消除误会,取得谅解。对投诉过的宾客,仍要热情、周到地为其服务,不能不理不睬。

(11) 需进入客房与宾客说事时,应简明扼要,不能拖延。被宾客唤进客房,应半掩房门,客人请你坐下,应婉言谢绝。

 案例分析

有没有多齿的梳子

夏季的一个晚上,入住某饭店406房间的高小姐将去参加一个重要的宴会。她洗好澡后,在卫生间里想把头发吹干、定型,但由于客房里的小梳子十分不顺手,所以难以将头发整理至她如意的状态。在没办法情况下,她打电话到客房中心问:"你们有没有多齿的梳子?"客房中心的文员小黄听了客人的要求后,说:"高小姐,我们客房这里没有多齿的梳子,我想想办法,找到后立刻给您送到房间里。"放下电话后,小黄立刻与饭店的美容室联系,很快借了一把多齿的梳子送到高小姐的房间,高小姐非常高兴,打电话到客房中心致谢。第二天早上,客房部陈经理照例阅读客房中心的工作记录要点,发现了小黄关于客人需要多齿梳子的记录,并称曾经碰到过多次,许多客人都有这种需求,因此建议客房租借物品服务中应增加这种梳子,以方便客人。

陈经理看后,批示:好建议。然后立刻通知相关部门采购一些方便客人吹头发用的多齿梳子,提供给需要的客人使用。并与饭店采购部门联系,寻找厂家设计一种可以充当客用品的价格低廉的多齿梳子。

(资料来源:张淑珍,杨笑蕾.服务礼仪[M].北京:科学出版社,2013.)

分析:服务,更应注意细节。"饭店无小事",这话千真万确。顾客享受的价值,正是通过饭店员工在注重每一个服务细节和细心揣测顾客每一种潜在服务需求的基础上,进行到位、到家的服务而创造出来的。饭店领导应该教育自己的员工明白这一点。

二、整理客房服务礼仪

正常情况下,每天14:00前应清扫客房完毕,服务时应讲求以下礼仪规范。

(1) 打扫客房之前,要先轻轻敲门,征得客人同意后方可进入。敲门的规范动作是:用右手的中指或食指关节轻轻敲门3下,若无回音,间隔3秒后再敲3下,共敲3次后,方可开门进房。按门铃时,每次间隔3秒,共按3次,然后开门。敲门的同时报上自己的身份:"客房服务员"。

(2) 房门上挂有"请勿打扰"的牌子时,不能擅自闯入,应放置清洁说明牌。过了午后两点,客房仍处于请勿打扰状态的,可打电话到该房间,礼貌问候:"您好,客房服务员,请问可以进房收拾卫生吗?"客人同意后方可进入。

(3) 打扫客房时,不能随意翻动宾客的物品。如打扫时需要移动,清扫完后,应把物品放回原位。打扫客房时，如宾客在房内工作、读书、会客，不能在旁窥视、插话。不能利用工作之便探听宾客的私人情况，如年龄、收入、婚姻状况等。不能向宾客索取任何物品，不能拿宾客丢弃的任何物品。

（4）工作中不慎打坏杯盘时，应表示歉意并马上清扫。如宾客不慎损坏易耗物品，应给予安慰并马上更换，不能流露厌烦情绪和责备口气。

（5）客房与卫生间清扫应整洁，做到无灰尘、无污迹。如发现客房卫生间门关着或虚掩着，应敲门三下，确认里面无人后方可进入。

（6）不放过任何一个细节，养成勤于检查的习惯。如检查客房内所有用具是否已放回原处，文具用品是否已补足，用过的洗衣袋和洗衣单是否已补足，烟灰缸、垃圾桶是否已清空洗净，宾客的衣服是否已折叠整齐或已悬挂，是否已将宾客个人的浴室用品摆放整齐，所有的鞋子是否已成双整齐码放，报纸、杂志是否已码放整齐，用过的杯子或送餐盘是否已从房内撤出，门把手上挂的标志牌是否已放回原处，等等。

（7）整理房间前后应保证客人留在房里的零钱和首饰未被移动位置。

（8）其他时间若宾客要求更新浴室用具、水杯、面巾纸等，也应及时补足或更换。

三、开夜床服务礼仪

开夜床服务包括两个内容：一是开夜床以便客人休息；二是整理房间、清洁卫生间、补充必需的客用品、恢复客房环境卫生，使客人感到温馨舒适。正常情况下，每天17:00到21:00提供开夜床服务。服务时应讲求如下礼仪规程：

（1）进入房间时，如果悬挂"请勿打扰"牌，可在门下放置或在门把手上悬挂开夜床卡片。如客人在房间，征得客人同意后方可进房。如客人不需要服务，要做好记录。

（2）开灯。打开地灯、卫生间灯、壁灯和床头灯，尤其强调床头灯在打开状态。

（3）拉窗帘。将白纱帘、遮光帘均拉严至窗户居中位置。

（4）清理杂物。将散放在床上的客衣折叠整齐，或悬挂入衣柜内，倒掉垃圾桶和烟灰缸内的垃圾，并清理干净；将用过的杯具撤换；撤掉浴室已用过的各种棉织品。

（5）检查：床头是否已放置晚安卡或晚安致意品；房内早餐卡是否已放在醒目位置；客房内所有用具是否都已归于原处；所有的鞋子是否已成双整齐码放；文具用品、浴室用具是否补足；报纸、杂志是否已码放整齐；电视遥控器是否放在显著位置，电视节目单是否齐全，电视机频道是否已调好；宾客个人的浴室用品是否已摆放整齐，等等。

（6）开夜床时，先将床罩叠好放入规定位置，再翻开一侧的毛毯折成45度角。散客房间可在折角的毛毯上斜放早餐卡；VIP房间可在早餐牌上加放一支玻璃纸包装的玫瑰花等。床头柜正中可摆好晚安卡。

（7）离开房间时应轻轻关门。

四、洗衣服务礼仪

（1）洗衣单上应包含提供洗衣服务的时间、收/送衣说明、洗衣服务电话、明确标明的价格等。应备有专门的洗衣袋，并事先让客人选择送回方式，如折叠送回、悬挂送回。

（2）按宾客要求，服务人员应及时上门收集衣物。收衣时，应亲切礼貌地问候宾客。

（3）衣服应在规定时间内送还。如果送还时间推迟，应该通知宾客。仅仅是熨烫的衣物,应宾客要求,要及时送还。

(4) 归还所有送洗衣物时,如附有洗衣账单,应条目清晰,标明总价。如果污渍不能被清除,应书面告知宾客。所有需要悬挂的衣物,送还时都应悬挂于高质量的衣架上,并附外罩送还。折叠的衣物送还时都应放置在盛器中,脱落或松动的衣扣在归还时应被缝好。

(5) 送还衣物时,如遇"请勿打扰"牌,在客房门下要留有洗衣部联系电话。

名牌衬衫上的锈迹

某日早上,楼层值台被告知707房的马来西亚客人吕先生已退房。服务员小岳进房整理时,一眼便瞥见扔在垃圾桶里的一件白衬衫。她提起一看,哟,是一件名牌货!衬衫还是九成新的。她不明白,这么好的衬衫,客人为何扔了呢?再仔细一看,才发现衬衫左肩上有一块巴掌大的锈迹。在班务会上,小岳汇报了这一情况后说:"我认为,707房客人扔了这件质地很好的名牌衬衫,显然是因为锈斑使他忍痛割爱。仔细察看了锈斑后,我觉得我们洗衣房可能有办法把它去掉。如果衬衫不再有锈迹,客人一定还会喜欢的,何不送到洗衣房,洗净后再寄给客人,让他惊喜一下呢?"小岳的意见得到了班内其他员工的支持,于是这件衬衫被送到洗衣房。果然,经洗涤后,左肩上那块淡黄色的斑迹已荡然无存,整件衬衫又显现出名牌的诱人风采。客房部一名主管立刻去总台联系,要求帮助查清上午退房的吕先生在马来西亚的住址。当天傍晚,小岳把装着干干净净的名牌衬衫的小箱子给吕先生家中邮寄去了。

10天后,玄武饭店韩总收到吕先生从马来西亚打来的电话。吕先生连声夸奖饭店的服务态度,并说他将把此事写成文章发表在当地一家报纸上。

(资料来源:张淑珍,杨笑蕾.服务礼仪[M].北京:科学出版社,2013.)

分析:按常理,客人扔进垃圾桶的东西,饭店可以作为废弃物处理。然而在注重服务质量的玄武饭店,这件普普通通的小事却没有逃过具有较强洞察力的服务员小岳的眼睛。首先,一件九成新的名牌衬衫竟出现在垃圾桶里,这样的事情在生活中并不多见,因此引起了小岳的注意。强烈的责任感使她拾起衬衫仔细查看,接着又在班务会上陈述自己的看法和建议。她能够这么做,全凭日积月累的实践经验和强烈的服务意识。饭店员工固然可以在本岗位的日常工作中为客人提供优质服务,然而创造优质服务闪光点的机遇,却是潜伏在日常琐碎事务之中的。不同的员工对待这些不起眼的小事有不同的态度,这正是员工之间服务水准的差距所在。小岳之所以能慧眼识良机,是因为她具有自觉为客人服务的态度和善于为自己创造服务机会的能力。

五、客房微型酒吧服务礼仪

(1) 服务人员应每天检查客房微型酒吧,及时补充被耗用的物品,用洁净的杯子更换

宾客使用过的杯子。

（2）应保持微型酒吧干净整洁，并使小冰箱清洁无异味。

（3）应提供微型酒吧价目表，并使价目表上的食品、酒水与实际提供的相一致。

（4）应使小冰箱中的物品摆放整齐，且标签朝外。应保证所有食品与酒水都没有超过有效使用期限。

任务三　餐饮服务礼仪

餐饮服务是餐饮部门服务人员为就餐宾客提供食品、饮料等一系列行为的总和，主要服务工作有迎宾、值台、传菜、收银、送客等。餐饮服务能满足宾客的多种需求，包括宾客自我满足的需求、美食的需求以及被尊重的需求等。餐厅服务面广、量大、时间长、需求多，尤其需要服务人员掌握娴熟的服务技巧和具备良好的礼貌、礼节，才可以为客人提供令人满意的服务。

一、仪表礼仪

由于餐饮服务的特殊性，对服务人员的仪表礼仪要求比较严格。

1. 服饰

工作时间应着规定的制服。衣服要整齐干净，注意保持衣服袖、领处的清洁；衣服应扣的扣子要扣好，衣服的里衬不可露出，不要挽袖子、卷裤腿；要佩戴标志卡；男、女服务人员均应以着深色皮鞋为宜，袜子颜色要略深于皮鞋颜色。

2. 仪容

男服务员应常修面，不要留大鬓角，后面的头发不能长到衣领，不留胡须；女服务人员要求长发不过肩，化淡妆，除酒店统一的发簪、丝巾外，不可佩戴其他饰品，不可留长指甲、涂指甲油，不得喷涂刺激性的香水。

3. 仪态方面

餐厅服务人员应站姿端庄、挺拔，体现出优美和典雅；坐姿要端正，表现出高贵和娴雅；步态应轻盈、稳健，一般要靠右行走，不能走中间，不可跑步，不可与客人抢道；接待客人时，手势的运用要规范和适度，谈话中手势不宜过多，动作不宜过大；为客人指点方向时，应正确采用"直臂式"，请客人进入时，应用"横摆式"等。同时，需要注意手势运用与面部表情等的协调配合，以免因生硬而给客人造成误解。

二、卫生礼仪

1. 个人卫生

餐饮服务人员应特别重视个人卫生。应做到勤剪指甲、勤洗手、勤理发、勤洗工作服，一定要给客人留下干净整洁的第一印象。

2. 环境卫生

保持环境卫生,要给客人创造良好的进餐环境。假如酒店环境卫生不过关,客人吃东西倒胃口,不但影响食欲,更影响酒店信誉。

3. 餐具卫生

餐厅的餐器用完后要注意及时清洁和消毒,切不可使碗、碟带有污渍,令人目不忍睹,影响食欲;服务中要严格执行操作规范,拿取食物要用食品夹,不可直接用手接触食物等;拿取餐具、酒具时,手指不可伸进餐具、酒具内,要保持餐具、酒具的清洁、卫生;端汤、上菜时,汤汁不可溅在碗边、碟边,手更不可浸在菜、汤中;服务中要避免餐具碰撞发出声响;拿取有"耳"的餐具时,要以手握耳;擦餐桌时,要用清洁的抹布,要将不同用途的抹布分开放。餐厅工作人员要团结、协调、配合好,如把客人的口味特点及时传送给厨师,同事遇到待客麻烦要主动帮助解围等。

4. 食品卫生

一定要讲求食品卫生,加工生食和熟食的菜刀、案板要分开。切不可使用腐烂变质的食品,否则,若引起客人食物中毒,后果将不堪设想。

 案例分析

破损的餐具

一位翻译带领4位德国客人走进了西安某三星级饭店的中餐厅。客人要了一些菜,还要了啤酒、矿泉水等饮料。突然,一位客人发出诧异的声音,原来他的啤酒杯有一道裂缝,啤酒顺着裂缝流到了桌子上,翻译急忙让服务员过来换杯。另一位客人用手指着眼前的小碟子让服务员看,原来小碟子上有一个缺口。翻译赶忙检查了一遍桌上的餐具,发现碗、碟、瓷勺、啤酒杯等物均有不同程度的损坏,上面都有裂痕、缺口和瑕疵。翻译站起身把服务员叫到一旁说:"这里的餐具怎么都有毛病?这可会影响外宾的情绪啊!""这批餐具早就该换了,最近太忙,还没来得及更换。您看其他桌上的餐具也有毛病。"服务员红着脸解释着。"这可不是理由啊!难道这么大的饭店连几套像样的餐具都找不出来吗?"翻译有点火了。"您别着急,我马上给您换新的餐具。"服务员急忙改口。翻译和外宾交谈后又对服务员说道:"请你最好给我们换个地方,我的客人对这里的环境不太满意。"经与餐厅经理商洽,最后将这几位客人安排在小宴会厅用餐,餐具也使用质量好的,并根据客人的要求摆上了刀叉。望着桌上精美的餐具,喝着可口的啤酒,这几位客人终于露出了笑容。

(资料来源:张淑珍,杨笑蕾.服务礼仪[M].北京:科学出版社,2013.)

分析:餐具的质量和清洁是餐前准备中应该重视的问题。餐具属于整个餐饮服务和餐饮产品的一部分,餐具的好坏直接关系到餐厅的服务水平。星级酒店对餐具的要求应该更高,绝不应该出现案例中的情况。为了避免因餐具的质量和清洁问题而引起客人不满,饭店的餐饮部门应注意:①与管事部加强联系,保证餐具的备份;②建立严格的检查制度,在客人用餐前检查餐具的质量、清洁情况,杜绝让有问题的餐具上桌;③餐厅和餐饮活

动的内容档次不同,餐具的等级和使用也不同,对餐具的使用要分门别类;④对客人要求更换的有质量问题或清洁问题的餐具要尽量更换。

三、安全礼仪

1. 事故预防

服务时必须随时随地注意周围每个人的安全,应时时将自己作为餐厅安全小组的一员,及时反馈各种不安全因素。工作中务必严格遵守相关规章制度和操作规程,千万不可疏忽大意。要有防患于未然的安全意识,并懂得使用各种安全用具。

2. 汇报总结

无论是谁受了伤,哪怕十分轻微,都应该立即向上级报告,使受伤者得到应有的帮助和照料。当意外事件平息后,应立即写出相关事故的详细报告,如事故的位置、程度和伤亡情况等,及时总结经验教训,以利于今后加强防范。

3. 小心慢行

在餐厅内、楼道里行走时要靠右走,不要奔跑,以免在转弯时发生意外;进出门要放慢速度,留心对面是否有人和物;开窗时动作要慢,要使用窗把手,不要直接用手推玻璃,并注意不要把窗台上的杂物弄掉;严禁工作时打闹开玩笑,以免造成无谓损伤。

4. 谨慎操作

使用设备时,要细心谨慎,发现有缺损的设备应及时汇报、维修。使用设备时,要切实遵守操作规程和安全守则。

5. 量力而行

餐厅中,若有搬运重物等体力劳动,要注意姿势,量力而行。不要不间断地重复使用某部位肌肉,以防劳损。重体力活,应尽力发挥团队的力量。

6. 注意防火

餐厅最大的危险隐患是火灾,不管是旧式餐厅或新式餐厅,都应注意防火。餐厅存在的火灾潜在威胁较多,如厨房燃料管道、煤气库、锅炉房、电线、客人吸烟等,要防止和杜绝火灾,需全体员工增强安全意识。

7. 避免烫伤

餐厅内的某些设备和用具可造成严重的烫伤。如烫盘、烫碗,稍不注意就会烫伤自己或烫伤客人,刚烧好的汤也是一个潜在的烫伤源。为此,服务时,不要跑动、蹦跳,特别是送热的汤水时要小心翼翼,穿越拥挤餐厅时更要倍加小心。一旦发生烫伤,应立即作医疗处理。

8. 小心噎塞

在餐厅中,食物噎塞极易造成意外死亡,如果不采取急救措施,噎塞者将可能会在几分钟之内有生命危险。一般情况下,噎塞者会依次出现下列现象:惊慌失措、不能呼吸、不能说话、颓然倒下。因此,服务人员有责任提醒顾客细嚼慢咽、注意吃相,并随时观察顾客所需。

餐巾的正确使用方法

1. 餐巾放于腿上

待主人从餐桌上拿起餐巾并放在大腿上,才可跟随其动作(吃自助餐除外,在开始吃自助餐时就可以展开餐巾)。

2. 展开餐巾

以柔和的动作展开餐巾,避免用力过猛或摇晃餐巾。以餐巾的大小决定展开餐巾的幅度:

(1)对于较正式宴会所提供的较大块的餐巾,可以将其对半展开。

(2)对于较小的餐巾需要完整地展开,并覆盖在大腿上。

3. 折叠餐巾

不要将餐巾围到脖子上或者折到衣扣、腰带的位置。但服务员端上一些零碎的零食时,如果主人将餐巾放在下巴下方或者围在脖子上时,你也可以跟随着主人一起这样做。

4. 使用餐巾

进餐过程中不小心弄得满嘴油渍时,需要频繁地用餐巾擦干净嘴巴,但是不要用力拍打。在饮酒之前,更要用餐巾擦干净嘴巴,尤其是涂了口红的女士们更要如此,以免口红沾到杯子上。

5. 摆放餐巾环

拿起餐巾后,如果发现有餐巾环,应该将其放在餐桌的左上方。进餐后,拿起餐巾,穿过餐巾环,并将餐巾的一头朝向餐桌的中心位置放好。

6. 临时离开餐桌

当需要临时离开餐桌时,将餐巾放于椅子上。如果椅子是装有软垫的,则将餐巾沾有污渍的一边朝上放置。

7. 餐后放餐巾

当一顿丰盛的晚餐结束后,对于刚用完的餐巾该如何处置呢?

(1)用餐后,将餐巾随意地叠放好。

(2)如果在你的位置的中央已备有一个碟子,当你离开餐桌时,将餐巾放于碟子的左侧。

(3)如果在你的位置的中央没有任何东西,尽管将餐巾放于位置的中央。

(4)离开餐桌时,将餐巾占有污渍的一边隐藏起来,随意叠放在餐桌上。

(5)餐后如果还有咖啡供应,则仍然将餐巾放在大腿上。

正是这样一条小小的餐巾,从进餐伊始到结束,整个过程都隐藏着不少礼仪学问。尽管细小,甚至都不大起眼,但越是细小,越是不起眼,要是您真的注意到了,讲究起来了,就越发能展现出您独特的修养,绽放出您与众不同的魅力。

(资料来源:http://www.liuxue86.com/a/2558218.html.)

四、迎候礼仪

1. 到岗准时

开餐前5分钟,服务人员应在分管的岗位上等候开餐迎客。站立服务时,要注意姿态。

2. 微笑迎候

接待客人时,应谦虚有礼、朴实大方、不卑不亢;与客人谈话时,要暂停工作,保持微笑,留心客人的吩咐,并用清楚、简洁、客气的语句回答;客人进入餐厅时,值班餐厅经理或专职的迎宾员要站在餐厅门口迎接,客人会因为主人温暖的微笑服务而形成良好的第一印象;应尊重客人的习惯和宗教信仰,对客人的服饰、外貌不得评头论足,更不得讥笑模仿、聚众围观,或在客人背后做鬼脸、给客人起绰号。

3. 周到应接

也许餐厅确实非常忙,每位员工都忙忙碌碌,应接不暇,但不可以此为不问候的理由。如果客人只看到服务人员从他们面前走来走去,而对他们不闻不问,就会十分扫兴甚至生气。

4. 帮接物品

帮助客人脱外衣、拿雨伞和包裹,并把这些东西放在合适的地方,但一定要先征得客人的同意。假如客人认为不行或不习惯,就不必拘泥于酒店的迎宾规则。

5. 询问预订

根据情况询问客人是否有预订,并核实人数。如确定预订了,迎宾人员应手持清洁的菜单、酒单走在客人前面,将客人引到餐桌边。

6. 拉椅让座

拉椅让座讲究女士优先。把客人引到餐桌边,拉开椅子,先帮助女士入座,待客人坐下后,再在后面轻轻推一下,以协助客人将椅子挪近餐桌。若能事先将多余的餐具和椅子拿走或补充不足的餐具、椅子,会给客人留下特意为他们准备的好印象。

7. 恭请点菜

客人坐下后,应将餐牌送上请客人点菜。客人点菜时,服务人员应站在客人左侧,与客人保持一定距离,腰部稍弯,手持菜簿,认真倾听客人所选的菜点名称,并可向客人介绍、推荐特色菜;如点的菜已售完,应立即向客人表示歉意,并婉转地向客人建议其他类似的菜肴;如有菜点烹制时间较长,应向客人说明原因;服务人员要做到神情专注,有问必答,百问不厌,主动推荐;当客人点完菜后,要将记录下的菜点复述核对一遍,如准确无误,则将菜单的一联送厨房备餐,另一联送收款员算账。

案例分析

靠窗的座位

玛格丽特是亚特兰大某饭店咖啡厅的引位员,咖啡厅最近比较繁忙。这天午饭期间,玛格丽特刚带几位客人入座回来，就见一位先生走了进来。"中午好，先生。请问您贵姓？"玛格丽特微笑着问道。"你好，小姐。你不必知道我的名字，我就住在你们饭店。"这位先生漫不经心地回答。"欢迎您光顾这里。不知您愿意坐在吸烟区还是非吸烟区？"玛格丽特礼貌地问道。"我不吸烟。不知你们这里的头盘和主菜有些什么？"先生问道。"我们的头盘有一些沙律、肉碟、熏鱼等，主菜有猪排、牛扒、鸡、鸭、海鲜等。您要感兴趣可以坐下看看菜单。您现在是否准备入座了？如果准备好了，请跟我去找一个餐位。"玛格丽特说道。这位先生看着玛格丽特的倩影和整洁、漂亮的衣饰，欣然同意，跟随她走向餐桌。"不，不，我不想坐在这里，我想坐在靠窗的座位，这样可以欣赏街景。"先生指着窗口的座位对玛格丽特说。"请您先在这里坐一下，等窗口有空位了我再请您过去，好吗？"玛格丽特征求他的意见。在征得这位先生的同意后，玛格丽特又问他要不要开胃品，这位先生点头表示肯定。玛格丽特对一位服务员交代了几句，便离开了这里。当玛格丽特再次出现在这位先生面前告诉他窗口有空位时，这位先生正与同桌的一位年轻女士聊得热火朝天，并示意不换座位，要赶紧点菜。玛格丽特微笑着走开了。

（资料来源：陈妲.旅游交际礼仪[M].大连：大连理工大学出版社，2009.）

分析： 本例再次叙述了引位员服务的过程：①客人进店，引位员应主动上前打招呼。有些餐厅在重大活动时还让引位员身披彩带列队欢迎客人，逐一向客人问好；②询问客人姓名并有礼貌地讲几句表示友好的话，询问客人姓名应尽量随和；③询问客人是坐在吸烟区还是非吸烟区；④引位员仪容仪表要端庄、衣着整洁，给宾客以良好印象；⑤要给客人安排他满意的座位。对于宾客不满意的座位要了解原因，尽量予以调整。

任务四　康乐服务礼仪

康乐部（也称娱乐部）是为宾客提供健身、娱乐、美容美发等服务的场所。康乐部一般设有健康中心、娱乐中心和美容美发中心。健康中心一般设有健身房、游泳池、桑拿及蒸汽浴室，以及网球场、保龄球场、壁球房、高尔夫球练习场等；娱乐中心主要有棋牌室、游戏机房、台球室等；美容美发中心主要提供皮肤护理、头部按摩、头发护理与保养等服务。康乐部服务最终要让顾客获得休闲、消遣、娱乐并感到舒适。

一、健身房服务礼仪

健身活动的目的，一是减肥；二是通过锻炼使身体健美；三是消除疲劳。健身房的服务礼仪要求主要包括以下几点：

（1）健身房门口应有专人接待，接待人员应具有一定的专业外语对话能力，要求其仪容整洁、精神饱满、身体健康，待客应热情、友好、大方。

（2）当客人要健身并要求辅导时，服务人员应主动示范；必要时应向宾客讲解器械操作指南；带客人做健身操，口令清晰、姿势正确、动作一丝不苟，并根据客人体质状况，因材施教，做不同的指导；如客人误场，可向其提供健身操视频。

（3）根据客人所需主动提供毛巾等，使饮水机供水及时、水杯充足。

（4）为保证客人物品安全，应提供更衣柜钥匙，提醒宾客保管好贵重物品。

（5）服务人员应坚守岗位，严格执行健身房规定，注意客人健身动态，随时给予正确的指导，确保客人安全运动，礼貌劝止一切违反规则的行为。

（6）随时保持健身房干净、整齐。接待台保持整洁；镜子洁净、无污迹；地面洁净，保养良好；墙面及天花板洁净，无划痕、无污迹；所有的照明设施工作正常。

二、游泳池/海滨浴场服务礼仪

外国旅游者大多爱好游泳，欧美旅游者尤甚，每天游泳已成习惯。所以，三星级以上酒店大都设有游泳池，有的免费，有的收费。游泳池门口显著位置都设有醒目标志，标明营业时间、价格、游泳须知等有关内容。游泳池内设有与接待能力相适应的更衣室、淋浴室。

1. 保持环境优雅

游泳池应有优雅的环境、现代化的设备、清洁的水质、严格的管理制度、有效的安全措施及优质的服务，以便客人走进游泳池就能产生良好印象；游泳之余晒晒太阳，呼吸一下新鲜空气，饮用喜欢的酒水和食品，有利于客人消除疲劳。所以，游泳池要有可供客人晒太阳、休息、餐饮的场地。

2. 掌握设备的操作与维修技能

游泳池不仅要具有现代化设备，如池底吸尘器和自动过滤循环装置等，还要有经过专门训练，懂得水的消毒、配药等化学知识，并掌握这些设备的操作、维修技术的服务人员，这样才能保证水质色蓝、质洁。

3. 加强游泳池管理

游泳池要有严格的管理制度。严禁往池内扔杂物、吐口水，也要防止小孩在池内大小便。严格执行游泳规定，礼貌地劝止游客在池边跳水、追逐、打闹或非泳客进入游泳池范围休息、拍照等。

4. 切实保障客人安全

游泳池要保障客人安全，要有一套行之有效的安全措施，有一支训练有素、责任心强的救生员队伍。救生员要时刻监视游泳者的动态，尤其是老人、小孩和酒后的客人。不会游泳的小孩，一定要有大人带领方可下水，以免发生事故。另外，游泳池使用的酒具，要用塑料的、软包装的、一次性的，不要用瓷的或玻璃的，这也是出于安全考虑。救生员必须坚守岗位，注意观察进出更衣室客人的动态，保证客人财物和生命安全，发现情况及时汇报。救生员应做到人不离池，思想集中，反应灵敏，密切注意池内泳客的情况，发现情况及时抢救，保证游客的生命安全。救生员要熟练掌握水中救生和陆地人工呼吸抢救等技术，对本人的工作职责应有高度的认识。

5. 提供优质服务

营业前应仔细检查环境卫生、池水温度，更衣柜、救生器材等设备用品是否完好，池水质量是否符合标准要求。每日至少对水质进行两次检测，保证水质安全；应密切注意水中客人情况，如发现异常现象，则应及时采取有效措施；应及时提供毛巾，及时检测水温使之舒适，毛巾、浴巾等客用品要柔软舒适，叠放整齐；应保持更衣室、卫生间地面干燥、无异味,更衣柜内清洁、无杂物;应定期检修游泳池加热、过滤等各种设备,确保其运转良好、无故障;水深标记及安全提示清晰、醒目,能与救生员及时取得联系,熟悉相应救生设施;池边提供数量充足的躺椅,位置摆放合理,且保持躺椅清洁卫生、保养良好;门口服务台服务人员专门负责迎送客人。客人到来时应表示欢迎,及时送上更衣柜钥匙和毛巾,并代客保管房门钥匙,随时引领客人进入更衣室,请客人妥善保管好自己的衣物。客人离开时,主动收回更衣柜钥匙,并交还房门钥匙,要提醒客人衣物是否带齐。迎送员应送客人到门口,向客人表示谢意,并欢迎客人再次光临。

案例分析

服务人员必须化淡妆上岗

某酒店台球室在服务人员工作章程上明文规定:服务人员必须化淡妆上岗。新来的服务人员小葛是从另外一家台球馆跳槽过来的,还没有很快适应高星级酒店对服务人员的种种要求,总是忘记这条规定。一天,当她来到中心换工作装时,发现自己又忘了化妆。因为上班时间已到,于是打卡上班后,小葛悄悄躲进接待顾客的小包间内开始化妆。没想到,当天的第一批顾客来得很早,门口的迎宾员直接就将他们带到了这个包间。一打开门,顾客和迎宾员都看到了正在对镜化妆的小葛,顾客很是意外,连声询问:"你们酒店的服务人员在上班时间也可以如此随意吗?"顾客结账时对领班说:"没想到五星级酒店的服务人员竟然在上班时间也是如此随意,看来你们酒店对外宣传的服务品质有点不实啊。"领班无言以对,只好赔着笑将顾客送出门外,向顾客表示道歉并欢迎顾客再次光临。

问题:你如何看待小葛的这种行为?能从中得到什么启示?

(资料来源:李舟.饭店康乐中心服务案例解析[M].北京:旅游教育出版社,2007.)

分析:小葛的这种做法是错误的。服务人员化工作妆,一般应当在上岗之前进行,而不允许在工作岗位上进行。当班之时化妆,既不尊重自己,也不尊重顾客,会给顾客留下过于随意的印象。化妆乃是一种私人行为,即便确实需要,也应找一个不会直接与顾客正面接触的场所和时间进行,以免使顾客产生负面印象。酒店的软件和硬件设施都很重要,直接影响顾客对酒店的印象。当发生此类事件时,迅速与顾客沟通从而挽回酒店形象是十分重要的。

三、桑拿房/蒸汽浴室服务礼仪

桑拿浴的主要作用如下。一是减肥。如果每天蒸一次桑拿浴,通过蒸汽使人大量出汗,对减肥有显著效果。二是消除疲劳。桑拿浴有助于加速人体血液循环,促进新陈代谢,使人迅速恢复体力;三是防治风湿病和皮肤病。因此,桑拿浴深受客人喜爱。服务人员应做到以下几点。

(1)应使安全提示安放在位置醒目之地,并会使用紧急呼救按钮。

(2)客人到达,应主动问好,热情迎接并询问有无预订;应准确记录客人姓名、房间号、到达时间,准确提供更衣柜号码、钥匙,能主动、及时地提供毛巾、服务用品;客人进入桑拿浴室时,应为其调好温度和沙漏控时器;客人享用桑拿浴期间,应每10分钟巡视一遍,随时注意客人情况,若有呼唤,随时侍候。

(3)应坚守岗位,保证客人安全,勤巡查、勤汇报。服务人员要密切注视客人的动静,每隔几分钟就要从门的玻璃窗口望一望,看看客人浴疗是否适宜,防止发生意外。

(4)礼貌送客。客人离开时,应提醒客人不要忘了东西,拾到任何遗留的物品,要立即上交台班或主管。对客人要说感谢用语,并送客到门口。

四、其他康乐设施服务礼仪

康乐部的服务项目多,服务的随机性大,对服务员素质要求较高。不仅要具有专业知识,懂操作,还要有很好的身体素质。下面重点以高尔夫球、保龄球为例说明康乐服务礼仪的特点。

1. 高尔夫球服务礼仪

(1)服务人员应具有良好的外语对话能力,待客热情、主动,并能在工作中不断提高自身的业务水平。

(2)应能熟练进行客人的登记和预约工作,严格执行球场规则,随时注意观察客人动态,确保客人安全。

(3)服务人员应参加过专业训练,有熟练的打球技术,能解答客人提出的各种专业问题并指导客人进行高尔夫球练习。

(4)服务人员应随时保持环境卫生、整洁。

知识链接

高尔夫的起源与发展

关于高尔夫的起源有多种说法。流传最广的一种是,古代的一位苏格兰牧人在放牧时,偶然用一根棍子将一颗圆石击入野兔子洞中,从中得到启发,发明了后来被称为高尔夫的运动。"高尔夫"这个词最早出现在14世纪苏格兰议会中的文件中。

率先打高尔夫球的是苏格兰北海岸的士兵,后来逐渐引起官廷贵族和民间青年的浓厚兴趣,最终成为苏格兰的一项传统项目,而后传入英格兰。19世纪末高尔夫传到美洲、澳洲及南非,20世纪传到亚洲。由于打高尔夫球最早在宫廷贵族中盛行,加之高尔夫球场地设备昂贵,故有"贵族运动"之称。

20世纪,高尔夫传入我国。1931年,上海成立了高尔夫球游戏运动中心。同年,中、英、美商人合办高尔夫球俱乐部,在南京陵园体育场旁开辟高尔夫球场。

进入20世纪80年代,高尔夫运动在我国得到较快发展。1985年,中国高尔夫球协会成立。1986年1月,中国首次国际高尔夫球赛——"中山杯"高尔夫球职业、业余选手混合邀请赛,在中山市温泉高尔夫球场举行。之后,每年举办一次。最近几年,高尔夫运动在我国已迅速普及和发展起来。

(资料来源:陈妲.旅游交际礼仪[M].大连:大连理工大学出版社,2009.)

2. 保龄球服务礼仪

保龄球也叫滚球,是客人较喜欢的一种体育活动。近年来,在一些较大的酒店里都设有保龄球房。球场入口设有服务接待柜台,配有各种型号的保龄球专用鞋及电脑记分和结账设备。球场旁边设有男、女更衣室、淋浴室、卫生间。球场内设吧台及休息区。保龄球的服务礼仪规范主要有以下几点。

（1）客人来到保龄球房时,服务人员要热情迎客,开动机器,并把球鞋交给客人。

（2）能准确记录客人姓名、房间号、到达时间及更衣柜号码。

（3）为客人准确、快速安排球道；视情况为客人提供擦球、记分、讲解等服务；能及时为客人提供饮料、毛巾等相应服务。

（4）如遇客满,商请客人排队等候。

（5）在客人玩球期间,提供巡视服务,观察操作设备是否准确,保证自动回球、记分显示、球路显示等装置正常运作。

（6）能及时、准确、礼貌地提醒客人注意球场秩序,能清楚、明确地向客人讲解保龄球运动知识。

（7）始终保持球场秩序井然,在整个服务过程中要做到耐心周到。及时纠正违反球场规则和妨碍他人的行为,迅速排解客人纠纷；提醒客人,不要取他人的用球；取球时,要辨认自己的球号与颜色；球道两边若有人预备掷球时,应待两旁人掷出后进行；不要在球道上停留过久,球撞击到球瓶时应后退,打出全倒也不要大声喊叫。

（8）客人休息时若需要饮料、小吃,应主动及时询问需求,做好记录,并迅速提供服务。

（9）客人来到配套酒吧,应能按照酒吧服务礼仪迎接、问候、引坐、开单,以及提供酒水饮料。

（10）陪练时,要能对运动知识、规则、记分方法等讲解清楚,示范动作要做到标准规范；尽可能掌握客人心理和陪练输赢分寸,能够激发客人兴趣；组织比赛时,要做到服务周到。

（11）保龄球场设急救药箱、药品,配氧气袋和急救器材,客人不适或发生意外时,应能及时采取急救措施。

（12）球道发球区应每日清洁、涂油,球场应整洁卫生、无污渍、无尘土；球鞋等租借物品要保证卫生,做到一客一消毒；要定期对保龄球机器设备进行检修,确保其运转良好,无故障、无误报。

（13）客人离开,应主动告别,并欢迎再次光临。

课堂讨论

情景：两位客人走进一家三星级酒店大堂,正好碰上刚送完行李的行李员。行李员以为客人要住店,就指引他们去总台登记。未料客人并不是住店,而是来就餐的。

客人问："你们旋转餐厅很有名,在几楼?"

行李员答："28楼。请乘左边的快速电梯上去。"

客人问："是粤菜吧?"

行李员答:"有粤菜,也有淮扬菜。实际上,像上海这样开放的城市酒店,菜肴已是集各家之长,这里有北京烤鸭,也有四川火锅,很难绝对说只是哪一家。你们可以去试一试。"

客人又问:"价钱贵不贵?"

行李员答:"旋转餐厅和二楼的潮州餐厅一样很豪华,档次高,价格比较贵,一般平均每位的消费是 100 多元,如果点海鲜或高档菜的话大概是每位 200 多元。底楼东侧的百花厅也可以吃,价格适中,两个人的话大概 100 多元吧。"

两位客人得到了准确的信息,相互商量了一下,决定还是直奔 28 楼旋转餐厅。临去前,又问行李员:"旋转餐厅开餐到几点?""晚上 11 点。"行李员回答。这位行李员并不是先进员工,在这家酒店,每位员工,不管是哪个部门、哪个岗位,进店之后都必须进行酒店整体概念培训,员工对全店各类设施的服务作用、服务对象、所在位置、性能、特点、开放时间、专门要求等都需要记住,并进行考核。当客人来到酒店,客人在酒店里向任何一位员工打听任何一项服务项目,都能得到及时满意的回答。如果刚才那两位客人碰上的不是行李员,他们同样也能如愿以偿。

(资料来源:张淑珍,杨笑蕾.服务礼仪[M].北京:科学出版社,2013.)

讨论:
1. 你如何理解酒店整体概念?
2. 这个案例对你以后的实习和工作有什么启发?

项目小结

旅游饭店礼仪主要表现在全心全意为客人服务的思想,尊重关心客人,宾客至上,讲究接待服务的方法和艺术,符合本国国情、民族文化和当代道德。本项目重点对旅游饭店服务人员的基本素质、前厅部、客房部、餐饮部、康乐部服务礼仪进行了介绍,力求从前厅、客房、餐饮等岗位服务礼仪的角度,指导学生如何将服务礼仪运用到服务程序和服务规范中,提升学生服务意识。

项目实训

一、知识训练

1. 如何理解服务观念?
2. 总台接待服务礼仪有哪些?
3. 前厅迎宾礼仪有哪些规范?
4. 行李部服务礼仪有哪些?
5. 客房服务员进入客房应注意哪些礼仪规范?
6. 电话总机服务员要注意的服务礼仪有哪些?
7. 点菜服务应遵循哪些礼仪规范?

8. 康乐中心台班接待服务礼仪规范有哪些?

二、能力训练

在教师指导下,以2人为一组练习饭店餐饮部服务的相关礼仪。

1. 有礼貌地进行迎宾与领位服务练习。
2. 按礼仪与操作规范进行中餐值台服务。
3. 为宾客拉椅子、安排餐具服务礼仪练习。
4. 分组模拟练习"宾客吃饭过程中在菜里发现头发"事件的妥善解决方法。
5. 分组模拟酒吧服务员服务全过程,重点练习上酒、斟酒与即将打烊前的劝客离店策略。

目的:训练礼貌待客的服务能力

要求:掌握餐饮部服务员服务礼仪规范

案例分析

失而复得的行李箱

一天上午,上海一家五星级宾馆大堂,各国客人来来往往。一位新加坡客人提着旅行箱走出电梯准备离店,正在值勤的保安员小徐见行李员都在忙着为其他客人服务,便热情地迎上前去,帮新加坡客人提起旅行箱往大门走去。快到行李值台时,他发现电梯口又有离店客人出来需要帮助,就把行李提到行李值台处放下,并请值台人员代办,即回电梯口为其他客人服务。

这时,又有一批日本客人离店,他们自己的行李放在新加坡客人的旅行箱旁。由于陪同人员疏忽,既未指定服务员照看行李,又没有拿行李牌注明,就去收款处结账,因此,当他们离店时,就顺手把那位新加坡客人的旅行箱一起带走了。当新加坡客人在为寻找自己的行李急得团团转时,离其乘坐的赴苏州的火车时间只有55分钟了。

面对这突如其来的紧急情况,大堂副理当即安慰客人请客人放心,一定设法找回失物,不误班车,并马上向宾馆有关方面了解日本团队的去向。得知他们乘火车离沪去杭州,便当机立断派保安员小徐随新加坡客人一起乘坐宾馆的轿车去火车站寻日本客人。结果不到半小时就在候车室找到了日本客人。新加坡客人拿到失而复得的旅行箱,转忧为喜,连声称谢。

(资料来源:张淑珍,杨笑蕾.服务礼仪[M].北京:科学出版社,2013.)

思考:

1. 你认为保安员小徐的做法对不对,值台人员应该怎么办?
2. 大堂副理的做法有哪些值得肯定的地方?
3. 从这个案例中你能吸取什么教训?

项目七 旅行社、旅游景区服务礼仪

知识目标：
(1) 通过本章的学习，了解旅行社、旅游景区服务工作的内容和特点；
(2) 掌握旅行社主要工作岗位对客服务的礼仪规范；
(3) 明确旅游景区服务要求和服务技能，树立服务意识。

能力目标：
通过对旅行社、旅游景区主要岗位礼仪规范的学习与训练，能按照服务规范和礼仪标准完成旅行社、旅游景区主要岗位的服务接待工作。

素质目标：
掌握旅行社、旅游景区主要岗位礼仪规范，加强礼仪修养，塑造良好的行业形象。

(1) 树立服务意识，端正服务态度，提升综合职业素养；
(2) 能自觉将旅行社、旅游景区礼仪规范运用到实际工作中，提升旅游行业的服务能力。

谁第一个有到月亮上去的想法

一次,导游员王力接待一个美国旅游团,在旅游商店看到一位美国游客在看一幅"嫦娥奔月"的国画,并在考虑是否要购买。王力便走上前去,向他介绍中国国画的艺术及与之相关的背景知识,客人很感兴趣。最后,王力告诉这位美国游客,在华盛顿的宇航馆里也有一幅"嫦娥奔月"图,图旁的说明是:"在人类历史上,是谁第一个有到月亮上去的想法?是中国古代的嫦娥女士……"这位美国游客非常感谢王力的帮助,终于买下了这幅"嫦娥奔月"的国画。

王力的介绍,把物品的文化价值与实用价值巧妙地结合起来,促成了这位美国游客的购买。

(资料来源:陆永庆,等.旅游交际礼仪[M].大连:东北财经大学出版社,2001.)

讨论分析:

1. 王力对美国游客的购买行为产生了什么作用?
2. 这个案例对你以后的实际工作会有哪些启发?

旅游行业礼仪是改善旅游业软环境、促进旅游业持续发展的重要影响因素,被称为旅游业的无声招牌。作为旅游行业礼仪重要组成部分的旅行社、旅游景区服务礼仪,能帮助我们塑造出干净整洁的仪表仪容、优雅得体的言谈举止、与众不同的气质风度、随机应变的能力,在社会公众面前显示出特有的职业特点。

任务一 旅行社服务礼仪

一、旅行社主要服务内容

1. 旅行社产品设计与开发业务

旅行社产品设计与开发业务,是指旅行社在调查研究的基础上,依据市场预测与分析,结合旅行社自身的特点与条件,设计出能吸引旅游者的产品。在此之后,旅行社还要将设计出的产品进行试销;当试销成功后,再将其产品批量投放市场以获取收益;最后,旅行社定期对产品进行检查、评估并不断对产品进行再改进和完善。

2. 旅游服务采购业务

旅游服务采购业务是指旅行社为生产旅游产品而向有关旅游服务供应部门或企业购买各种旅游服务要素的一种业务活动。旅行社的采购业务主要涉及交通、住宿、餐饮、景点游览、娱乐和保险等部门。另外,组团旅行社还需要向旅游线路沿途各地接待旅行社采购接待业务。

3. 旅行社产品销售业务

旅行社通过各种形式推销自己的旅游产品,激发潜在游客对旅游产品的兴趣。旅行社要采取各种不同的销售策略和销售手段,推广旅游产品以招徕众多的游客,使旅游消费者认识到旅游产品所能带给他们的利益,从而达到激发其购买旅游产品的目的。

4. 旅行社接待服务业务

旅行社通过向旅游者提供接待服务,全权负责旅游者在旅途中和旅游点逗留期间的所有活动,提供导游讲解服务,最终实现旅游产品的实际价值。

5. 中介服务

旅行社主要提供如下中介服务:

(1) 办理旅行证件,如护照和签证;

(2) 代客购买或预订车、船和机票及各类联运票;

(3) 出售特种有价证券,旅游者持有这种证券便可在各地游览、逗留期间得到膳食等服务;

(4) 发行和汇总旅行支票、信贷券,组织兑换业务;

(5) 为旅游者办理旅行期间的各种保险等。

二、导游服务礼仪

导游员处在接待服务的第一线,导游员的表现对整个旅游接待服务工作的成败起着至关重要的作用。为了强调导游员的重要作用,国际旅游界将导游员称为"旅游业的灵魂"、"旅行社的支柱"和"参观游览活动的导演"。

(一) 导游的准备工作礼仪

1. 着装礼仪

导游员的服装应简洁、整齐、大方,不能过分华丽,一般应选择休闲装、运动装、工作服及各式便装,必须注意着装的一些基本原则和各式服装的穿着禁忌。如女性不宜穿过短或过长的裙子,也不可化浓妆;在夏季,男性不能穿圆领汗衫、短裤等。在导游服务过程中,应佩戴旅行社的徽章或标牌。

2. 准备工作礼仪

(1) 物质准备。做好物质准备,领取和备齐各种证件与必需物品,如身份证、工作证、导游胸牌、导游旗、喇叭等。

(2) 接待工作核实。要适时核对接待车辆、就餐安排、交通购物落实情况,确定与接待车辆司机的接头时间与地点,并督促司机将车身和车内清洗、清扫干净。备好醒目的接团标志,最好事先了解全陪的外貌特征、性别、装束等。凡导游人员到机场、车站、码头迎接客人,必须比预定的时间早到以等候客人,而绝不能让客人等候接团导游。

一份令人尴尬的礼物

国内某家专门接待外国游客的旅行社,有一次准备在接待来华的意大利游客时送每人一件小礼品。于是,该旅行社订购了一批纯丝手帕,是杭州制作的,还是名厂名品,每个手帕上绣着花草图案,十分美观大方。手帕装在特制的纸盒内,盒上又有旅行社社徽,显得是很不错的小礼品。中国丝织品闻名于世,料想会受到客人的喜欢。

旅游接待人员带着盒装的纯丝手帕,到机场迎接来自意大利的游客。欢迎词致得热情、得体,在车上他代表旅行社赠送给每位游客两盒包装甚好的手帕,作为礼品。没想到车上一片哗然,议论纷纷,游客显出很不高兴的样子。特别是一位夫人,大声叫喊,表现极为气愤,还有些伤感。旅游接待人员心慌了,好心好意送人家礼物,不但得不到感谢,还出现这般景象。中国人总以为礼多人不怪,这些外国人为什么怪起来了?

(资料来源:王连义.怎样做好导游工作[M].北京:中国旅游出版社,1993.)

分析:在意大利和西方一些国家有这样的习俗:亲朋好友相聚一段时间告别时才送手帕,取意为"擦掉惜别的眼泪"。在本案例中,意大利游客兴冲冲地刚刚踏上盼望已久的中国大地,准备开始愉快的旅行,你就让人家"擦掉惜别的眼泪",人家当然不高兴,就要议论纷纷。那位大声叫喊而又气愤的夫人,是因为她所得到的手帕上面还绣着菊花图案。菊花在中国是高雅的花卉,但在意大利则是祭奠亡灵的,人家怎能不愤怒呢?本案例告诉我们:旅游接待与交际场合,要了解并尊重外国人的风俗习惯,这样做既对他们表示尊重,也不失礼节。

(二)导游的迎送接待礼仪

旅游团队接送是导游人员的一项十分重要的工作,接团工作的礼仪是否周全,直接影响着旅行社和导游本人在客人心目中的第一印象。而送团则是带团的最后一项工作,如果前面的工作客人都非常满意,但送团工作出现了礼貌不周的问题,同样会破坏旅行社和导游人员在客人心目中的整体形象,并使陪团人员前期的努力前功尽弃。为此,搞好导游服务工作,迎送礼仪是十分重要的。

1. 导游迎客礼仪

1) 热情迎接

客人到达后,应主动热情迎上前去,先行自我介绍,再确认对方身份,核对团号、实际抵达人数、名单及特殊要求等。寒暄问候后,协助提拿包裹,办理有关手续。迅速引导客人来到已安排妥当的交通车旁,指导客人有序将行李放入行李箱后,再招呼客人按次序上车。

2) 乘车服务

客人上车时,导游最好站在车门口迎候,用手护住门顶以防客人碰头。上车时注意安排陪车的礼宾次序,等游客上完车后,自己再上车。客人上车就座后,礼貌地清点人数,无误后请司机开车。清点游客人数时要默数,切忌不礼貌地用手指点游客。下车时,导游员先下车,在车门口协助游客下车。

3) 致欢迎词

等到全员上车之后致欢迎词,宣布团队游览日程和行程计划。为帮助客人熟悉城市,可准备一些有关的出版物给客人阅读,如报纸、杂志、旅游指南等。注意观察客人的精神状况,如客人精神状况较好,在前往酒店途中,可向来客介绍饭店情况、活动流程,可就沿途街景介绍一些当地的民俗风情、旅游景点等。如客人较为疲劳,则可让客人休息。

案例分析

错误的数数法

2004年7月15日,小王精神饱满地奔赴酒店,准备当天的旅游接待工作。小王笑容可掬地站在车门旁边迎候游客们上车,接着小王按惯例开始清点人数,"1,2,3,4……"小王轻轻地念着,同时用手指点数游客,游客很准时,没有迟到的。在旅游过程中,小王的旅游知识很丰富,服务也很周到,但是他发现游客们还是有点不对劲。小王百思不得其解。随后,小王向经验丰富的导游员进行请教,才茅塞顿开。

(资料来源:王连义.怎样做好导游工作[M].北京:中国旅游出版社,1993.)

分析: 在导游讲解服务过程中,最忌讳导游员用手指点数游客,这是对游客的极大的不尊敬。在清点人数时,可以采用默数的形式,即用目光进行清点,心里默记。

4) 安排食宿

根据该团的费用标准和住房标准,安排食宿等事宜。

5) 贵宾的迎送

(1) 迎送贵宾时,应事先在机场(车站、码头)安排贵宾休息室,并准备好饮料、鲜花。

(2) 如有条件,在客人到达之前可将酒店客房号码或乘车牌号通知客人。

(3) 派专人协助办理出入关手续。

(4) 客人抵达前,应通知酒店总台,在客人入住的房间内摆上鲜花、水果。

(5) 宾客抵达住所后,一般不宜马上安排活动,应留一些时间让宾客休息。

2. 导游送客礼仪

(1) 送客安排。客人活动结束前,要提前为客人预订好下一站旅游或返回的机(车、船)票;客人乘坐的车厢、船舱尽量集中安排,以利于团队活动的统一协调;送客时,根据客人离去的时间,安排好购票、结算、赠送礼品、摄影留念、欢送宴会等事宜;为客人送行,应使对方感受到自己的热情、诚恳、有礼貌和有修养;送别之前应亲切询问客人有无来不及办理、需要自己代为解决的事情,应提醒客人是否有遗漏物品并及时帮助处理解决。

(2) 特色礼品。赠送的礼品要注意携带方便,突出地方特色,具有保存价值。送站人员尽量帮客人将行李安顿好。

(3) 致欢送词。送行途中,要致欢送词,使旅客感受到自己的热情、诚恳、有教养和有礼貌,同时要祝大家旅途愉快,欢迎再来。

(4) 返回。火车、轮船开动或飞机起飞以后,应向客人挥手致意,祝客人一路顺风,然后再离开。如果自己有其他事情需要处理,不能等候很长时间,应向客人说明原因并表示歉意。

 **案例分析**

精彩的欢送词

　　重庆一位导游在送别一个日本东京汉诗研究团队时所致的欢送词为:"两天来,由于各位的盛情和通力合作,我们在重庆的游览就要结束了,在此,谨向各位表示深深的谢意!重庆和东京相距千里,但只不过是一水之隔。我们两国是一衣带水的友好邻邦,我唯一的遗憾是不能按照你们日本古老的风俗,给你们一束彩色的纸带,一头在你们手里,一头在我们手里,船开了,纸带一分两半,却留下不尽的思念。虽然没有这种有形的纸带,但有一条无形的彩带,那就是友谊的纽带,虽然看不见,摸不着,我却感受得到它已经存在两千多年了。当年唐代诗人李白从这里去三峡的时候,有感于亲友不能登舟随行,写下了'仍怜故乡水,万里送行舟'的诗句。我也不能登舟随各位远行,就让我的故乡水——长江水,送各位去三峡,经武汉,上海,回东京好了。中国有句古话说:'人惟求旧,物惟求新。'朋友是老的好,东西是新的好。这次我们是新知,下次各位有机会再来重庆,我们就是故交了。祝各位万事如意,健康幸福,一路顺风!谢谢大家!"

　　(资料来源:杨梅,牟红.旅游服务礼仪[M].上海:格致出版社,2011.)

　　分析:欢送词是旅游行程的小结,送别是导游接待工作的尾声,这时导游与旅游者已熟悉,还有的成了朋友。如果说"欢迎词"给旅游者留下美好的第一印象是重要的,那么一篇饱含感情的欢送词也能给旅游者以心灵上的触动,给他们留下的最后的印象将是深刻、持久的,有时可以激发他们故地重游的愿望。有水平、符合规范的欢送词应具备五大要素:表示惜别,感谢合作,小结旅游,征求意见,期盼重逢。

(三)导游的住店服务礼仪

1. 入店服务礼仪

(1)到达酒店后,协助客人登记入住,并借机熟悉客人情况,随后,将每位客人安排妥帖,协助地陪和饭店行李员将客人行李分送到每一位客人的房间。若游客客房存在问题,导游员应及时协助处理,使旅客住得安全舒适。

(2)客人进房前先简单介绍游程安排,并宣布第二天的日程细节。第二天的活动如果安排的时间较早,则应通知总台提供团队客人的叫早服务,并记住团员所住房号,再一次与领队进行细节问题的沟通协调。

(3)不要忘记询问客人的健康状况,如团队客人中有身体不适者,首先应表示关心。若有需要,应想办法为客人提供必要的药物,进行预防或治疗,以保证第二天游程计划的顺利实施。

(4)与客人告别,并将自己的房间号码告知客人,不可久留。

2. 入房礼仪

导游如确因工作需要,要到游客房间,应注意以下礼节。

(1)预约。有事到客人房间要预约,并准时到达;尊重客人的作息习惯,尽量避免在

休息时间或深夜打扰对方;因急事需要见面又未经约定前去打搅时,应先表示歉意,说明打搅的原因,并及早离开;除特殊情况外,一般不要站在房间门口与客人谈日程安排或事先没有约定的内容。

(2) 敲门。进门前要先敲门,经允许后方可进入。

(3) 不单独去异性房间。不要随意去客人的房间,尽量不要单独去异性客人的房间,如果情况需要,进房后门要半掩着。

(4) 不随意乱动。在室内,未经主人同意,即使是较熟悉的朋友,也不要随意触动、翻看客人的物品、书籍等;有事到客人的房间,在客人没有示意请坐时,一般不要自己先坐下再说,更不要坐在客人的床上;尽量不要使用客人房间的卫生间。

(四) 导游的用餐服务礼仪

1. 用餐准备礼仪

(1) 提前落实。导游要提前落实旅游团当天的用餐,将领队介绍给餐厅经理或主管,并告之游客的特殊饮食习惯。

(2) 详细介绍。在游客入住前应先介绍就餐形式、地点、时间及有关规定,并向客人介绍旅游安排和第二天的日程细节。

2. 用餐服务礼仪

(1) 用好第一餐。旅游团第一次用餐时,导游要亲自带领旅游团客人进入餐厅,介绍用餐有关设施及其菜肴的特色。

(2) 巡视用餐。用餐过程中,导游要巡视旅游团用餐一两次,解答游客在用餐过程中提出的问题,监督、检查餐厅是否按标准提供服务,解决出现的各种问题。

(3) 填写餐饮费用单。用餐后,导游要严格按照实际用餐人数、标准、饮用酒水数量等,如实填写"餐饮费用结算单",与供餐单位结账。

(五) 导游的游览服务礼仪

1. 出发前的礼仪

修饰自身形象,每天出发前,应提前10分钟到达集合地点;先向游客主动、热情打招呼,但不要主动与游客握手,当游客伸手时应热情大方地递握;核实清点人数,准时集合登车;提醒注意事项,重申当日活动安排。

2. 途中礼仪

(1) 活跃气氛。导游员切忌沉默不语,而应向游客介绍当地的风土人情及简要介绍即将参观景点的基本情况;也可根据游客的特点、兴趣、要求穿插一些历史典故、社会风情,以增加游客的游兴;还可组织文娱活动以活跃旅途的气氛,增进感情交流。

(2) 语言文雅幽默。在车上或景点作讲解时,要正确掌握语言节奏,合理运用修辞手法和格言典故,做到语言、语调优美适度,抑扬顿挫,语速、节奏运用合理,语言要文雅而不失幽默。在使用语言讲解的同时,可辅以手势,但动作不宜过多,幅度不宜过大。表情要自然亲切,态度要和蔼热情。

(3) 注意提醒。留意客人走向,防止客人走失。要特别注意游客安全,照顾好老、弱、病、残、幼。要经常清点人数,提醒游客注意安全和保管好自己的贵重物品。

(4) 文明的榜样。为客人做好文明游客的榜样。尊重老人和女性,爱护儿童,进出房间、上下车，要让老人、妇女先行，对老、弱、病、残、幼应主动给予必要的协助与照料；注意尊重他人隐私，不要谈论政治、宗教敏感话题；游客提问时，要耐心聆听，及时解答；导游过程中要平均分配自己的注意力，尽量照顾全体成员，不可冷落任何一位客人，要照顾、配合全体成员行走步伐的快慢；带团过程中，与客人在一起的时候，不得抽烟，不吃有异味的食品；与旅游者交谈时，话题应愉快、轻松、有趣；对客人不愿回答的问题，不要追问，遇到客人反感或回避的话题，应表示歉意，并立即转换话题。

（六）导游的购物服务礼仪

1. 积极正确地引导

（1）到指定商店购物。导游要态度诚恳地提醒游客不要随便购物，不要到非旅游定点商店购物。若购买古玩或仿古艺术品，导游应带其到文物商店去购买，并提醒游客保存好发票，不要将物品上的火漆印去掉，以便海关检验。

（2）客观真实地介绍产品。导游要应游客之请，以客观公正的态度，介绍旅游产品。介绍要留有余地，引导游客按自己的需要进行购买。

（3）尊重游客做出的选择。导游应尊重游客的选择，游客自己做出的自觉、自主的选择才是合理的选择。

2. 耐心细致地服务

（1）不要主动为游客当参谋。导游要了解游览地的特色产品，并根据游客的基本资料，间接揣摩出游客的购物心理，根据不同游客的特点进行服务。注意，导游不要主动为游客当参谋，防止自己卷入无端的购物纠纷中。

（2）处理好购物和观光游览的关系。提高工作效率，处理好购物和观光游览的关系。正确认识购物是旅游计划的组成部分，合理安排购物的时间和次数，维护游客的合法权益，使购物和游览相互补充，增加游客满意度，提高自己的工作效率。

知识链接

紧急事件处理礼仪

在旅游过程中，紧急事件时有发生，如果不能及时处理，提供准确、恰当的礼仪服务，会使事态恶化，甚至演化为重大事故。处理紧急事件的基本礼仪服务措施包括：

（1）做好旅游者心理安抚工作，照顾好全体旅游者；

（2）保管好旅游者的财物和行李；

（3）发现问题及时向上级领导和有关部门报告；

（4）在后续旅游过程中向旅游者提供更加细致入微的服务；

（5）及时做好善后服务工作。

（资料来源：陈妲.旅游交际礼仪[M].大连：大连理工大学出版社，2009.）

（3）遵守职业道德。带游客购物时，应严格遵守采购职业道德，应将客人带到商品质量好、价格公平合理的商店，切不可唯利是图，为了一点"好处费"而违背职业道德，损害游客利益。

三、旅行社门市接待礼仪

1. 仪容仪表

门市接待人员必须着统一的工作服,佩戴胸牌,仪表整洁,仪容端庄,注意个人清洁卫生。

2. 接待艺术

热情、礼貌地接待客人,办事认真,不敷衍,不推诿,不顶撞,不争吵,提倡微笑服务;在同时接待多位客人时,要按照先后顺序;若在接待过程中又有客人到来,也要注意打招呼或点头致意,请其稍候,千万不能冷落任何一位客人。

在接待客人过程中如需接听电话,应先向客人打招呼,电话结束后,再向客人表示歉意。当客人离开时,不论其与旅行社是否成交,都应起身相送,握手告别,表示感谢。

3. 咨询服务

咨询服务有电话咨询和当面咨询两种方式。对待电话咨询,电话铃响两声后应立即接听。接电话首先要向对方问好,并自报家门。不论是电话咨询还是当面咨询,都应当主动介绍,面带微笑,热情友好,表述清楚、规范。

案例分析

王梅刚刚因为给客人报价出错遭到上司的责备。这时电话响起来了,"喂,你好,我想咨询一下现在海南双人游要多少钱?""又来了。"王梅心里挺烦,随口说道,"不知道!"对方一愣,"请问你是不是××旅行社的员工啊?……是啊!哎哟,我还以为你不是呢!""啪!"电话挂断了。

相反,另一家旅行社在每个员工的桌子上都摆了一个小牌子,上写"I never say I do not know",即"永远不说我不知道",牌子下是经理的签名。这个牌子起到了对员工的约束作用,提高了旅行社的服务质量。

(资料来源:廖超慧.社交礼仪[M].武汉:华中科技大学出版社,2007.)

分析:王梅的一句"不知道"仿佛拒人于千里之外,自然引起了客人的不满,所以服务人员应注意不要让个人情绪影响到服务态度,要始终保持热情。在客人咨询过程中,服务人员应仔细、认真地倾听客人的询问,对问题有条不紊地予以解答。

任务二 旅游景区服务礼仪

景区接待工作是一种公关行为,是景区联系内外的桥梁和纽带,是充分展示景区文明、好客、热情和友善的窗口。景区接待人员应树立"人人代表景区形象,一言一行体现文明素质"的工作理念,增强做好接待工作的主动性和自觉性,确保高质量地完成每一次接待任务。力争让每一位到景区造访的宾客,全面享受到热情周到的高水平接待服务,成为宣传景区、宣传地方文明形象的使者。

一、旅游景区服务内容

1. 旅游景区服务内容

根据《旅游景区服务指南》,旅游景区服务内容包括人员服务、服务设施、安全设施、服务质量四个部分。其中,人员服务是关键。人员服务包括停车场服务、售检票服务、导游讲解、交通服务、餐饮服务、客房服务、购物服务、卫生保洁、咨询服务、投诉处理十个方面。本章重点讲述人员服务中的入口区服务、购物服务、投诉处理服务。

2. 景区服务流程

(1) 服务前的准备。做好仪容仪表、器具设备、工作环境及服务内容等方面的准备。

(2) 服务前。做好介绍、欢迎、咨询等方面的工作。

(3) 服务中。按服务要求和技能做好服务工作。

(4) 服务后。做好日志、反馈、交接班等工作。

知识链接

西班牙的游客管理经验

2005年,西班牙入境游客数量达5560万人次,创汇378亿欧元,外国游客数量和旅游收入均居世界第二位。西班牙之所以能够成为世界旅游大国,除了拥有丰富的旅游资源外,还有着文明的旅游氛围和管理井然的旅游景点。

西班牙所有的旅游景点都不准开饭店和咖啡馆,也不准零售任何食品、水和纪念品,更不准乱停车。沿街叫卖的小商贩在景点是绝对禁止的,违者严惩不贷。西班牙旅游景点内也不准吃东西,游客吃饭、喝水必须到城里的饭馆和咖啡馆,买纪念品必须到附近出售纪念品的商店。旅游景点里的厕所全部免费,厕所布点合理,而且非常干净,洗手池、洗手液、手纸和烘干机等一应俱全。因此不可能发生随地大小便之类的不文明行为。

坐落在首都中心的马德里王宫和布拉沃古典绘画博物馆,大门口没有任何人维持秩序,但是有两排弯曲的白色栏杆引导人们前进,游客有秩序地鱼贯而入。在这样的文明环境里,人们会自觉地约束自己的行为,任何不文明的行为,都会让人觉得十分丢人、极其难堪。在马德里的大街小巷,到处都能在路边看到体积不大的圆形垃圾箱,相隔20~30米就有一个,方便行人将垃圾扔进垃圾桶。西班牙有关部门对个别不文明行为采取两种措施:一种是对不严重的文明行为以劝说方式加以制止;另一种是对个别严重的不文明行为采取报警措施,由警方出面处理。

(资料来源:张昌贵,李勤.旅游景区管理[M].西安:西安交通大学出版社,2013.)

二、旅游景区主要岗位服务礼仪

(一) 旅游景区入口区服务

旅游景区的入口区是旅游者进入景区的通道和区域,一般由停车场、游客中心、售票处、门禁系统等构成。旅游景区的入口区是旅游者对整个景区产生第一印象的地方,也是景区游览感受的开始。入口区服务质量跟旅游者的旅游评价直接相关,因此,入口区服务非常关键。

1. 售票服务礼仪

(1) 游客走近窗口,售票员起立向客人示意,并微笑目视客人,向客人致问候语:"欢迎光临。"耐心询问客人购买的票种和票数。

(2) 售票员根据景区《门票价格及优惠办法》向客人出售门票,主动向客人解释优惠票价的享受条件,售票时做到热情礼貌、唱收唱付。

(3) 售票结束时,售票员向客人说"谢谢"或"欢迎下次光临"等用语,售票工作应该在规定时间内完成。

(4) 向闭园前一小时内购票的游客提醒景区的闭园时间及景区内仍有的主要活动。

(5) 游客购错票或多购票,在售票处办理退票手续,售票员根据实际情况办理,并填写《退票通知单》,以便清点时核对。

(6) 根据客人需要,实事求是地为客人开具售票发票。

(7) 交接班时认真核对票、款数量,核对门票编号。

(8) 售票过程中,票、款出现差错时,及时向上一级领导反映,长款上交,短款自补。

(9) 热情待客,耐心回答客人的提问,游客出现冲动或失礼时,应保持克制态度,不能恶语相向。

(10) 耐心听取游客批评,注意收集游客的建议,及时向上一级领导反映。

(11) 发现窗口或附近有炒卖门票的现象要及时制止,并报告保安部。

2. 检票服务礼仪

(1) 准时上(下)班,按规定要求签到(签退),着工装、佩工卡,遵守景区的劳动纪律。

(2) 开园前做好入园闸口周围的卫生,备好景区导游图。

(3) 开园后,工作人员站在检票位,精神饱满、面带微笑,游客入闸前向游客说"欢迎光临"等礼貌用语。

(4) 游客入闸时,检票员要求游客人手一票,并认真查验,经查验有效的,撕下门票副券,正券交还游客。对持无效门票的游客,说明无效原因,要求游客办理购票或补票手续。每张门票的查验时间一般不超过5秒。

(5) 旅行团、持半票、免票的游客入园时,应按照景区的有关规定做好查验和登记工作。

(6) 当日多购票或错购票需要退票时,闸口员工为游客填写"退票通知单"交给游客,让游客到售票处退票。

(7) 残疾人或老人入园时,闸口员工应予以协助。

3. 导入服务礼仪

1) 排队现象原因

出现排队现象的原因在于服务现场抵达者的数量超过了服务系统的处理能力。旅游的季节性较强,经常会出现旅游旺季入口等场所堵塞的情况,造成游客长时间排队等候。如果分流措施不力,会降低游客的满意度,影响景区的声誉。因此,制定相应的排队管理战略,缩短游客等待的心理时间,消除游客因等待而形成的负面影响,是营运人员的基本职责。

2)导入服务礼仪技巧

(1)派一名员工与等待的游客接触,使游客明白景区知道他们在等待。

(2)布置等候区并提供等待服务,使等候时间变得令人愉快。

(3)等待时游客无事可做,景区应有效利用游客等待时间,如发放宣传册等。

(4)建立公平的等待规则。

(5)设计合理的队列结构。

4. 票务服务管理难点及管理对策

(1)假钞问题。遇到假钞,应严格按程序操作。同时兼顾游客情绪,做到"合情合理,灵活处理"。

(2)优惠票之争。实际工作中,常常会出现因为对优惠票的实施政策的理解和执行的差异而发生争执,此时更应注意礼貌待客,文明服务。旅游景区建立在服务礼仪基础之上的服务,才会是让游客满意和信服的服务。

知识链接

等 待 心 理

对等待心理的研究最早始于1955年,其中,大卫·迈斯特尔在1984年对排队心理做了比较全面的总结和研究,提出了被广泛认可的等待心理的八条原则。M.戴维斯和J.海尼克在1944年,以及P.琼斯在1996年分别又加了一些补充原则。

等待心理的相关原则有:

(1)无所事事的等待比有事可干的等待感觉要长;

(2)过程前、过程后等待的时间比过程中等待的时间感觉要长;

(3)焦虑使等待看起来比实际时间要长;

(4)不确定的等待比已知的、有限的等待时间更长;

(5)没有说明理由的等待比说明了理由的等待时间更长;

(6)不公平的等待比平等的等待时间要长;

(7)服务的价值越高,人们愿意等待的时间越长;

(8)单个人的等待比许多人在一起的等待感觉时间要长;

(9)令人身体不舒适的等待比舒适的等待感觉时间要长;

(10)不熟悉的等待比熟悉的等待感觉时间要长。

(资料来源:张昌贵,李勤.旅游景区管理[M].西安:西安交通大学出版社,2013.)

(二)景区购物服务礼仪要点

1. 营造良好的购物环境

合理布局旅游购物网点,科学规划购物建筑及周边、内部环境。如张家界银世界专营店,利用当地少数民族喜欢银饰的特点,在店内悬挂大幅苗族风情照片,营业员由盛装的苗族少女担任,此举吸引了大量的游人。

2. 提供热情细致的销售服务

旅游商品推销技巧:会观察、会展示、会推介。具体而言,就是要善于接触客人,善于沟通,把握好和游客接触的时机。一般来说,和游客接触的最佳时机,是客人在认知和喜欢之间,需要了解商品信息的时候。如当客人长时间凝视某商品时,当客人从注意的商品上抬起头时,当客人突然止步注视某商品时,都是和游客接触的良好时机。

3. 加强景区购物服务管理

售货亭(摊点)的造型、色彩、材质要有特色,与景观环境协调,不得抢景、碍景;摆摊设点统一规划,统一编号,统一摊棚规格;集中管理,环境整洁,卫生实行门前三包制和责任追究制;经营者佩戴胸卡,证照齐全,亮照经营,明码实价;服务文明规范,无价格欺诈、无围追兜售、强买强卖行为;无假冒伪劣商品,食品饮料符合国家卫生标准;对违规处理要公正、及时、有效,记录完整。

案例分析

免费赠送的枇杷

小李是园林景区的管理员,他负责园区内的后园管理,主要为游客提供咨询、指引等现场服务。在这一区块,小李没有到任之前,虽然每一景点的路线、垃圾桶、厕所等指示牌的标示都很清楚,但还是经常出现游客走错路线、乱扔垃圾等现象。在他到来之后,游客再有疑问或路线不清楚的时候,都可以现场咨询,小李的服务得到了游客的好评。同时,小李配合园区将《公民国内旅游行为公约》贴在入口处,提醒游客注意旅游文明,对乱丢垃圾的游客进行引导和教育,并以身作则,捡拾游客乱丢的垃圾,使得他所管辖的园区环境卫生一天比一天好转。

最近,园区内的几棵枇杷树长势喜人,马上到了成熟的季节,黄灿灿的枇杷果挂在树上甚是可爱,吸引了众多游客的目光。很多游客忘记了文明旅游的口号,路过这里便顺手牵羊,把枇杷果摘下来吃掉或扔掉。有些游客甚至连树枝一起扯下,破坏了树木。虽然小李也一直在劝告游客,但是趁他不注意,就会有游客进行违规采摘。园区内的这几棵枇杷树已经有近百年的历史,是园区重要的保护树种。游客的行为搞得小李很是头痛。他们想出了一个对于乱采乱摘游客施以处罚的措施:对于违反园区规定乱采乱摘的游客罚款50元人民币。这个措施出台以后,折枝摘果的不守规矩的人明显减少了。

但是第二天,一位小朋友在家长的带领下来到了园区,看到树上的枇杷果后一定要摘,但是在伸手可以够到的树枝上,成熟的枇杷果已经被采光了。这个小朋友不依不饶,摘不到枇杷果不肯罢休,在树下又哭又闹,无奈的家长竟然爬上树去为孩子摘枇杷果。小李听到后在第一时间赶到现场,此时小朋友的父亲仍然在枇杷树上。小李立即制止了这位父亲的采摘,在他从树上下来之后,小李对这位游客的行为进行了批评和教育,并对其进行了50元的罚款。游客对自己的鲁莽和错误行为表示道歉,并及时上缴了罚款。但到了第三天,又有几位游客也同样出现了不顾罚款采摘枇杷果的现象。于是小李又陷入了思考之中,如何才能制止这一行为呢?

第四天,小李提前半小时就来到了园区,通过梯子将树上成熟的枇杷全部摘下,等到游客进园之后,小李将采摘下来的枇杷免费送给游客品尝,并对游客进行文明旅游公约的宣传教育,得到了游客的好评,同时也保护了枇杷树。之后每天都是如此,直到枇杷果被采光为止。

(资料来源:张昌贵,李勤.旅游景区管理[M].西安:西安交通大学出版社,2013.)

分析:景区除为游客提供完善的基础设施外,对于游客的不文明行为,管理人员应及时进行劝阻,应对游客进行积极的教育和展开一些积极的公益性活动,促使和鼓励游客参与环境保护,使游客认识到环境保护的重要意义,自觉爱护环境,必要时还可采取一定的处罚措施,而不是听之任之。

小李作为园区管理人员,针对游客乱采乱摘的现象,在教育、罚款都不能奏效的情况下,能站在游客的角度,主动将成熟的枇杷果采摘下来赠送给游客品尝,没有了成熟的枇杷果,断绝了游客采摘的想法,起到了保护树木的效果。

(三)投诉处理服务

1. 受理游客投诉步骤

(1)认真聆听,让游客发泄。

(2)充分道歉。

(3)问出相关信息,给出一个解决办法。

(4)征求游客意见。如果游客对提出的几个方案不满意,则可再次征询游客意见,尽量使游客满意。

(5)对游客的批评指正表示感谢。

(6)进行跟踪服务。

2. 投诉处理礼仪要领

(1)树立正确的投诉理念。"良药苦口利于病,忠言逆耳利于行。"美国麦肯锡公司的调查统计表明:有了大问题但没有提出抱怨的顾客,有再来惠顾意愿的占9%;会提出抱怨,不管结果如何,愿意再度惠顾的占19%;提出抱怨并获圆满解决,有再度惠顾意愿的则占54%;提出抱怨并迅速获得圆满解决,愿意再度惠顾的占82%。因此,景区的每一位员工都应树立这样的理念:游客的投诉或抱怨就是一种忠言,体现的是游客对景区的信赖和期待。

(2)真诚。以"换位思考"方式去理解客人的心情和处境,倾听游客诉说,真心诚意解决问题。

(3)保持沉默,避免使用过激的语言,不可与客人争辩。

(4)维护企业利益不受损害。服务人员解答客人投诉问题时,要注意尊重事实,既不能推卸责任,也不能贬低他人或其他部门,否则,客人会更加反感。

垃圾换早餐

情景:游客小王来到云南省丽江地区老君山风景名胜区旅游。在他拿着门票排队等候进入景区时,景区管理人员向每位游客发放了一个塑料袋,并不断地向过往游客宣传承诺:凡是在景区内捡满一塑料袋垃圾,并交回到景区出口处回收点的游客,即可获得一张价值10元的早餐券。游客既可以凭早餐券享用早餐,也可凭此券兑换10元现金。

原来,具有云南省"众山之祖"称号的老君山景区,经过10多年的考察开发,已粗具规模,形成了以原始森林风光为主的生态旅游风景区,吸引了大批中外游客纷至沓来。然而,一些环保意识差的游客随手丢弃垃圾,给景区造成了环境污染。景区管委会此前也实施了一些环保措施,如在景区增加垃圾桶,安排清洁人员沿途收集垃圾等,但投入较大,收效甚微。自2000年起,景区管委会在全国首创并实施了"垃圾换早餐券"的环保措施。

小王拿到塑料袋后,随便将它塞到了包里,看到美丽的风景,便把垃圾袋的事情忘在了脑后。他一路陶醉在美丽的丹霞地貌中,当其将喝完矿泉水的瓶子扔掉后,看到身边有位游客正在将自己制造的垃圾放进挂在背包上的垃圾袋里,小王猛然想起了自己也有只垃圾袋,于是,也开始将垃圾放在垃圾袋中。当他回到出口处时,背后的垃圾袋已经是满满的了。其中不仅有自己的垃圾,也有路上捡来的别人丢弃的垃圾。小王将其送回到出口处的回收点,并如景区承诺所言换到了一张早餐券。当他看到很多游客像自己一样捡垃圾时,内心的高兴劲远远胜过了得到一张早餐券,同时,他也决定以后旅游不论走到哪里,自己都要准备一个垃圾袋。

据悉,老君山景区实施此举后,游客很配合,景区内也一天比一天干净。如今,想捡垃圾兑换早餐或现金,反成了不易之事。丽江有关部门对老君山景区的环保措施给予充分肯定,准备在其他景区加以推广。

(资料来源:张昌贵,李勤.旅游景区管理[M].西安:西安交通大学出版社,2013.)

讨论:

1. 旅游工作者与游客的沟通应注意哪些问题?这个案例对你以后的实习和工作有什么启发?

2. 如果你是一名游客,你会怎样对待自己制造的垃圾?

本项目主要介绍了旅行社、旅游景区主要岗位服务礼仪。

(1)在旅游活动中,旅行社是旅游产品的销售者,也是旅游者所需要的旅游全程综合服务的提供者。旅行社主要由销售部、计调部和接待部等业务部门组成。其中,销售接待和导游接待是旅行社提供的直接对客服务,是了解旅游者旅游需求的重要部门,是保证旅游活动圆满成功的重要环节。本项目以旅行社门市和导游的接待礼仪为例对旅行社服务礼仪作了介绍。

(2) 旅游景区是旅游业的重要组成部分,它不仅是旅游活动的空间载体,更是激发旅游者产生旅游动机的主要因素,是旅游业赖以生存的基础。旅游景区要创造丰厚的经济效益和社会效益,还必须依靠一支素质高、技能强、礼仪水准到位的从业人员队伍。本项目对旅游景区入口区服务、购物服务、投诉处理服务等做了重点介绍。

通过对以上主要岗位服务礼仪的介绍,帮助学生全面了解旅行社、旅游景区礼仪,做好旅游服务工作。

项目实训

一、知识训练

1. 旅行社门市接待应注意哪些礼仪?
2. 简述导游带团的主要礼仪规范。
3. 景区票务员接待应注意哪些礼仪?

二、能力训练

在教师指导下,以 5~10 人为一组练习旅行社导游、景区票务服务礼仪。

目的:训练学生旅游行业礼貌待客的服务能力。

要求:掌握导游、景区接待人员服务礼仪规范。

案例分析

私自增加的旅游景点

2008 年 7 月,某旅游团(34 人)到北京旅游。导游高某为了增加计划以外的游览项目,私自减少了 2 个计划景点,并一再对客人说,大家到北京来一次不容易,既然来了就应多看一些景点。为此,他向每位游客加收了 50 元,增加了 4 个景点。在旅游活动期间,高某还向客人兜售了 8 套邮票纪念册。由于该旅游团老人较多,加之夏季气候炎热,故许多游客感到在计划景点的参观时间太少、太仓促,并对高某额外增加景点的行为表示不满。旅游计划结束后,该团游客集体向旅游行政管理部门投诉,并要求对导游高某进行处罚。

(资料来源:陈妲.旅游交际礼仪[M].大连:大连理工大学出版社,2009.)

思考:

1. 请分析高某的上述做法有何不妥。
2. 你认为对高某应该如何处罚?

项目八 旅游服务的民俗宗教礼仪

知识目标:

(1) 通过本章的学习,了解我国人口在百万以上的少数民族的分布及民族概况;

(2) 掌握我国主要少数民族的宗教信仰、礼俗和主要禁忌;

(3) 了解我国主要少数民族在饮食、起居、节庆、婚姻、礼仪等方面的特点和习惯;

(4) 了解宗教的基本发展历史以及佛教、基督教、道教、伊斯兰教四大宗教的主要礼俗教义。

能力目标:

通过民俗宗教礼仪知识的学习,能尊重各民族风俗习惯及宗教信仰,加强民族团结,提升综合职业素养。

素质目标:

掌握民俗宗教礼仪规范,加强礼仪修养。

(1) 通过本项目的学习,能尊重并正确看待各民族风俗习惯及宗教信仰;

(2) 能根据民俗宗教礼仪的要求接待各民族游客；

(3) 在带领游客到少数民族地区游览时能尊重当地的生活习惯及宗教信仰。

周总理参加泼水节

1961年4月，周总理来到云南西双版纳。一大早，周总理穿着对襟布扣的白衫和大腰身的咖啡色裤子，头上扎一根水红色包头巾，以一身地地道道的傣族装束到澜沧江畔观看赛龙舟和放高升。4月13日，泼水节那天早晨，周总理来到曼听寨视察，看到一群傣族农民在荔枝树下跳象脚鼓舞，他便接过一只象脚鼓，和他们合着拍子一起跳起来。在开始泼水的时候，周总理和各族群众都用一根柏枝条蘸着银碗里的水互相洒。傣族有个风俗，泼水节水泼得越多，越热烈，就表明彼此越亲热，越尊敬。各族群众觉得只用柏枝蘸水洒，还不能表达对周总理的感情，于是就改用大盆来泼水。周总理的警卫人员担心首长的健康，就用雨伞去挡水。周总理立刻要他把雨伞收起来，并说："不要紧的，要到群众中去，和大家一样。"周总理放下银碗，拿起一只脸盆，把一盆盆清水向群众泼去。大片大片的水花在天空飞舞，晶莹的水珠在阳光的照耀下，熠熠生辉，如同一道道彩虹，把周总理和各族人民紧紧地联系在一起。

（资料来源：http://www.people.com.cn/GB/60833/72593/166679/9899855.html.）

讨论分析：

1. 周总理是怎样尊重少数民族风俗习惯的？

2. 在带团到少数民族地区旅游时，这个案例对导游有哪些启发？

中国是一个统一的多民族国家，由56个民族组成。由于汉族人口众多（约占全国总人口的91.6%），习惯上把其余55个民族统称为少数民族。2014年的统计数据显示，55个少数民族中，人口在100万人以上的有壮族、满族、回族、苗族、维吾尔族、彝族、土家族、蒙古族、藏族、布依族、侗族、瑶族、朝鲜族、白族、哈尼族、黎族、哈萨克族、傣族等18个民族，其中壮族人口最多，达1617.9万人。人口在10万至100万人的有畲族、傈僳族、仡佬族、拉祜族、东乡族、佤族、水族、纳西族、羌族、土族、锡伯族、仫佬族、柯尔克孜族、达斡尔族、景颇族、撒拉族、毛南族等17个民族；人口在10万人以下的有布朗族、塔吉克族、普米族、阿昌族、怒族、鄂温克族、京族、基诺族、德昂族、乌孜别克族、俄罗斯族、裕固族、保安族、门巴族、鄂伦春族、独龙族、塔塔尔族、赫哲族、高山族（不含台湾地区高山族人口）、珞巴族等20个民族，其中珞巴族人口最少，仅有2965人。在旅游活动中，我们要尊重各少数民族的风俗习惯及宗教信仰，对来自少数民族的游客，要根据其民族习惯，提供有针对性的服务；到少数民族聚居区旅游时，要提醒游客尊重当地风俗及宗教信仰。

任务一　我国部分民族习俗礼仪

一、藏族

（一）藏族简介

藏族历史悠久，人口超过480万人（2014年数据，下同），主要聚居在西藏自治区，其余分布于青海省的玉树、海南、黄南、海北、果洛藏族自治州与海西蒙古族藏族自治州，甘肃省的甘南藏族自治州和天祝藏族自治县，四川省的甘孜、阿坝藏族自治州及木里藏族自治县，云南省的迪庆藏族自治州等。藏族语言属汉藏语系藏缅语族藏语支，有卫藏、康、安多三个方言，卫藏和康方言有声调，安多没有声调。藏文属拼音文字，公元7世纪前期参照梵文创制而成，共有30个辅音字母和4个元音字母，从左向右横行书写，字体分楷体和草体，通行于整个藏族地区。藏族普遍信奉喇嘛教。喇嘛教即藏传佛教，是公元10世纪左右在佛教教义的基础上，糅入了苯教的某些形式而形成的一个新的佛教宗派。藏族主要从事农业和畜牧业。1965年9月9日，西藏自治区建立。

（二）藏族习俗

1. 传统节日

藏族的传统节日主要有藏历年、酥油花灯节、雪顿节、旺果节等。

藏历年是藏族人民最隆重、最盛大的传统节日。拉萨把藏历一月一日作为新年，也有的地方以藏历十二月一日或十一月一日为新年。从藏历十二月起人们便着手准备供过年吃、穿、玩、用的东西。除夕之夜，全家围坐欢聚，共吃糌粑。新年初一，各家一般都闭门自家欢聚，互不访问，从初二开始，亲朋好友互相拜年。

酥油花灯节是西藏、青海、甘肃等地藏族人民的传统节日，于每年藏历元月十五日举行。酥油花是用白色酥油配以彩色颜料而塑成的各种彩像。拉萨的酥油花灯节非常热闹，藏族人民身着艳丽的民族服装，成群结队云集拉萨，晚上汇集于大昭寺周围的八角街，共度佳节良宵。

雪顿节于每年藏历七月一日举行，为期5至7天。"雪顿"是藏语音译，"雪"意为喝酸奶子，"顿"为宴会。按藏语解释，雪顿节是喝酸奶子的节日，后来逐渐演变为以演藏戏为主，因此，有人称之为"藏戏节"，已有三百年历史。按喇嘛教格鲁派规定，每年藏历六月十四日至三十日为禁期，大小寺院的喇嘛，只能在室内念经修习，不准外出，以免踏死小虫，"有伤上天好生之德"。到六月三十日期满，达赖喇嘛宣布解除禁令，喇嘛走出山门，纷纷下山，世俗百姓则要准备酸奶子进行施舍，喇嘛除了饱饮一顿酸奶子外，还可尽情地玩耍，这就是"雪顿"的来源。

旺果节是预祝农业丰收的传统节日，又称丰收节。"旺果"是藏语的音译，"旺"是土地，"果"是转圈，"旺果"就是绕田间地头转圈。此节主要流行于农区，没有固定的日期，一般在秋收之前的藏历八月选择吉日举行，为期3至5天。旺果节历史悠久，早在一千多年前就流行于雅鲁藏布江中下游地区。现在藏族同胞欢度旺果节时，都要举行赛马、射箭、歌舞等各种娱乐活动。

2. 礼貌礼节

藏族向来有热情好客的风尚,客人越多越荣耀。藏族人彼此见面时,习惯伸出双手,掌心向上,弯腰躬身施礼。藏族人伸舌头是一种谦逊和尊重对方的行为,而不是对他人不敬。双手合十表示对客人的祝福。

献哈达是藏族人最普遍也是最隆重的一种礼节,用以向对方表示纯洁、诚心与尊敬。"哈达"是一种丝织品,白色居多,释为仙女身上的飘带,以其洁白无瑕象征至高无上。哈达按尺寸的长短可分为"那吹"(约3米)、"阿喜"(约2米)、"索喜"(约1米)。所献"哈达"越宽越长,表示的礼节就越隆重。对尊者、长辈献哈达时要双手举过头顶,身体略向前倾,将哈达捧到座前;对平辈只要将哈达送到对方手中或腕上即可;对小辈或下属,则系在他们的颈上。不鞠躬或单手送都是不礼貌的。接受哈达的人通常与献哈达的人采取一样的姿势,并表示感谢。

磕头也是藏族人常见的礼节,一般在朝拜佛像、佛塔和活佛时磕头,也有对长者磕头的。鞠躬是对长辈或尊者所施之礼。行礼时要脱帽、弯腰45度,帽子拿在手上低放近地。如果对一般人或平辈行鞠躬礼,帽子放在胸前、头略低即可。

"三口一杯"是藏族人在会客时最主要的一种礼节。"三口一杯"的程序大概为:客人先用右手无名指蘸点酒,向空中、半空、地上弹三下,以示敬天、地和祖先(或者敬佛、法、僧三宝),然后小喝一口;主人会把杯子倒满,客人再喝一口;主人把杯子再次倒满,这样喝完三次,最后把杯子中的酒喝完。

藏族人不喜欢别人直接称呼他"藏民",而愿意别人称呼他们"唠同"(同志)。要称呼人名时,一般在名字后面加"啦"字,以示对对方的敬重、亲切。藏族的姓名称谓颇有特点。小孩出生后,多请舅舅、长者、喇嘛、活佛取名,一般取名者将自己名字中的两个字纳入小孩的名字。藏人名字多为四个字,如扎西多杰、次仁旺堆等等。为方便呼叫,可简呼前两个字或后两个字。

3. 饮食习惯

大部分藏族人是日食三餐,但在农忙或劳动强度较大时有日食四餐、五餐、六餐的习惯。绝大部分藏族人以糌粑(把青稞炒熟后磨成的细粉)为主食。特别是在牧区,除糌粑外,很少食用其他粮食制品。食用糌粑时,要拌上浓茶或奶茶、酥油、奶渣、糖等一起食用。糌粑既便于储藏又便于携带,食用时也很方便。在藏族地区,随时可见身上带有羊皮糌粑口袋的人,饿了随时皆可食用。吃肉时不用筷子,而是将大块肉盛入盘中,用刀子割食。将牛、羊血加碎牛、羊肉灌入牛、羊的小肠中制成血肠。肉类的储存多用风干法。一般在入冬后宰杀的牛、羊肉一时食用不了,多切成条块,挂在通风之处,使其风干。冬季制作风干肉既可防腐,又可将肉中的血水冻住,能保持风干肉的新鲜色味。

藏族人喜欢喝青稞酒、酥油茶以及吃糌粑,这是独具特色的藏族传统饮料和食品。茶和酒在藏族人的生活中占据着很重要的地位,是藏族人一年四季早、中、晚都离不开的饮料。青稞酒是用青稞酿成的一种度数很低的酒,它是喜庆节日的必备饮料。藏族人不但自己爱喝青稞酒,也喜欢用青稞酒招待客人。酥油茶也是藏族传统饮料,是砖茶用水熬成浓汁后,加上酥油和食盐加工而成的,其清香可口、营养丰富,既可解渴,又可滋润肺腑。奶茶也是藏族人饮用和招待宾客的常备饮料,无论是亲朋好友,还是旅游者,只要进入藏

族人的房内,揖坐之后,就会有一碗热气腾腾、香味四溢的奶茶端至面前。奶制食品是藏族人的重要食品。藏族地区牛羊多,奶制食品也多,其中最普遍的是酸奶子和奶渣子两种。此外,蕨麻米饭、虫草炖雪鸡、蘑菇炖羊肉被誉为甘南藏区的"草原三珍"。

4. 主要禁忌

藏族是一个古老而热情的民族,在漫长的历史中,也形成了自己的生活习惯和生活中的禁忌。接待客人时,无论是行走还是言谈,总是让客人或长者为先,并使用敬语;迎送客人,要躬腰屈膝,面带笑容;室内就坐,要盘腿端坐,不能双腿伸直、脚底朝人,不能东张西望;接受礼品,要双手去接;赠送礼品,要躬腰双手高举过头;敬茶、酒、烟时,要双手奉上,手指不能放进碗口。藏族最大的禁忌是杀生,受戒的佛教徒在这方面更是严格。虽吃牛羊肉,但他们不亲手宰杀;藏族人绝对禁吃驴肉、马肉和狗肉,有些地区的藏族人也不吃鱼肉;藏族人一般不吃鱼虾、鸡肉和鸡蛋,但现在这类饮食习惯已有很大改变。吃饭时要食不满口、咬不出声、喝不出响;喝酥油茶时,主人倒茶,客人要待主人双手将茶捧到面前时,才能接过来喝。忌在别人后背吐唾沫、拍手掌。行路遇到寺院、玛尼堆、佛塔等宗教设施,必须从左往右绕行,信仰苯教的则从右边绕行。不得跨越法器、火盆。经筒、经轮不得逆转。忌讳别人用手触摸头顶。进寺庙时,忌讳吸烟、摸佛像、翻经书、敲钟鼓。对于喇嘛随身佩戴的护身符、念珠等宗教器物,更不得动手抚摸。在寺庙内要肃静,就座时身子要端正,切忌坐活佛的座位。忌在寺院附近大声喧哗、打猎和随便杀生。忌用单手接递物品。忌在拴牛、拴马和圈羊的地方大小便。进入藏族人的房内,男的坐左边,女的坐右边,不得混杂而坐。忌将骨头扔于火中。藏族家里有病人或妇女生育时,门前都做了标记,有的在门外生一堆火,有的在门口插上树枝或贴一红布条,外人见到此标记,切勿进入。每人均有凶日和吉日。凶日中,一切事情都不能做,只能在家里念经或出去朝佛。人们相信藏历的每一个地支终了、第二个地支开始时是一个凶年,如每个人的13岁、25岁、37岁、49岁(以此类推)都是凶年或"年关",要特别小心,只有多念经、放生布施才能避免灾难。不能跨过或踩在别人的衣服上,也不能把自己的衣物放在别人的衣服上,更不能从别人身上跨过去。妇女晾衣服,尤其裤子,内裤不能晾在人们经过的地方。在使用扫把和簸箕时,不能直接用手传递,必须先放在地上,然后另一个人从地上捡起来。

二、蒙古族

(一) 蒙古族简介

蒙古族主要居住在内蒙古自治区,其余分布在辽宁、吉林、黑龙江、甘肃、青海、新疆等地。人口约480万人。使用蒙古语。蒙古语属阿尔泰语系蒙古语族,分内蒙古、卫拉特、巴尔虎-布里亚特3种方言。现在通用的文字是13世纪初用回鹘字母创制的,经过本民族语言学家多次改革,形成规范化的蒙古文。蒙古族人多信仰喇嘛教。蒙古族长期以来主要从事畜牧业,也从事半农半牧业和农业。内蒙古自治区于1947年5月1日成立。

(二) 蒙古族习俗

1. 传统节日

蒙古族以春节为上节。节日前,家家户户要打扫房屋,贴门联、年画,缝制新衣,买糖,打酒,制作各种奶食,许多人家还杀牛宰羊。大年三十,居住在草原上的牧民,全家围坐一起,吃"手抓肉"。晚上"守岁"时,全家老小围坐在短桌旁,桌上摆满香喷喷的肉、奶食及糖果、美酒。饭后有各种娱乐活动。有的去亲友家拜年做客,互赠哈达、礼品。

麦德尔节又称麦德尔经会,是蒙古族人民的宗教节日,大都于农历正月或六月举行。麦德尔是佛教菩萨的名称。麦德尔经会是蒙古族地区喇嘛庙中的重要宗教活动。每逢节日,喇嘛们除在麦德尔像前焚香燃灯、诵经祈祷外,还要举行盛大的跳神活动。届时,各地农牧民扶老携幼,从四面八方纷纷赶来赴会。如今,麦德尔节的内容发生了很大变化。烧香敬神的农牧民已不多,而是欢聚在一起,载歌载舞,彼此祝福新的一年里身体健康、万事如意。

那达慕大会是蒙古族人民盛大的传统节日,在每年农历七八月间举行。那达慕的意思是"娱乐、游玩",主要项目是摔跤、射箭和赛马。会期三五天、六七天不等。每到节日那天,从清晨开始,蒙古族男女老少,穿着色彩缤纷的新装,乘车、骑马,一同向会场奔去。如今,那达慕大会已成为蒙古族人民喜闻乐见、踊跃参加的具有民族特色的体育、娱乐、物资交流的隆重集会。

马奶节是锡林郭勒地区蒙古族牧民的盛大节日,每年农历八月末举行,为期一天。牧民们为了祝愿健康、幸福和吉祥,以洁白神圣的马奶命名这个收获的节日。大会开始时,先由主持人向客人及蒙医敬献马奶酒和礼品,祝大家节日愉快,然后在人们轻声哼出的歌声中,朗诵马奶节的献词,接着琴师们便拉起扎有彩绸的马头琴,歌手则纵情唱起节日的颂歌,随后举行赛马活动。参加比赛的骏马,全是两岁的小马,它们象征着草原的兴旺和蓬勃,也唤起了人们对马奶哺育的情感。

2. 礼貌礼节

蒙古族很讲究礼貌。蒙古族人民热情好客,有客人到来总是出帐迎接。客人进帐,全家老少围着客人坐定,用"艾拉克"(酸马奶)招待客人。客人必须一饮而尽,表示对主人的尊重。之后主人还会请客人品尝香甜的黄油、奶皮及独具草原风味的"手扒羊肉"。尽管有些食品客人吃不惯,但也不要拒绝,应尝一尝,并点头称好以表谢意。蒙古族人民把酒看作是食品的精华,敬酒是表示对客人的欢迎和尊敬,有时还唱一些表示欢迎和友谊的歌曲来劝酒。当客人告别的时候,常常是举家相送,指明去路,祝客人一路平安。

向到蒙古包做客的人递鼻烟壶闻,是蒙古族很普遍的相见礼,同汉族人的握手、西方人的拥抱一样。牧民们若能得到一个漂亮的鼻烟壶,会将其视为珍品保存。递鼻烟壶也有一定的规矩:如果是同辈相见,要用右手递壶,互相交换,或双手略举,鞠躬互换,然后各自倒出一点鼻烟,用手指抹在鼻孔处,品闻烟味,品毕再互换;如果是长辈和下辈相见,要微欠身,用右手递壶,下辈跪一足,用两手接过,各举起闻嗅,然后再互换。蒙古族在节日或喜庆日子也有献哈达的礼节。

蒙古族人很尊重长者,接受长者赠予的东西,必须屈身去接或跪下一条腿伸右手接。问候请安是蒙古族必不可少的见面礼。同辈相遇都要问好,遇到长辈则首先请安。如果骑在马上要先下马,坐在车上要先下车,以示尊敬。男子请安,单屈右膝。无论何人,对比自己年龄大的都称"您"。无论是走路、入座,还是吃饭、喝茶,一定让老人或长辈在先。在老人或长辈面前,年轻人说话十分客气,毕恭毕敬。蒙古族人很重视命名,名字内涵丰富,寓意深刻,常常表达蒙古人对人生的美好企盼和祝福。蒙古族尚白,白色代表纯洁、吉祥,具有丰富、平安之意,所以,用察罕(白)为人名的有很多,如察罕不哈、察罕巴拜等。蒙古族人也喜用"结实"来命名,如巴图、拔都等。

3. 饮食习惯

蒙古族饮食具有丰富的民族特色。茶食是必不可少的饮品,在夏、秋两季,很多人习惯多饮茶、少吃饭。茶食分为淡茶、奶茶、酥油茶和油茶。炒米,也叫蒙古米,是蒙古族的主要食品之一,系用糜子米经蒸、炒、碾等工序加工而成。蒙古族的奶食分食品和饮料。食品主要有白油、黄油、奶皮子、奶豆腐、奶酪、奶果子等。饮料除奶茶外,还有酸奶和奶酒。

羊肉是蒙古族最普通、最爱吃的食品。最负盛名的有手扒羊肉、全羊大席等。除羊肉外,牛肉、鹿肉、兔肉、野羊肉等很受喜爱。蒙古族人民热情而好客,尤其是接待远道而来的尊贵客人时,都要以全羊大席或八珍肴宴请。

4. 主要禁忌

蒙古族忌坐在蒙古包的西北角。忌骑着快马到别人家门口,认为是报丧或带来其他不吉利的消息,所以一般应慢步绕到毡房后面下马。忌手持马鞭进入毡房,认为这是前来挑衅,所以鞭子应放在门外。进门从左边进,入包后在主人的陪同下坐在右边,离包时也要走原来的路线。出蒙古包后,不要立即上车上马,要走一段路,等主人回去了,再上车上马。主人躬身端来奶茶,客人应欠身双手去接。吃肉时须用刀,给人递刀时,忌刀尖朝着接刀者。忌用碗在水缸、锅中取水,忌碗口朝下扣放。忌从衣、帽、碗、桌、粮袋、锅台、井台上跨过。忌乱摸乱动有宗教意义的法器、佛像等,忌随便拿下敖包上的石头、树枝等。

蒙古族人喜爱犬,认为它是忠诚、信义的象征。客人来,狗会叫,但客人不能打狗,否则会遭到主人冷眼相待。蒙古族人,特别是牧区的蒙民,一般不食鱼类、鸡鸭、虾蟹和动物的内脏等,他们认为"水族和鸟类"的内脏和血液不洁净,会招致灾难和病患。蒙古族人忌讳别人当面赞美他们的孩子和牲畜,认为这会给孩子和牲畜带来不幸;忌讳用手或棍棒指着清点人数,因为这意味着清点牲畜。

三、回族

(一)回族简介

回族是一个人口众多、分布较广的民族。回族人口约981万人。主要分布于宁夏、甘肃、青海、陕西、新疆、河南、山东、云南、辽宁、安徽、北京等11个省市,呈大分散、小杂居的特点,主要与汉族杂居。回族是古代东西亚文明的中介民族之一,通用汉语和汉文,但在日常用语和宗教活动用语中保留有阿拉伯语或波斯语词汇。大多数回族人信仰伊斯兰教。

(二)回族习俗

1. 传统节日

回族的传统节日以圣纪日、开斋节和宰牲节三大节日最为隆重,均源于伊斯兰教。

圣纪日是在每年回历三月十二日,相传这一天是创始人穆罕默德的诞辰日。

开斋节是回族穆斯林最为崇高的节日,在新疆地区也称肉孜节。每年回历九月为穆斯林斋月,凡成年穆斯林,从每日破晓到日落,整个白天不吃不喝,但照常工作、学习,直到晚霞消失、开斋的钟声响起时,人们才能自由吃喝。待斋月期满后,即回历十月一日,为开斋节,宣告斋月结束。清晨,清真寺的钟声响过之后,回民男子要穿上新衣服、带上洁白的小帽,妇女要换上节日的盛装,到清真寺参加礼拜,开茶话会、联欢会,进行扫墓、赛马、刁羊等活动,一般要持续三天,之后,还要互相祝贺、互赠油香,气氛如同汉族的春节一样。

宰牲节,即古尔邦节,也称忠孝节。伊斯兰教规定,每年回历十二月上旬,是教徒履行宗教功课、前往麦加朝觐的时期。在朝觐的最后一天(十二月十日),要宰杀牛羊共餐庆祝,这就是古尔邦节。这一习俗来源于阿拉伯的一个民间传说。传说先知易卜拉欣梦见真主安拉要他的儿子伊斯玛仪献祭,以考验他对安拉的忠诚。当其子遵命俯首时,安拉为其虔诚感动,特遣使送来一只黑头绵羊代替。从此,阿拉伯人便有了宰牲献祭的习俗。后来,伊斯兰教仍尊称易卜拉欣为"圣祖"之一,并继承了这一礼仪,把古尔邦节定为宗教节日。世界各地的穆斯林都十分重视这一节日,每年这一天都要举行宗教祈祷活动,宰杀牛羊献祭,表示对安拉的顺从。在中国,节日这天,穆斯林群众身着新衣相互拜节,互致节日祝贺。

2. 礼貌礼节

回族在千百年的历史发展过程中,受伊斯兰文化、中国传统文化以及生活环境的影响,逐步形成了独具特色的民族风俗习惯。历史上,回族人从出生时开始,就要请阿訇起回族名字,结婚时请阿訇证婚,死亡后请阿訇主持殡葬,各方面均受伊斯兰教的影响。阿訇是清真寺主持教务的人,极受穆斯林及回族人的尊敬。当他们正在祈祷时,千万不要打扰他们。

回族人之间彼此相遇,十分友善,深受《古兰经》中"穆斯林皆兄弟"的教义影响。回族人讲究卫生,室内清洁,饭前便后要洗手。

3. 饮食习惯

回族有严格的饮食习惯和禁忌,并与其他穆斯林民族创造和发展了中国清真饮食文化。"清真"一词在宗教意义上是指回族成员虔诚的伊斯兰教信仰及其相关的宗教行为;在个人生活行为意义上是指求心净、身净、居处净和饮食净。回族讲求食物的可食性、清洁性及节制性,民间概括为"饮食净"。在动物的可食性方面,受伊斯兰文化及中国传统文化"食可养性"观念影响,通过"审物之形象、察物之义理",一般选择"禽食谷、兽食草",且貌不丑陋、性不贪婪懒惰、蹄分两瓣能反刍的牛、羊、驼、兔、鹿、獐、鸡、鸭、鹅、雁、雀、鱼、虾等为食,并且除水产物外须念"台思米",断喉宰之方可食用。狼虫虎豹熊、驴马骡猪狗、狐猫鼠蟒蛇、鹰鹞鸶鲨鲸等与酒、动物之血属禁食之物。回族喜欢饮茶。早期的穆斯林喜吃甜食,在中国茶文化影响下,形成了以甜味为特色的饮茶习惯,其中比较有名的茶是"三炮台"、"八宝盖碗茶"。

回族的主食为蒸馍、包子、饺子、馄饨、汤面、拌面、牛羊肉泡馍和油炸馓子。回族人对正宗宴席十分考究。宴席名"九碗三行",指宴席上的菜全部用九只大小一样的碗来盛,并要把碗摆成每边三只的正方形。宴席不仅讲究摆法,上菜程序、菜肴配置也有约定俗成的规矩,且烹饪方法只用蒸、煮、拌三种形式。由于所有菜肴都不用油炸,所以十分清淡、爽口,别有风味。

4. 主要禁忌

回族人在饮食方面的禁忌是不吃猪肉、狗肉以及凶猛禽兽的肉和无鳞鱼类,不吃一切动物的血和自死动物。谈话时也忌讳"猪"字或同音字。那些可食用的畜禽,也不能随便拿来即食,必须经过阿訇诵经后宰杀,然后方可进食。否则就是对真主的不敬,要受到严厉的惩罚。回族人忌讳使用禁忌的食品开玩笑,不能用忌讳的东西作比喻,如不能说某某东西像血一样红。一些地方的回族人还禁酒。忌别人在背后议论其民族风俗。回族人外出要戴帽子,严禁露顶。回族人在家宴客,还忌主人单独陪客,通常请族中男性长者或亲朋好友作陪。忌用左手递送物品。

知识链接

盖碗茶的礼仪文化

盖碗茶是西北回族一种独特的饮茶方式。相传始于唐代,相传至今,颇受回族人民喜爱。盖碗茶由托盘、茶碗和茶盖3部分组成,故称"三炮台"。回族人把盖碗茶作为待客的佳品,每逢古尔邦节、开斋节或举行婚礼等喜庆活动,家里来了客人时,热情的主人都会给客人递上盖碗茶,端上馓子、干果等,让客人下茶。敬茶时还有许多礼节,即当着客人的面将碗盖打开,放入茶料,冲水加盖,双手奉送。这样做表示这茶是专门为客人泡的,以示尊敬。如果家里来的客人较多,则主人根据客人的年龄、辈分和身份,分出主次,先把茶奉送给主客。喝盖碗茶时,不能拿掉上面的盖子,也不能用嘴吹漂在上面的茶叶,而是左手拿起茶碗托盘,右手抓起盖子,轻轻地"刮"几下,其作用一是滗去浮起的茶叶等物,二是促使冰糖融解。刮盖子很有讲究,一刮甜,二刮香,三刮茶露变清汤。每刮一次后,将茶盖呈倾斜状,用嘴吸着喝,不能端起茶盅接连吞饮,也不能对着茶碗喘气饮吮,要一口一口地慢慢饮。主人敬茶时,客人一般不要客气,更不能对端上来的茶一口不饮,那样会被认为是对主人不礼貌、不尊重。

(资料来源:http://wcwy.ahxf.gov.cn/village/Content.asp?WebID=5166&Class_ID=80236&id=442343.)

四、壮族

(一)壮族简介

壮族是中国少数民族中人口最多的一个民族,现有人口1600多万人。主要聚居于广西壮族自治区、云南省文山壮族苗族自治州,少数分布在广东、湖南、贵州、四川等省。壮族有自己的语言,属汉藏语系壮侗语族壮傣语支,分南、北两个方言。壮族多使用汉文。壮族信仰多神,崇拜祖先。唐宋以后,佛教、道教先后传入壮族地区。近代,基督教、天主教也传入壮族地区,但影响不大。

(二)壮族礼俗

1. 传统节日

壮年即壮族新年,时间比汉族新年早一个月。过去,每年农历十一月三十日,家家户户杀猪宰羊,合家祭祖,联寨拜社,喜迎新年。

歌圩是壮族最隆重的民族传统节日。歌圩,壮语意为"歌的集市",壮族每年有数次定期的民歌集会,如正月十五、三月三、四月八、八月十五等,其中以三月三为最隆重。歌圩这天,家家户户做五色糯饭,染彩色蛋,欢度节日。歌圩一般每次持续两三天,地点在离村不远的空地上,以竹子和布匹搭成歌棚,接待外村歌手。对歌以未婚男女青年为主体,但老人小孩都来旁观助兴。小的歌圩有一两千人,大的歌圩有数万人之多。在歌圩旁边,摊贩云集,民贸活跃。附近的群众为来赶歌圩的人提供食宿,无论相识与否,都热情接待。人们到歌圩场上赛歌、赏歌。男女青年通过对歌,如果双方情投意合,就互赠信物,以为定情。此外,还有抛绣球、碰彩蛋等有趣活动。抛绣球主要是娱乐,也作定情信物。当姑娘看中某个小伙子时,就把绣球抛给他。碰彩蛋是互相取乐承欢,亦有定情之意。

吃立节是广西壮族自治区龙州县、凭祥市一代壮族人民特有的节日。"吃立"壮语意为"欢庆。"壮族人民有欢庆年节的传统。但在1884年春节来临之际,法国侵略者侵略我国边境。为了打击侵略者,保家卫国,青壮年奔赴疆场,英勇杀敌。正月三十日,出征的将士凯旋,乡亲们杀鸡宰羊,做糯米粑,盛情款待,共同欢庆胜利,补过年节,从此以后逐渐形成吃立节。节日期间,人们舞狮子、耍龙灯、唱歌跳舞等,热闹非凡。

2. 礼貌礼节

壮族待客注重礼节。客人来访时,必有主人出面热情招待,让座递烟,双手奉上香茶。茶不能太满,否则会被视为不礼貌。在招待客人的餐桌上务必备酒,方显隆重。敬酒的习俗为"喝交杯",其实并不用杯,而是用白瓷汤匙,两人从酒碗中各舀一匙,相互交饮,眼睛真诚地望着对方。有客人在家时,不得高声讲话,进出要从客人身后绕行。与客人共餐,要两脚落地,与肩同宽,切不可跷起二郎腿。客人告辞时,主人要将另留的鸡肉和客人盘中的剩余肉用菜叶包好,让客人带回去给亲人品尝,客人不能拒绝。

壮族人在与其他人谈话时,从不在对方面前使用第一人称"我",而是把自己的名字说出来,他们认为直截了当讲"我"字是不尊重别人的表现。壮族人尊重老人,办事多听从老人意见。在路遇老人时,男的要称"公公",女的则称"奶奶"或"老太太"。赴宴做客,给老人让上座,要将鸡头等上等菜留给老人。

3. 饮食习惯

多数地区的壮族习惯于日食三餐,有少数地区的壮族也吃四餐,即在中、晚餐之间加一小餐。早、中餐比较简单,一般吃稀饭,晚餐为正餐,多吃干饭,菜肴也较为丰富。大米、玉米是壮族地区盛产的粮食,自然成为他们的主食。食物的制作方法多种多样,比如大米有籼米、粳米、糯米等品种,平时用于做饭、煮粥,也常蒸成米粉(类似面条,有汤食、炒食之分)食用,味道鲜美可口。粳米、糯米还可泡成甜米酒即醪糟(方法与汉族相似),营养丰富,在冬天常吃,能起御寒滋补作用。糯米常用做糍粑、粽子、五色糯米饭等,是壮族节庆的必备食品。玉米分为有机玉米与糯玉米。有机玉米主要用于熬粥,有时也煎成玉米饼。玉米粥是山里壮族人最常吃的食物。有些地方还有吃南瓜粥的习惯,即先将南瓜熬烂,加玉米面煮熟即可。糯玉米磨成粉后,可做糯玉米粑,或捏成鸡蛋大小的面团(内可包有糖、芝麻、花生等馅料),再用水煮熟,相当于汉族元宵。甜食是壮族食俗中的又一特色。糍粑、五色饭、水晶包(一种以肥肉丁加白糖为馅的包子)等均要用糖,连玉米粥也往往要加糖。日常蔬菜有青菜、瓜苗、瓜叶、京白菜(大白菜)、小白菜、油菜、芥菜、生菜、芹菜、菠菜、芥蓝、蕹菜、萝卜、苦麻菜,甚至豆叶、红薯叶、南瓜苗、南瓜花、豌豆苗也可作为菜,以水煮

最为常见,也有腌菜的习惯,腌成酸菜、酸笋、咸萝卜、大头菜等。壮族对任何禽畜肉(如猪肉、牛肉、羊肉、鸡、鸭、鹅等)都不禁吃,有些地区还酷爱吃狗肉。猪肉也是整块先煮,后切成一手见方肉块,回锅加调料即成。壮族人习惯将新鲜的鸡、鸭、鱼和蔬菜做成七八分熟,菜在热锅中稍煸炒后即出锅,可以保持菜的鲜味。壮族自家还酿制米酒、红薯酒和木薯酒,度数都不太高,其中米酒是过节和待客的主要饮料,有的在米酒中配以鸡胆称为鸡胆酒,配以鸡杂称为鸡杂酒,配以猪肝称为猪肝酒。饮鸡杂酒和猪肝酒时要一饮而尽,留在嘴里的鸡杂、猪肝则慢慢咀嚼,既可解酒,又可当菜。

节庆饮食最能反映壮族饮食习惯。三月三吃的五色饭是用红兰草、黄饭花、枫叶、紫蕃藤等植物的汁液分别浸泡糯米,然后蒸熟制成的。五色饭色彩鲜艳,用于祭祀和待客。每到春节和端午节,家家户户都要包"驼背粽"。其做法是将上等糯米浸泡后用粽叶包裹,包时在糯米中间放绿豆沙或一条拌好作料的肉条,包成两头扁平、背面中间隆起的形状。"驼背粽"大的能到二三斤,小的也有一斤,用很长时间才能煮熟,是节日馈赠的佳品。此外,烤整猪、白斩鸡等,都是壮族用以待客的特色佳肴。壮族人喜吃腌制的酸食,以生鱼片为佳肴。主食是大米和玉米。年节时,用大米制成各种粉、糕。妇女有嚼槟榔的习俗。结婚送聘礼时,槟榔是必须赠送的礼物。

4. 主要禁忌

壮族人一般不吃青蛙肉,有的地区青年妇女不吃牛肉和狗肉。壮族青年结婚,忌讳怀孕妇女参加,怀孕妇女尤其不能看新娘。壮族妇女生小孩期间,谢绝外人进入,特别是怀孕妇女不能进入产妇家。家有产妇,要在门上悬挂柚子枝条或插一把刀,以示禁忌。门口挂有草帽、青竹子或贴张红纸,暗示外人不得入内。不慎闯入产妇家者,必须给婴儿取一个名字,送婴儿一套衣服、一只鸡或相应的礼物,做孩子的干爹、干妈。送礼忌送单数。两家喜事不能互贺,壮族人认为去祝贺别人的喜事,会将喜气、好运送走,自己就背时、倒霉。忌踩踏门槛,无论家人、客人都不能坐在门槛中间。正月初一到初三不可出村拜年,否则会将鬼神带进家中。出门忌碗碎,若出门前碗碎,预示出门不顺,诸事不吉利。

五、满族

(一)满族简介

满族分布在全国各地,人口约为 982 万人。其中以辽宁省为最多,其余散居于内蒙古、河北、新疆、宁夏、甘肃和山东等省以及北京、西安、广州、杭州等大中城市。使用满语,属阿尔泰语系满-通古斯语族满语支,有南、北 2 种方言。由于与汉族混居、交往密切,因而现在满族人都习用汉语,只有少数偏远的聚居村屯,还有少数老年人会说满语。1583 年努尔哈赤统一了女真各部,创建了八旗制度,创立了满文,并于 1635 年定族名为"满洲"。八旗制度具有政治、军事和生产三方面的职能,成为满族社会的根本制度。1636 年,皇太极称帝,改国号为清。1644 年,清军入关,清朝成为中国的最后一个封建王朝。1911 年,辛亥革命后称为满族。满族信仰萨满教,还敬神信佛,敬观音、如来、太上老君等。

(二)满族习俗

1. 传统节日

满族受汉族影响最多,节日与汉族节日相似,也过元旦、元宵节、清明节、端午节、中元节、中秋节、腊八节、小年、除夕等。三月初三为上巳日,妇女结伴赴郊外田野"踏青"。三月十五为盛京北塔法轮寺天地庙会;三月十六为山神庙会;三月二十八为东岳庙会,又称天齐庙会;四月十八为碧霞元君庙会,俗称娘娘庙会。九月九日为重阳节,食菊花糕。十月初一为下元节,也称鬼节,烧纸,扫墓祭祖,称"送寒衣"。

2. 礼貌礼节

满族有尊上、敬老、好客、守信的美德。在待人接物方面,满族也有严格的礼节要求。日常交往中,满族人习惯称名,不称姓。尊称或称其官衔时,常以名字的第一个字代姓,如首任黑龙江将军富察·萨布素,人们敬称为"萨大人"。满族有敬老之俗,不分贵贱,呼年老者曰"玛法"。出行遇老者,必鞠躬垂首而问曰"赛音"(汉语之意为"好")。有在家对老人三天请小安、五天请大安的礼俗。在至亲中,妇女还行"半蹲儿"礼。

满族重客,如有客人来家,全家人都要穿戴整齐,到门外去迎接。即便是在当代,有的满族人也不习惯穿着睡衣或衣服不整地接待客人,因为这被视为对客人的怠慢或不礼貌。满族自古有内眷不避外客的习俗,特别是对初次登门的客人,主人还要主动向客人介绍内眷,以示敬意。留客人在家吃饭时,也是很讲规矩的,"酒要斟满、茶斟半碗",因为有"酒满敬人、茶满欺人"之说,而且客人不放筷子,主人不能先放下筷子。主客之间边吃边说,小辈不能插嘴,但格格(未出嫁的姑娘)例外。外出做客时,长辈与小辈不能同席,父子不同桌。小辈一般都另开一桌。客来由父兄接待,上菜以双为上礼。每逢大宴,主人家必跳"空齐舞"。待客喝酒,妇女也可以敬酒,而且妇女不喝则已,只要客人沾唇就要饮尽,不可推辞。家中来客,一般客人或者老人从外面进来时,年轻媳妇赶紧迎出施礼,把烟袋接过来请到屋里。先敬烟,然后倒茶。就餐时主人先向客人敬第一杯酒,没有干杯、碰杯的习惯,客人喝酒必须留"福底"。盛饭用小碗,而且只盛多半碗,随时增添。平时家中就餐,若长辈不动筷,则晚辈不能动筷。如今,满族礼节已经简化,全家围坐进餐已是常事,晚辈对长辈多以鞠躬致礼,平辈以握手礼为常见,但崇长者、敬宾客的风尚仍在。

满族贵族凡有祭祀和喜庆事时,设肉食宴会,无论相识与否,旗人都可参加,不必发请帖。当天,在院内搭一个高于房子的大棚,客人向主人请大安道喜后,随意席地盘膝围坐在座垫上。主人端上一盘约十斤的白肉,客人依次轮流喝一大碗白酒,自备手刀割肉吃。客人吃得越多,主人越高兴,高呼添肉,并向客人致礼称谢。如果某一席上连一盘肉也吃不完,主人是不高兴的。

3. 饮食习惯

满族人的饮食习惯,是随着历史变迁、社会生产、经济条件的变化而形成和发展的。满族人以面食为主食,最常见的是蒸煮食品,即把高粱、谷子、糜子、荞麦等磨成面粉,制成各种饽饽。其中,豆面卷子(俗称"驴打滚")和"萨其玛"最有名,是满族独特的名吃。满族的主食还有饭和粥。饭有高粱米饭、小米饭、大小黄米饭等,粥有高粱米粥、小米粥、杏仁粥等。副食包括肉食类和蔬菜类。肉食中主要原料是猪肉和羊肉。满族人最喜欢的是大白菜及大白菜发酵而成的酸菜。以酸菜、猪肉、粉条为主要原料的火锅是满族人最喜爱的菜肴。豆腐是常用的副食,几乎家家会做,一年四季都有。满族人还喜欢饮酒和吸烟。酒有白酒、黄酒和米儿酒之分;烟有旱烟、水烟两种。

满族的先民们长期生活在东北地区的白山黑水之间。除了"多畜猪,食其肉"外,捕鱼、狩猎、采集是他们的主要生产方式,鱼类、兽肉及野生植物、菌类则是他们的食物来源。

猪肉在满族的食物构成中,是和鱼肉、鹿肉等不相上下的肉食。吃祭神肉是满族的一项具有原始宗教色彩的食俗。在满族的祭祀中,多以猪肉为祭品,称猪肉为"福肉"、"神肉",祭祀后众人分食。满族人喜爱黏食,喜食蜂蜜,以及爱喝糊米茶等习俗,也是他们在长期从事狩猎、采集、饲养、农种、养蜂等经济生产的影响下,并通过祭祀活动的祭品被习惯性地认定下来。当然,形成这种饮食习惯,还有地理、气候、生活环境等制约因素的作用。满族入关统一中国后,虽然其饮食习惯受汉族影响较大,但还是保持着传统的惯性。从风味小吃、三套碗席到宫廷御点、满汉全席,构成了满族饮食的庞大阵容,它不仅是满族民族文化的组成部分,也是我国烹饪宝库中的重要财富。

4. 主要禁忌

满族的禁忌大多与萨满教相关。萨满教的神衣神器不能放在寡妇的住所和家庭成员有夭亡的人家,也不能放在棺材前。满族至今有放犬的习俗,家家养狗,但不杀狗,不吃狗肉,不戴狗皮帽子,不铺狗皮褥子,不用狗皮制品。满族有"神鹊救主"的传说,不准射杀乌鸦、喜鹊。在满族人的院子中,喜欢种柳树,而且不许在柳树下拴马、喂家禽等。满族人将西墙作为供奉祖先的神圣位置,不准在此挂衣物、贴年画。西炕俗称"佛爷炕",供有"祖宗板子",通常客人也不得在西炕休息。

六、维吾尔族

(一)维吾尔族简介

维吾尔族是中国北方的一个古老民族,"维吾尔"有"团结"或"联合"的意思。维吾尔族人口约720万人,是新疆的主体民族。大部分居住在天山以南的喀什、和田、阿克苏等地州,天山以北的伊犁地区和其他各地州也都分布有维吾尔族人。维吾尔族有自己的语言和文字。语言属阿尔泰语系突厥语族,使用以阿拉伯字母为基础的维吾尔文。维吾尔文共有36个字母,是从右向左写的。由于民族之间长期频繁的交往和学习,新疆许多维吾尔族人兼通汉语和哈萨克语。大多数维吾尔族人信仰伊斯兰教,伊斯兰教对维吾尔族人的思想意识和生活方式影响很大。

(二)维吾尔族习俗

1. 传统节日

维吾尔族的传统节日与回族相似,主要有肉孜节(开斋节)、古尔邦节、诺鲁孜节等。其中一年一度的古尔邦节最为隆重。

2. 礼貌礼节

维吾尔族待人接物很讲礼貌。在路上遇到尊长和朋友时,习惯把右手掌放在左胸上,然后把身体向前倾30度,并连说:"牙克西姆斯孜(您好)!"当行路人无处进餐和住宿时,只要说明来意,主人虽不相识,也会殷勤招待。走路让长者走在前面,谈话让长者先说,入座让长者坐在上座,吃饭先端给长者。小辈在长者面前不能喝酒、吸烟。老人无论到哪里去做客,他骑的马不论是卸鞍子,还是饮马、喂马,都由年轻人去做,走时,年轻人给老人备鞍,扶老人上马。家里来了客人,全家都出来欢迎,然后女主人以十分真诚的态度,用盘子端来茶水。老人吃饭时或到别人家里去,常以双手摸脸做"都瓦"(祝福仪式),有时互相见面握手后也做"都瓦"。

维吾尔族人热情好客。在家中请客时，总是请客人坐在靠大墙的一面，以示尊敬。先将热气腾腾、香气四溢的茯砖茶斟在小瓷碗里，双手用托盘敬献给客人。把馕饼、干果、冰糖、新鲜瓜果等食品装盘，端出来摆在客人面前。吃饭时，要请客人动手先吃，出于礼貌，客人应跪坐，并请主人先吃。在外面请客时，喜欢送一些食物给服务员，如果服务员坚决拒绝，他们会不高兴。因此服务员可以道谢后用双手接受。维吾尔族人在欢迎宾客时，"给洗手水"是必不可少的礼仪。在宾主寒暄之后进食之前，主人会亲自或特意安排专人向应邀而来的客人的手掌里倒水，服侍客人洗手。这种礼仪与以手进食的习惯有关。

维吾尔族人和所有信奉伊斯兰教的民族一样，把盐看得很神圣，认为盐有一种超自然的力量，可以左右人的吉凶、祸福和顺逆，与人的命运息息相关。婚礼中有一项必不可少的仪式，就是让新人各吃一块在盐水中蘸过的馕，以祝福他们婚姻甜蜜、白头偕老。在民间纠纷或其他激烈争执中，经常借食盐来赌咒发誓。踩食盐赌咒发誓，是最郑重的一种形式。在民间，人们还在婚嫁等喜庆仪式中把食盐作为表示美好祝愿的佳品相赠。

3. 饮食习惯

维吾尔族的饮食保留着许多游牧民族的特色，最喜爱的主食是抓饭，其次是拉面、包子等。待客、节日和喜庆的日子，一般都吃抓饭。集市上出售的烤肉、烤馕、薄皮包子、小水饺等，都是人们爱吃的食物。瓜果是维吾尔族人民的生活必需品。

维吾尔族喜爱的饮料为各种奶类、奶茶或清茶，茶主要是茯茶，也有喝砖茶的。维吾尔族人多爱喝葡萄酒，且酒量较大。

4. 主要禁忌

维吾尔族人吃饭或与人交谈时，忌擤鼻涕、打哈欠、吐痰；饭毕有长者带领做"都瓦"时，忌东张西望或站起；禁食猪肉、驴肉、狗肉、骡肉、骆驼肉和自死的畜肉及一切动物的血，在南疆还禁食马肉、鸽子肉；衣着忌短小，上衣一般要过膝，裤腿达脚面，忌户外着短裤；屋内就坐，切忌坐床，忌双腿伸直、脚底朝人；接受物品或请茶，忌用单手；未经主人同意，不得擅自动用主人家的物品；到别人家去，一定要让年长的人先进门；青壮年妇女一人在家时忌外人进去；新婚夫妇的洞房忌随便闯入；见到门上挂有红布条，表示妇女分娩或小孩出疹子，忌外人入内；在公共场合忌光着上身，更不能穿着背心、裤衩到别人家里去；忌背后议论别人的短处；禁止在住地附近、水源旁边、墓地、清真寺周围和果树下面大小便、吐痰或倒脏水；禁止携带污浊之物进入墓地和清真寺；禁止在墓地附近修猪圈、厕所，不许牲畜在墓地内乱跑，不许从墓地上取土；不得用自己的水桶或罐子在水井或涝坝内打水，要先用公用水桶打水，然后倒入自己的桶或罐内；北疆地区，禁止在长辈面前讲诙谐或揶揄的语言。

七、土家族

（一）土家族简介

土家族主要分布在湖南、湖北、四川等地，人口约283万人。土家族群众崇拜祖先，信仰多神。土家族有本民族的语言，土家语属汉藏语系藏缅语族中的一种独立语言，无本民族文字，通用汉文，部分人兼通苗语。土家族主要从事农业，其手工刺绣编织精细，土花被面尤为著名。

土家族最隆重的传统节日是"社巴"节和"赶年"节。"社巴"节在"岁正月"举行,从农历正月初三到初七,人们穿着节日盛装,欢聚在摆手堂前,举行盛大的摆手舞会,祭祀祖先,祈祝丰年。"赶年"节俗称过"赶年",即赶在农历正月初一的前一天过年,大年为腊月二十九,小年为腊月二十八,场面同样隆重热烈,充满祥和欢乐。

(二)礼仪习俗

土家族很注重礼仪,见面要互相问候,家有来客,必盛情款待。土家族平时粗茶淡饭,若有客至,夏天先喝一碗糯米甜酒,冬天先吃一碗开水泡团馓,然后再以美酒佳肴待客。一般说请客人吃茶是指吃油茶、阴米或汤圆、荷包蛋等。无论婚丧嫁娶、修房造屋等红白喜事都要置办酒席,一般习惯于每桌七碗、九碗或十一碗菜,无八碗、十碗桌。因为八碗桌被称为"花子席",十碗的十与"石"同音,都被视为对客人不敬。对人称呼,无论亲友长幼,"尊敬"二字为先。

(三)礼仪禁忌

土家族人有团结互助、热情好客的优良传统,一家有事,大家帮忙。逢年过节到土家族人家里做客,热情的主人便会拿出几个雪白的糍粑去烤,烤得两面金黄开花的时候,几吹几拍,往里面灌白糖或蜂蜜,双手捧给客人。但在一些偏僻的山区,主人将烤好的糍粑送到客人手中后,客人不得吹拍火灰,要接过糍粑就咬,这时主人就会重新抢回去,吹打拍净,蘸上糖给客人吃,而后接二连三地烤好、拍净、蘸糖,递给客人。如果不懂规矩,接过来就只管吹拍,那你吃完一个没糖的就别想再吃了,主人还认为你对他不尊重。节日不能说不吉利的话;不能扛锄、穿蓑衣、担空水桶进屋;不能用脚踏火坑及三脚架;在室内不能吹口哨;客人不能和少妇坐在一条长凳上。

八、苗族

(一)苗族简介

苗族人口约 740 万,主要分布在湖南、湖北、贵州、四川、云南、广西、海南等 7 个省区,其中,贵州最多。苗语属于汉藏语系苗瑶语族苗语支,没有统一的文字。苗族的主要信仰有自然崇拜、图腾崇拜、祖先崇拜等原始宗教形式。苗族社会迷信鬼神、盛行巫术。

苗族节日较多,除传统年节、祭祀节日外,还有专门与吃有关的节日,如吃鸭节、吃新节、杀鱼节、采茶节等。过节除准备酒肉外,还要准备节令食品。

(二)礼仪习俗

苗族人十分注重礼仪。客人来访,必杀鸡宰鸭盛情款待。若是远道来的贵客,苗族人习惯先请客人饮牛角酒。吃鸡时,鸡头要敬给客人中的长者,鸡腿要赐给年纪最小的客人。有的地方还有分鸡心的习俗,即由家里年纪最大的主人用筷子把鸡心或鸭心拈给客人,但客人不能自己吃掉,必须把鸡心平分给在座的老人。如客人酒量小,不喜欢吃肥肉,可以说明情况,主人不勉强,但不吃饱喝足,则被视为看不起主人。

苗族人讲究真情实意,非常热情,鄙视浮华与虚伪。苗家接待客人时,男女要穿节日服装,对贵客要到寨外摆酒迎候。客人到家门,男主人要叫门,告知在家的女主人,女主人要唱歌开门迎客。

（三）礼仪禁忌

苗族人不喜欢别的民族称他们为"苗子"，他们喜自称"蒙"；禁杀狗、打狗，不吃狗肉；不能坐苗家祖先神位所在的地方，火炕上的三脚架不能用脚踩；不许在家或夜间吹口哨；不能拍了灰吃火烤的糍粑；遇门上悬挂草帽、树枝或婚丧祭日，不要进屋；路遇新婚夫妇，不要从中间穿过等。禁止已婚妇女穿裘衣，否则认为会触犯祖宗，招致大祸。

九、彝族

（一）彝族简介

彝族主要分布在云南、四川、贵州和广西等地，现有人口约657.2万人。使用彝语，属汉藏语系藏缅语族彝语支，有6种方言。彝族文字是一种音节文字，形成于13世纪。彝族人过去流行多神崇拜，清初云贵地区部分彝族受道教和佛教影响较大，19世纪末天主教、基督教传入云贵地区，但信教的人很少。

（二）传统节日

彝族传统节日中最为隆重的要算"火把节"。"火把节"对彝族同胞来说，如同汉族的春节一样，时间为每年农历六月二十四日，家家饮酒、吃坨坨肉，并杀牲畜以祭祖先。人们穿新衣，开展具有民族特色的文体活动。男人们参加斗牛、斗羊、斗鸡、赛马、摔跤等活动；女人们则唱歌、吹口弦、弹月琴；晚上拿火把在房前屋后游转；第三天晚上成群结队地举着火把遍游山野，火光一片，然后又集中到一处点燃篝火，喝酒、唱歌跳舞，一直玩到天亮结束。

彝年是彝族年节。节期为三天，时间不一，一般在农历十月或十一月，由巫师占卜而定。如果当年五谷丰收，则可沿用上一年的时间过年，否则另择吉日。节日早晨，人们鸣枪放炮，互相庆贺五谷丰收，祝贺节日快乐。男人们三五成群，走亲访友，相互拜年；女人们不出门，留在家中招待客人。人们除唱歌跳舞外，还举行磨秋（荡秋千）、赛马、射箭等竞技活动。

（三）礼仪习俗

彝族人性格耿直豪爽、热情好客，惯以酒待客。酒是彝族人表示礼节、遵守信义、联络感情不可缺少的饮料。无论在家里或街上，甚至路旁、河边，几位彝族人碰到一起，便拿出酒来，席地而坐，围成一个圆圈，酒碗或酒瓶不停地从一人手中传到另一人手中，依次轮饮，倾心叙家常，俗称喝"轮轮酒"。

茶也是彝族的主要饮料，多喜欢烤茶。饮茶时，每次只斟浅浅半杯，在场者都可饮，但要按年龄和辈分依次轮饮。有的地方的习俗是谁烤茶谁独饮，互不同饮一罐烤茶。客至时，每人发给一个小沙罐、一个茶杯，互不占用，意思是饮别人饮过的茶不过瘾，同时也表示对客人的尊敬和诚意。客人到家，必敬酒、传烟、递茶，这是云南彝族的传统习俗。即使客人不会抽烟或不能饮酒，也不要拒绝主人的盛情，可收下而不抽不饮，以示对主人的尊重。

（四）礼仪禁忌

彝族人屋内大多设一个火塘，严禁往火塘里吐唾沫，并严禁在火塘边裸露身体。彝族

妇女的衣裤不能晾晒在人们路过的地方和蜂窝旁边。严禁对着太阳大小便。不会抽烟或不能饮酒的客人,不要拒绝主人的传烟和敬酒,可收下而不抽不饮,以示对主人的尊重。彝族人吃饭时,长辈坐上方,下辈依次坐两旁和下方,并侍候长辈,为其添饭、夹菜、盛汤。

彝族人大年初一忌讳很多,如:不许扫地,否则会把财气扫走;不许泼水,否则一年四季雨水多;不许串门、拜年,否则凶神恶鬼会到处乱窜,惹祸招灾。彝族人在田里劳动时听到雷声要立即回家,如不立即回家,将会颗粒无收。

 案例分析

彝族男子额前的"英雄结"

一家三星级酒店接待了一个会议团队。团队中有个彝族男子,他头缠蓝色的包头,额前还有一个拇指粗的尖锥状黑角。团队入住后,客房的服务员小张不仅认真打扫团队队员的房间,还热情地向他们介绍城市的旅游景点和各种土特产。很快小张与团队中的一些队员,包括这位彝族男子混得比较熟了,言谈举止也相对随意了一些。一天,小张出于好奇,忍不住用手摸了一下这位彝族男子额前的尖锥状黑角,没想到刚才还喜笑颜开的彝族男子勃然大怒,当即与他争吵起来。后经酒店领导出面调解,小张向那位彝族男子赔礼道歉后才将这事平息下来。事后小张才知道,原来这位彝族男子额前的尖锥状黑角被称为"英雄结",被彝族人视为神圣之物,不能随便触摸。小张的行为,无意中犯了彝族人的大忌,彝族男子当然会勃然大怒。

(资料来源:张文.酒店礼仪[M].广州:华南理工大学出版社,1997.)

分析:在历史上,彝族曾在一天夜里受到外族的入侵,恰巧一只公鸡鸣叫,唤醒了人们,才免去了一次灭族之灾。以后,为了纪念这只公鸡,村里的人们都戴上鸡冠帽,随意触摸就触犯了大忌。因此,在与少数民族的交际中,应了解并尊重少数民族的风俗习惯,不做他们忌讳的事,这样才有利于各民族之间的平等友好交往。

任务二 宗教礼仪

一、宗教的起源和发展

(一)宗教的起源

宗教形成的原因众多,但是归纳起来不外乎以下四个方面的原因。

第一,自然力造成的危机。如果没有自然界的各种现象,如雷鸣电闪、地震、狂风暴雨等,这个世界只有鲜花、阳光和春风,则宗教的产生是难以想象的。当人类还匍匐在自然的淫威之下战栗不止时,自然力在人类生活中造成的危机便成了宗教产生的温床。

第二,社会力所造成的危机。如果没有社会的进步、等级的分化、战争和瘟疫的蔓延,宗教的产生亦同样不可想象。当命运不再掌握在自己手中,对社会力的恐惧必然使人相应产生屈从和崇拜。

第三,宗教既是一个历史现象,又是一个社会现象,它必须流行在人群中,并代代相传。所以人群的崇拜与信仰心理亦是宗教产生的必要因素之一。

第四,从个体来考虑,宗教发生在人的身心面对生死危机时,此时,人产生对超自然的存在物的崇拜和皈依,这是一种完全的投顺与服从。

综上所述,宗教的产生一定是在人们危机四伏或陷入危机的时刻,它可以说是人们在危机中的一种心灵的慰藉。它是人类危机意识的产物,同时也是人类发展进步的一个阶段。

(二)宗教礼仪的形成和发展

宗教是一种社会意识形态,是支配着人们日常生活的外部力量在人们头脑中的一种反映,产生于原始社会后期。在人类历史上,随着社会意识形态和政权形式的演变,宗教也逐步由拜物教、多神教发展到一神教;由自由宗教发展到人为宗教;由氏族图腾崇拜发展到氏族宗教,最后又出现了世界性宗教。

宗教礼仪是指宗教信仰者为对其崇拜对象表示崇拜与恭敬所举行的各种例行的仪式、活动,以及与宗教密切相关的禁忌与讲究。宗教礼仪是巩固和发展宗教信仰、宗教组织、宗教感情的重要手段,担负着满足宗教信仰者心理需要的社会功能。对大多数宗教信仰者来说,其宗教观念往往是从实际、直观的宗教礼仪及充满宗教色彩的风俗习惯中得到的。

二、基督教礼仪

(一)基督教的三大教派

在基督教的发展历史上,发生过两次大的分裂,由此形成天主教、东正教和新教三大教派。公元 395 年,罗马帝国分裂为东、西两部分,基督教会形成西部的罗马和东部的君士坦丁堡两个中心;1054 年,东、西基督教会正式分裂,东部教会自称"正教"(东正教),西部教会自称"公教"(天主教);16 世纪,基督教历史上的第二次大的分裂在罗马天主教内部因宗教改革而引发,天主教中分离出基督教的一个新派别——新教。

1. 天主教

天主教除信仰天主和基督外,还尊奉玛利亚为圣母,建立以罗马教皇为首的教廷和下属各级教会组织。罗马教皇成为全世界罗马系天主教徒的精神领袖。

2. 东正教

东正教信奉上帝、基督和圣母玛利亚,但不承认罗马教皇有高出其他主教的地位和权力。此外,还允许主教以外的教士婚娶。

3. 新教

民间称新教为耶稣教。新教不承认罗马教皇的权威,不尊圣母玛利亚为神,对基督教教义、仪式、教会管理方式做了一些改革,允许教士婚娶。

（二）基督教的主要礼节

1. 洗礼

洗礼是入教者必须领受的第一件圣事，受了洗礼才算是正式的教徒。受洗者一般须于受洗前接受一段时间的基本教义培训并经口试（称为"考信德"）合格。洗礼方式一般分为点水礼和浸礼两种。前者由牧师用手蘸"圣水"（经过祈祷的清水）点在受洗者额头，并念"奉圣父、圣子、圣灵的名，为你施洗"，有的还蘸水在受洗者额头画一个十字架"圣号"；浸礼多数在教堂特设的"浸礼池"中举行，牧师和受洗者都立在水中，由牧师扶住受洗人快速在水中浸一下全身，并说"奉圣父、圣子、圣灵的名，为你施浸"。洗礼表示受礼者"悔改信主"，并经圣水"洗净罪过"。

2. 礼拜

基督教最经常举行的礼拜，一般每星期日举行一次，多由牧师主领。除这种经常性礼拜外，也有特殊的礼拜，如为死者举行的追思礼拜、在某特定节日举行的节日礼拜等。一般教会礼拜的主要程式是由牧师向信众讲道，引用《圣经》的某些章节来宣传教义。有的程式比较自由，没有主领人讲道，而由与会者即席作"见证"——讲述亲身经历来证明《圣经》的真理。祈祷也无固定祷文，末尾大都说"这都是靠着我主耶稣基督的功劳"，然后全体参加礼拜者说"阿门"（意为"真诚"）。有的教会常有人在听到领祷者说到他所特别赞成的话时，也插入说"阿门"。

3. 祷告

祈祷俗称祷告，是指基督徒向上帝和耶稣表示感谢、赞美、祈求或认罪的行为。祈祷包括口祷和默祷两种形式。个人可以独自在家进行，也可以利用聚会时，由牧师或神父作为主领人。祈祷者应始终保持必要的仪态，维系一种"祭神如神在"的虔诚。礼毕，须称"阿门"，表示"唯愿如此，允获所求"。

4. 告解

俗称"忏悔"，是天主教的圣事之一。是耶稣为赦免教徒在领洗后所犯错误，使他们重新得到恩宠而定立的。忏悔时，教徒向神父或主教告明所犯罪过，并表示忏悔。神父或主教对教徒所告罪过指定救赎方法，并为其保密。

（三）基督教的礼俗禁忌

1. 不吃血

原因是血象征生命，是旧约献祭礼仪上一项重要的内容。而且，新约把血的作用解释为耶稣基督在十字架上流血舍命而带给人的救赎能力。血既然有如此重要的意义，所以出于纪念，不吃血成为《圣经》对基督徒的一种要求。

2. 守斋

基督徒有守斋的习惯。基督教规定，教徒每周五及圣诞节前夕只食素菜和鱼类，不食其他肉类。天主教还有禁食的规定，即在耶稣受难节和圣诞节前一天，只吃一顿饱饭，其余两顿只能吃得半饱或者更少。基督徒在饭前往往要进行祈祷。如和基督徒一起用餐，要待教徒祈祷完毕后，再拿起餐具。

3. 忌讳13和星期五

基督徒讨厌"13"这个数字和"星期五"这一天。在基督徒眼中，"13"和"星期五"是不祥的,要是 13 日和星期五恰巧是同一天,他们常常会闭门不出。在这些时间,千万别打扰他们。

三、佛教礼仪

(一) 我国历史上佛教的渊源

佛教大体于东汉初期传入中国。从南北朝开始,中国佛教进入兴盛发展阶段,隋唐时期是中国佛教鼎盛之时。隋朝皇室崇奉佛教。唐朝皇帝崇奉道教,但对佛教等其他诸多宗教都采取宽容、保护政策。其中,武则天对各种宗教都做积极推广与赞助,当中最重要的便属龙门石窟的建造。

佛教在中国形成了三大语系:即汉语系、藏语系和巴利语系。汉语系和藏语系属大乘佛教,巴利语系属小乘佛教,亦称"上座部佛教"。藏传佛教(藏语系)主要流行于西藏、云南、四川、青海、新疆、甘肃、内蒙古等地。

10 世纪晚期,形成了红教、花教、白教、黄教等具有西藏特色的藏传佛教的不同教派。15 世纪初,宗喀巴改革宗教,严格戒律,创立了格鲁派(即黄教),其势力日渐强大。至清代,得到清帝的大力扶植,清朝正式承认格鲁派的活佛转承,并册封其中影响力最大的两个活佛为"达赖喇嘛"和"班禅额尔德尼",令其分别统领西藏的僧俗事务,成为整个藏区精神上和世俗上的领袖,逐步形成藏区政教合一的社会制度。

中国南传上座部佛教(巴利语系)主要分布于云南省的西双版纳傣族自治州、德宏傣族景颇族自治州、思茅地区、临沧地区、保山地区。傣族、布朗族、阿昌族、佤族的大多数群众信仰南传佛教。

(二) 佛教的礼俗禁忌

1. 戒规

(1) "四威仪":僧尼的行、站、坐、卧应该保持威仪德相,不容许表现出举止轻浮,一切都要遵礼如法。所谓"行如风、站如松、坐如钟、卧如弓"。

(2) "十重戒":杀生戒、盗戒、淫戒、妄语戒、酤酒戒、说四众过戒、自赞毁他戒、悭惜加毁戒、嗔心不受悔戒、谤三宝戒。

2. 饮食禁忌

1) 过午不食

按照佛教教制,比丘每日仅进一餐,后来也有进两餐的,但必须在午前用毕,过午则不能进食。在东南亚一带,僧尼和信徒一日两餐,过了中午不能吃东西,午后只能喝白开水。在我国汉族人口聚居区,因需要自己在田里耕作,体力消耗较大,晚上非吃东西不可,所以少数寺庙开了"过午不食戒",但晚上所吃的东西称为药食。

2) 不吃荤腥

荤食和腥食在佛门中是两个不同的概念。荤食专指葱、蒜、辣椒等气味浓烈、刺激性强的东西,因为吃了这些东西不利于修行,所以佛门禁食此类食品。腥食则指鱼、肉类食品。东南亚国家僧人多信仰小乘佛教,或者到别人家托钵乞食,或是由附近人家轮流送饭,无法挑食,所以无论素食、肉食,只能有什么吃什么。我国大乘佛教的经典中有反对食肉的条文,汉族僧人是信奉大乘佛教的,所以汉族僧人和很多在家的居士都不吃肉。在我

国内蒙古和西藏地区,僧人虽然也信奉大乘佛教,但是由于气候和地理原因,缺乏蔬菜,所以食肉。

3)不喝酒

佛教徒不饮酒,因为他们认为酒会乱性,不利于修行,所以严格禁止饮酒。

4. 佛教的其他禁忌

1)交往禁忌

佛教徒内部不用握手礼节。不要主动伸手与僧众相握,尤其注意不要与出家的尼众握手。非佛教徒对寺院里的僧尼或在家的居士行礼,以合十礼为宜。

2)行为禁忌

寺庙历来被佛教视为清净之地,所以,非佛教徒进入寺庙时,衣履要整洁,不能着背心、打赤膊、穿拖鞋;当寺内要举行宗教仪式时,不能高声喧哗以及做出其他干扰宗教仪式或程序的举动;未经寺内执事人员允许,不可随便进入僧人寮房以及其他不对外开放的地方;另外,为保持佛门清净,严禁将一切荤腥食品带入寺院。

3)祭拜禁忌

入寺拜佛一般要烧香,这是佛教徒为了通过袅袅香烟,扶摇直上,把诉诸佛的"信息"传递给众佛。但在拈香时要注意香的支数。由于佛教徒把单数看成吉数,所以烧香时,每炷香可以有很多支,但必须是单数。

4)国别禁忌

在缅甸,佛教徒忌吃活物,有不杀生与放生的习俗。忌穿鞋进入佛堂与一切神圣的地方。他们认为制鞋用的是皮革,是杀生所得,并且鞋子踏在脚下是肮脏的物品,会玷污圣地,受到报应。在日本,有佛事的祭祀膳桌上禁忌带腥味的食品,同时忌食牛肉。忌妇女接触寺庙里的和尚,忌妇女送东西给和尚。在泰国,佛教徒最忌讳别人摸他们的头。即使是大人对小孩的抚爱也忌讳摸头顶,因为按照传统的佛俗,认为头部是最高贵的部位,抚摸或其他有关接触别人头部的动作都是对人的极大侮辱。佛教徒购买佛饰时忌说"购买",只能用"求租"或"尊请"之类的词,否则被视为对佛祖的不敬,会招来灾祸。在中国,佛教徒忌别人随意触摸佛像、寺庙里的经书、钟鼓以及活佛的身体、佩戴的念珠等被视为"圣物"的东西。流行于傣族、布朗族、德昂族等少数民族中的"南传上座部佛教"另有一些禁忌。如在德昂族中,在"进洼"(关门节)、"出洼"(开门节)和做摆(庙会)等宗教祭日里,都要到佛寺拜祈三天,忌讳农事生产;进佛寺要脱鞋;与老佛爷在一起时,忌吃马肉与狗肉;妇女一般不能接触老佛爷,也不能与老佛爷谈话。德昂族传说"活佛"飞来时先落于大青树上,然后才由老佛爷请进佛寺,故视大青树为"神树",忌砍伐。

四、道教礼仪

(一)我国历史上道教的渊源

道教是中国古代宗教按其自身的内在逻辑经过长期的历史发展而形成的,是中国土生土长的传统宗教。开始于公元2世纪,至今有1800多年的历史。它源于中国古代的巫术和秦汉时的神仙方术,又吸收了道家学说,大约形成于东汉中后期,相传为东汉顺帝时期(公元126—144年)张道陵所创,因入道者须出五斗米,故又称"五斗米道"。在近两千年的道教史中，秦汉统一王朝的崩溃，儒家思想文化统治的打破，为道教的兴起提供了契机。隋唐北宋时期，由于统治阶级的推崇，道教开始走向兴盛。到了南宋金元时期，道教发生重大变革，形成了影响后世的两大道派——全真道和正一道。进入明清时期，中国封建统治步入晚期，道教也随之衰落。但如同儒家思想与佛教一样，时至今日，道教对中国人民的精神生活、风俗民情等仍有着很大的影响。

（二）道教的主要礼仪

1. 称谓

非宗教人员对道士可尊称"道长"或"法师"，前面也可以冠以姓，例如称"王道长"或"刘法师"等。此外，还可根据其职务尊称法师、宗师、方丈、监院、住持、知客等。

2. 交往

作揖致礼的形式，是道教相沿至今的一种古朴、诚挚、相互尊重和表示友谊的礼貌。道士不论在与同道还是与外客的接触中，习惯双手抱拳于胸前，以拱手作揖（又称稽首）为礼，向对方问好致敬，这是道教传统的礼仪。见面时用语为"无量天尊"或"赦罪天尊"，通用应答语为"慈悲"，也可以同语应答。后辈道徒遇到前辈道长，一般可行跪拜礼、半跪礼或鞠躬礼。非宗教人员遇到道士，过去行拱手礼，现在也可以随俗，用握手问好。

3. 道场

道场是一种为善男信女祈福、消灾、超度亡灵而设坛祭祷神灵的宗教活动。道教的道场分为祈祥道场和度亡道场。凡参加道场的信众，均要斋戒沐浴，诚心恳祷，服装整洁，随同跪拜；祈祥时默念"消灾延寿天尊"；度亡时默念"太乙救苦天尊"；求福时默念"福生无量天尊"。

4. 诵经

诵经是道教的主要宗教活动。道士每天要诵经两次，称早晚功课。早诵清净经，晚诵救苦经。

5. 上殿

道士上殿，必须穿戴整洁。道士值殿，禁止谈笑，并要保持殿宇整洁。道士在道观内的饮食、起居和作息，均须按各道观内的清规执行。如饭前念"供养经"，吃饭时不准讲话，碗筷不要有响声，饭后念结斋经。

外道进道观，必须先上殿进香和行礼，并且同知客道士对话。非宗教教徒参观道观时，礼拜上香可以随意，如果上香，上香礼为双手持香，过顶，插入香炉，鞠躬后退。一般信徒上香，可以跪拜，通常是三叩首。

（三）道教的主要禁忌

道规即道教要求道教徒遵守的规则。道规名目繁多，涵盖内容十分广泛。简单来说，它是以儒家的伦理道德为基础，再加上特有的宗教信仰，构成了既约束道士行为，又对社会民众有威慑力的道教戒律。

道教的主要道规是"三皈五戒"。三皈即皈道、皈经、皈师。其作用是：皈依道，常侍天尊，永脱轮回；皈依经，生生世世，得闻正法；皈依师，学以上乘，不入邪念。五戒是：一不杀生，二不偷盗，三不邪淫，四不妄语，五不酒肉。此外，还有"八戒"、"十戒"、"老君二十七戒"等，戒条最多者达1200条。凡出家道士都要受戒，遵守道规。

五、伊斯兰教礼仪

（一）伊斯兰教的起源

伊斯兰教，又称清真教。伊斯兰为阿拉伯语的音译，意为"顺服、归顺"，即顺服唯一的神安拉的旨意。伊斯兰教起源于公元7世纪的阿拉伯半岛，创始人为穆罕默德。当时，阿拉伯半岛东西商道改变，加上外族入侵，社会经济迅速衰落，加剧了阿拉伯半岛的经济危机和社会矛盾。又由于盛行多神崇拜和部落混乱，整个阿拉伯半岛四分五裂、危机四伏。阿拉伯氏族贵族摆脱危机、发展经济和实现统一的愿望越来越强烈。正是在这种情况下，穆罕默德顺应形势，宣称得到安拉的启示，要他在人间为安拉"传警言"、"报喜信"和"慈惠众生"，从而创立了伊斯兰教。

公元631年，伊斯兰教成了阿拉伯半岛上占统治地位的宗教。公元632年，穆罕默德死后，他的继承者（哈里发）不断向外扩张，横跨欧、亚、非三洲，伊斯兰教也由一个地区宗教发展成为世界宗教。

在中国，伊斯兰教又称大食教、清真教、回教、天方教等。该教于7世纪中叶传入中国，在回族、维吾尔族、哈萨克族、乌孜别克族、塔吉克族、塔塔尔族、柯尔克孜族、东乡族、撒拉族、保安族等十多个民族中流传，有信徒1400多万人。主要分布于我国西北部的甘肃、宁夏、新疆、青海等省、自治区。1953年成立"中国伊斯兰教协会"，2001年成立"中国伊斯兰教教务指导委员会"。

知识链接

伊斯兰教的圣地及清真寺

1. 麦加（Mecca）——麦加禁寺

麦加禁寺是伊斯兰第一大清真寺，是全世界穆斯林礼拜朝向"克尔白"的所在地，也是全世界穆斯林举行一年一度朝觐盛典的地方。该寺区域内禁止非穆斯林入内，还禁止狩猎、杀生、斗殴等行为，故名禁寺。自古以来，麦加禁寺经历了多次扩建，目前的麦加禁寺以其宏伟壮观的建筑规模和庄严肃穆的独特艺术成为世界上规模最大、最雄伟的清真寺。它是伊斯兰世界的心脏，对全世界穆斯林的文化、伦理、政治、经济等生活有着重大影响。

2. 耶路撒冷——阿克萨清真寺

阿拉伯语"阿克萨"意为"极远"，故阿克萨清真寺又称"远寺"。著名的"先知登霄"说，就是指在这里发生的奇迹。先知和初起的穆斯林迁徙到麦地那之后一直朝着耶路撒冷的阿克萨清真寺礼拜，在过了十六七个月后，才又奉主之命将礼拜朝向改为禁寺。由于远寺处在犹太教、基督教、伊斯兰教三大宗教的圣地内，历史上发生过无数次的宗教冲突和流血事件。特别是自1948年以色列建国后，在侵占耶路撒冷后不断拆毁阿克萨清真寺周围的大部分建筑，1969年8月21日又放火烧毁了清真寺的主要建筑，连宣讲台都化为灰烬，从而激起了阿拉伯人民和世界穆斯林的强烈不满和抗议。"阿克萨烈士旅"的名称即来源于此。

（资料来源：http://www.2muslim.com/forum.php?mod=viewthread&tid=359021.）

（二）伊斯兰教礼仪习俗

1. 称谓

伊斯兰教信徒称"穆斯林"（意为顺从安拉的人）。信徒之间不分职位高低，都互称兄弟，或叫"多斯提"（意为好友、教友），对知己朋友称"哈毕布"（意为知心人、心爱者），对在清真寺做礼拜的穆斯林，统称为"乡老"。对到麦加朝觐过的穆斯林，在其姓名前冠以"哈吉"（阿拉伯语意为朝觐者），这在穆斯林中是十分荣耀的称谓。对管理清真寺事务和在清真寺内办经学教育的穆斯林，称"管寺乡老"、"社头"、"学董"，他们多由当地有钱、有地位、有威望的穆斯林担任。对德高望重、有学识和有地位的穆斯林长者，尊称为"筛海"、"握力"、"巴巴"和"阿林"等。

伊斯兰教对教职人员和具有伊斯兰教专业知识者通称为"阿訇"，它是对伊斯兰教学者、宗教家和教师的尊称，其中年长者被尊称为"阿訇老人家"。中国伊斯兰教一般称呼在清真寺任职并主持清真寺教务的阿訇为"教长"或"伊玛目"；讲授经训、古兰经、圣训及其他伊斯兰教经典的宗教人员都称为"经师"；伊斯兰教教法说明者和协助清真寺伊玛目处理日常教法事务的助手，被称做"穆夫提"；主持清真女寺教务或教学的妇女，称作"师娘"；对在清真寺里求学的学生称"满拉"、"海里发"。

2. 殡礼

穆斯林去世后实行"土葬，速葬，薄葬"，不用棺椁，用白布裹尸，也不用任何陪葬物或殉葬品，主张三日必葬，入土为安。待葬期间不宴客、不戴孝、不磕头、不鞠躬、不设祭品。举行殡礼时，由阿訇或地方长官，或教长或至亲等率众站立默祷，祈求安拉赦免亡人罪过，为亡人祈福。参加殡礼的人要对着亡人的胸部，向西站立，不能站在亡人面前。尸体下土埋葬头南脚北，面朝西，向着圣地"克尔白"，坟墓南北向，长方形。

3. 伊斯兰教的主要节日

伊斯兰教的主要节日有开斋节、古尔邦节、圣纪节。开斋节是穆斯林的一个重大节日，我国新疆地区称肉孜节；"古尔邦"是献身和牺牲的意思，古尔邦节又称"宰牲节"，在伊斯兰教教历十二月十日，即在朝觐圣地克尔白的最后一天举行庆祝活动；圣纪节又称为圣忌日，是仅次于开斋节、古尔邦节的第三大节日，节日的主要活动是诵经、赞圣、宣讲穆罕默德的生平事迹等。

 案例分析

照片的故事

20世纪80年代，中国女排三连冠。一家对外的画报用中国女排姑娘的照片作封面，照片上的女排姑娘都穿着运动短裤。该画报的阿拉伯文版也用了此照片，结果有些阿拉伯国家不许进口。

（资料来源：徐兆寿.旅游服务礼仪[M].北京：北京大学出版社，2013.）

分析：伊斯兰教认为，男子从肚脐至膝盖，妇女从头至脚都是羞体，外人禁止观看别人的羞体，违者犯禁。因此，穆斯林妇女除了穿不露羞体的衣服外，还必须戴盖头和面纱，这项规定至今在有些伊斯兰国家(如沙特阿拉伯、伊朗等)仍然施行。

(三)伊斯兰教的禁忌

1. 信仰禁忌

根据"认主独一"的信条,伊斯兰教徒忌任何偶像崇拜,只信安拉。禁模制、塑造、绘制任何动物的图像,包括人的形象也在禁忌之列。所以在伊斯兰建筑艺术与其他艺术作品中只能看到绘制的植物或几何图形。

2. 饮食禁忌

伊斯兰教的饮食禁忌较多。对于自死之物的血液和猪肉以及未诵真主之名而宰杀的动物都禁食。奇形怪状、污秽不洁、爪子锋利和性情凶恶的飞禽、猛兽及无鳞、无须的鱼类,也在禁食之列。酒是穆斯林生活中的一大禁忌。穆斯林禁酒喜茶,在接待穆斯林客人时,最好用罐装饮料,如客人饮茶要用清真茶具。伊斯兰教在饮食方面还有两条附加规定:其一是可食之物在食用时也不能过分和毫无节制;其二是禁食之物在迫不得已的情况下食之无过。

3. 行为禁忌

穆斯林每天要做5次礼拜。在礼拜期间,忌外来人表示不耐烦与干扰礼拜的样子。同时,穆斯林在礼拜前,必须清洁身体,清真寺大殿内严禁穿鞋进入。非穆斯林进入清真寺,不能袒胸露背,不能穿短裙和短裤。在穆斯林做礼拜时,无论何人因为何事,都不能喊叫礼拜者,也不能在礼拜者面前走动。礼拜时,更不能唉声叹气、呻吟和无故清嗓,严禁大笑,吃东西。在伊斯兰教历九月,进行斋戒。

4. 服饰禁忌

伊斯兰教对女性的服饰有较多的要求。外出时,身体除了手和眼睛以外必须遮盖起来。所以穆斯林妇女要戴"盖头",即把头发、耳朵、脖子都遮在里面,只露出面部。老年妇女戴白色的盖头,已婚妇女戴黑色盖头,未婚少女戴绿色盖头。另外,妇女除了戴盖头外一般还要戴面纱,只露出双眼。穆斯林男子则多戴无檐小帽,这种小帽又名"礼拜帽",一般为白色。参加礼拜或各种仪式时须戴礼拜帽。

5. 特殊禁忌

穆斯林认为人的左手不洁,所以与之握手或递送礼物不能用左手,尤其不能单用左手。另外,伊斯兰教禁止偶像崇拜,所以不应将人类和动物的雕塑、画像之类的物品相赠,尤其是带有动物形象的礼品更不能相送,他们认为带有动物形象的东西会给他们带来厄运。

课堂讨论

情景:一位纽约商人在周五住进了曼谷东方饭店,发现饭店把他安排在二楼靠近楼梯的地方。因为基于宗教的原因,他不能在周五乘电梯。曼谷东方饭店员工的服务可谓到家了,连客人的宗教习惯也一清二楚,这位商人此后成了该饭店的常客。

(资料来源:http://www.docin.com/p-1080050352.html。)

讨论：
1. 曼谷东方饭店如何体现对客人的尊重？
2. 就曼谷东方饭店的做法，谈谈你对宗教礼仪重要性的认识。

项目小结

（1）我国少数民族在长期的历史发展过程中，在饮食、起居、节庆、婚姻、礼仪、禁忌等方面形成了各具本民族特点的习惯。接待好各民族客人，对加强民族团结、维护祖国统一，具有十分重要的意义。在旅游接待与交际中，应贯彻党的民族政策，尊重各民族的礼俗和禁忌。

（2）宗教文化是人类传统文化的重要组成部分，它影响到人们的思想意识、生活习俗、伦理道德等方面，并渗透到文学艺术、天文地理等领域，是旅游资源的重要组成部分。宗教文化与旅游业的关系十分密切，二者互相联系、互相影响。本项目通过对宗教的发展史以及佛教、基督教、道教、伊斯兰教四大宗教的主要礼俗教义的讲述，使旅游工作人员了解宗教礼仪文化，在旅游接待工作中尊重各民族的宗教信仰。

项目实训

一、知识训练

1. 简述主要少数民族的宗教信仰、饮食习惯、礼貌礼节及禁忌。
2. 简述世界四大宗教的主要礼仪及禁忌。
3. 为什么要学习少数民族及宗教礼仪？少数民族及宗教礼仪在旅游服务中有哪些重要作用？

二、能力训练

1. 以小组为单位在空白的中国地图上用不同的色彩分别标出我国主要少数民族的分布情况。
2. 对本地区聚居的少数民族的礼俗现状进行一次实地调查。
3. 以小组为单位，设计一份我国主要客源国的宗教信仰、礼貌礼节、饮食禁忌表格，并进行对比、总结。

案例分析

餐厅服务员要注意少数民族客人的习俗

中午，某餐厅来了2位回民打扮的客人，服务员小李立即热情地迎了上去。等2位客人坐定后，小李拿来了菜单，请客人点菜。客人点了几道菜后，请服务员小李推荐餐厅的主食，小李毫不犹豫地推荐了餐厅的招牌主食——锅贴。厨房很快出了菜，客人对一道道菜都赞不绝口，边吃边夸这里的厨师手艺好。当锅贴端上来时，2位客人都迫不及待地夹

了锅贴就往嘴里塞,一时间,笑容立即在2位客人的脸上停住了。客人叫来服务员小李,询问锅贴内的馅除了韭菜外,还有什么肉。小李答道:"猪肉啊,我们餐厅的锅贴一向都是用韭菜和猪肉做馅的,而且猪肉绝对新鲜,你放心地食用吧,绝对没问题!"没想到小李这么一解释,客人马上跳了起来,大声叫道:"我们是回民,你怎么能向我们推荐猪肉馅的锅贴,这不是欺负我们吗?"2位客人在餐厅内大吵大闹起来。

(资料来源:谭增勇,李俊.旅游服务礼仪[M].武汉:武汉大学出版社,2008.)

思考:

1. 客人生气的原因是什么?
2. 结合少数民族礼仪知识,谈谈阅读这则故事后你的感想。

项目九　旅游涉外礼仪

知识目标：
(1) 了解涉外交往的基本通则，明确在涉外交往中的礼仪规范与原则；
(2) 掌握我国主要客源国礼仪禁忌；
(3) 了解我国主要客源国礼仪风俗及出入境礼节与规范；
(4) 明确涉外礼仪学习的作用，端正学习态度。

能力目标：
通过涉外礼仪基本理论知识的学习，在涉外活动中能灵活运用涉外礼仪，提升为国际友人提供礼仪服务的能力。

素质目标：
掌握涉外礼仪规范，加强涉外礼仪修养，提升综合职业素养。

(1) 通过本项目的学习，能正确看待并客观分析工作与生活中的涉外礼仪现象，提升问题分析能力；

(2) 能根据涉外交往礼仪基本原则的要求指导自己的涉外交际与服务行为,做到知行合一。

>>> 案例导入 <<<

关于周总理的外交故事

周恩来总理在几十年的外交生涯中,一直以德高望重、幽默风趣著称。不管在何种场合,遇到什么样的对手,周总理都能以超人的智慧,应对自如。

1. "派克"的来历

20世纪50年代,有一次,周总理在办公室接待一位美国记者。美国记者看到周总理的办公桌上有一支派克钢笔,便带着几分讽刺,得意地发问:"总理阁下也喜欢我国的钢笔吗?"周恩来听了风趣地说:"这是一位朝鲜朋友送给我的。这位朋友对我说:'这是美军在板门店投降签字仪式上用过的,你留下作个纪念吧!'我觉得这支钢笔的来历很有意义,就留下了贵国的这支钢笔。"美国记者的脸一直红到了耳根。

2. 18元8角8分

新中国成立初期,中国的经济还比较困难。在一次记者招待会上,一名西方记者不怀好意地问:"请问,中国人民银行有多少资金?"周总理委婉地说:"中国人民银行的货币资金嘛,有18元8角8分。"当他看到众人不解的样子,又解释说:"中国人民银行发行的面额为10元、5元、2元、1元、5角、2角、1角、5分、2分、1分的10种主辅人民币,合计为18元8角8分。"

(资料来源:曾曼琼.现代礼仪及实训教程[M].北京:化学工业出版社,2014.)

讨论分析:
1. 如何面对在外交场合中的突发事件?本案例给了你哪些启发?
2. 谈谈涉外礼仪知识学习的重要性。

随着我国社会经济的发展和旅游业的腾飞,我国与世界各国的交往越来越频繁,涉外工作日益深入。为了广交朋友,融洽和协调各方面的人际关系,创造出一种和谐的交际氛围,在涉外交往与工作中必须遵循一定的国际交往惯例,即遵守通行的涉外礼仪。涉外礼仪是涉外交际礼仪的简称,它是指人们在对外交往活动中,用以维护自身形象,向交往对象表示尊敬与友好的约定俗成的习惯做法,概括而言,就是国际交往通则。

任务一　涉外礼仪常识

一、涉外交往的基本通则

涉外交往的基本通则,是根据礼仪原则与涉外交往活动实践,从整体性、普遍性高度加以概括形成的,对涉外交际具有普遍的指导意义。从事涉外工作的人员,在实际工作中要认真贯彻以下原则。

(一)维护国家利益原则

维护国家利益是我国涉外活动中必须遵守的基本准则,任何组织和个人在涉外交往活动中都必须予以贯彻执行。该原则在强调他国利益和尊严的基础上,更要维护本国的利益与尊严。要做到这一点,最重要的是要热爱祖国和人民,时刻不忘祖国的利益高于一切。在参与涉外交往活动中,应时刻意识到,在外国人眼里,自己是国家、民族、单位组织的代表,做到不卑不亢。在外国人面前,既不应该表现得畏惧自卑、低三下四,也不应该表现得自大狂傲、放肆嚣张。应该表现得既谨慎又不拘谨,既主动又不盲动,既注意慎独自律,又不能手足无措、无所事事。

(二)尊重对方、信守约定原则

所谓信守约定原则,是指在一切正式的国际交往中,都必须认真而严格地遵守自己的所有承诺,说话务必要算数,承诺一定要兑现,约会必须要如约而至。在一切有关时间方面的正式约定中,尤其需要恪守不怠。言而无信,出尔反尔,有约不守或守约不严,不仅是不尊重对方,更是缺乏文明教养的表现。

 案例分析

一次难忘的赴宴经历

李燕刚刚来到英国留学,这天,她接到一位同学的邀请,去参加生日宴会。李燕非常高兴,准备了礼物和鲜花,前去赴宴。考虑到外国人的时间观念都很强,李燕提前15分钟就来到同学家门口,她觉得提前一点儿到,可以表示对主人的尊敬。但是,按了门铃好久,也没有人给她开门。她以为同学没有听到,就又一次按了门铃。过了一会,门打开了,同学出现在门口,但是接过李燕送上的礼物的同学显得不太高兴,她对李燕说:"你这么早就到了?我还没有化好妆呢!"

(资料来源:曾曼琼.现代礼仪及实训教程[M].北京:化学工业出版社,2014.)

分析:英国人的时间观念非常强,而且讲究照章办事。若到英国人家中赴宴,不能迟到,也不能早到,以防主人还未准备好,导致失礼。

(三)尊重妇女、女士优先原则

尊重妇女是国际社会公认的一条重要的礼仪原则,它主要适用于成年的异性进行社交活动时。它要求在一切社交场合(有些公务场合除外),成年男子都有义务主动自觉地以自己的实际行为去尊重妇女、照顾妇女、体谅妇女、关心妇女、保护妇女,并尽心竭力地去为妇女排忧解难;尊重妇女、女士优先原则还要求男士们对于所有的妇女都要一视同仁。外国人强调"女士优先"的主要原因,并不是因为妇女被视为弱者,值得同情、怜悯,而是他们将妇女视为"人类的母亲"。尊重妇女、女士优先已成为国际社会衡量男子是否具

有文明教养与礼仪风度的重要评价标准。

知识链接

"女士优先"的由来

"女士优先"的原则起源于欧洲中世纪的骑士之风。当时,骑士为贵妇开道,为贵妇人吟唱英雄史诗,为贵妇人决斗并接受对方的赞美,被认为是骑士的莫大荣耀。这逐渐演变为对女士的关爱和保护,即"女士优先"的原则。

关于"女士优先",有不少动人的故事。1911年,"泰坦尼克号"沉没前,男人们纷纷把逃生的机会让给妇女和孩子。1937年9月22日,日寇飞机开始对南京进行轰炸。这天,德国西门子公司南京分公司的拉贝守在自己家简陋的防空洞门口,让抱着婴儿的妇女优先进入,其次是带着较大孩子的妇女,最后才让男人进入。事后,数百位难民在院子里排队向拉贝鞠躬感谢。拉贝却说:"不敢当!我只是在危险时刻做了我认为正确的事情。"

(资料来源:朱燕. 外事工作常识与礼仪[M]. 北京:中国国际广播出版社,1997.)

(四)尊重隐私、有所不为原则

国际礼仪强调以人为本,尊重个人隐私,维护人格尊严。并将尊重个人隐私与否视作一个人在待人接物方面有没有教养、能不能尊重和体谅交往对象的重要标志之一。因此,自觉地、有意识地回避对方的个人隐私至关重要。对于西方人来讲,凡涉及经历、收入、年龄、婚恋、健康状况、政治见解等均属于个人隐私,别人不应查问,即在交往中"有所不为"。切勿将"关心他人比关心自己为重"这一中国式的理念滥施于人,否则,极有可能会令对方极度不快,甚至还会因此损害双方之间的关系。因此,尊重隐私、有所不为应成为涉外礼仪的一项要旨。

(五)热情有度、不必过谦原则

热情有度就是要求人们在涉外交往活动中,不仅要热情友好待人,更要把握待人热情的具体分寸,即一切都必须以不妨碍对方,不给对方添麻烦,不令对方感到不安、不快为限。如一厢情愿地过度热情,处处越位,则会引起外国友人的反感或不快。

不必过谦,即在国际交往尤其是涉及自我评价时,虽不应自吹自擂、自我标榜,但是也绝对没有必要妄自菲薄、自我贬低,对人过度谦虚、客套。在实事求是的前提下,要敢于并且善于对自己进行正面的评价或肯定。这不仅可以避免不必要的误解,也有利于树立坦诚的形象。

案例分析

一次尴尬的对外宴请

清朝末期,有一次李鸿章宴请美国官员,地点是在美国的一家饭店,备下的酒菜十分

丰盛。而李鸿章却依照中国的惯例对来宾说:"粗茶淡饭,薄酒一杯,不成敬意,多多包涵。"美国来宾望着桌上琳琅满目的酒菜,对他说的话大惑不解。这倒不要紧,美国饭店的老板可大为不满了,这岂不是影响饭店的声誉?因此,非要李鸿章说出饭菜"粗"在哪里,酒"薄"在哪里?

（资料来源:曾曼琼.现代礼仪及实训教程[M].北京:化学工业出版社,2014.)

分析:上述案例虽说是一则逸闻趣话,却也说明了东西方礼仪习俗的不同。西方人的习惯是:既然诚心诚意地宴请客人,当然应竭尽全力。所以"粗茶淡饭"、"薄酒"怎不使美国人大惑不解,使饭店老板"抗议"呢?所以在外国人面前,实事求是是十分有必要的。

（六）入境问禁、入乡随俗原则

世界上的各个国家、地区和民族,在其历史发展的具体进程中,形成了各自的宗教、语言、文化、风俗和习惯,并且存在着不同程度的差异,这种差异不是以人的主观意志为转移的,也是世间任何人都难以强求统一的。注意尊重外国友人所特有的习俗,将易于增进双方之间的理解和沟通,有助于更好地表达亲善友好之意。因而,入境问禁、入乡随俗原则,成为中外人士彼此之间相互理解与沟通的一条最佳坦途。

要做到入乡随俗,首先,必须充分了解与交往对象相关的习俗,即在衣食住行、言谈举止、待人接物等方面所特有的讲究与禁忌;其次,必须充分尊重交往对象所特有的种种习俗,既不能少见多怪、妄加非议,也不能以我为尊、我行我素。

二、出入境礼节及规范

旅游涉外工作人员不仅要学习和掌握涉外礼仪的基本原则和涉外礼仪知识,还必须学习和掌握出入境礼节基本知识及规范,以便顺利地开展工作。

1. 公民申请出国的条件

公民申请出国的条件是必须办理护照、签证。最简单的是旅游签证,要求无犯罪史,要有健康证明;其次是学生签证,必须持有就读学校的录取证明,语言证明,还要求无犯罪史,要有健康证明等;再次是工作签证,要求有工作单位证明,还必须是正规单位。最复杂的是移民签证。

2. 护照的申请与使用

护照是一国公民到国外旅行或者居留的主要法律证明,也是一个人国籍和身份的合法证明。申请护照的程序和途径有:

（1）向居住地县、市公安局提交书面申请;

（2）出具户口簿（或户籍证明）、本人身份证和身份证复印件;

（3）出示所在单位的证明;

（4）提交外国人入境的各类证件;

（5）填写公民出国申请表;

（6）缴纳护照工本费,领取出境登记卡。

3. 外国签证的办理

签证是指在出国旅行者的护照上或者其他有效旅行证件上盖印签注的一种手续,表示准许其出入或者经过该国国境。

除必须按照正常途径办理护照外,还必须持相应的签证。如果说护照是持有者的国籍和身份证明,签证则是主权国家准许本国公民或者外国公民出入境或者经过国境的一种许可证明。

4. 口岸检查

口岸是一国允许人员、交通工具、货物、动植物和邮件出入境通行的地方。口岸大都分布在国家边境地区,如:对外贸易港口、边境上两国公路的交接点、国界孔道、国际联运火车站、江河上准许旅客进出的地点,以及国际航班进出国境的国际机场。口岸设置的专门检查如下。

(1)出入境边防检查。各国执行边防检查的机构称谓不一,有的称边防检查站,有的叫移民局,有的叫入国管理局。我国由边防检查站负责此项工作。

(2)海关检查。海关是国家设在口岸上对进出国境的货物、物品、运输工具等执行监督管理并征收关税的机关。海关检查又称报关,凡出入国境的公民(外交人员除外)在各国机场、车站或其他口岸出境或入境前,都要履行海关检查手续。

(3)出入境检验检疫。出入境检验检疫亦称"口岸卫生检验",是一国政府为防止危害严重的传染病,通过入国出境的人员、交通工具、行李货物传入、传出、扩散所采取的防疫措施。

(4)安全检查。安全检查是为了防范和制止危害民用航空安全的非法行为发生以及保障旅客人身安全而采取的一项防范措施。即对乘飞机出境的旅客和物品实施检查的一种登机手续。

对于出国旅行的公民来说,安全检查是口岸检查中的最后一项检查,也就是说,是在经过边防和海关检查之后进行的检查,旅客通过安全检查后即可登机启程了。

知识链接

联合国简介

1945年4月25日至9月26日,在美国的旧金山,各国代表讨论并制定了联合国宪章。10月24日宪章开始生效,联合国正式成立。

联合国的宗旨是:维护国际和平与安全,发展国际友好关系,促进经济、社会、文化及人类福利等方面的国际合作。

联合国徽章的图案是用两根橄榄树枝衬托着整个地球,意味着争取世界和平。用橄榄树枝代表和平,来源于一个古老的神话故事:远古时代,主宰人类命运的上帝,发现人间道德风气败坏,十分震怒,决定发一场大水,把人类全部毁掉。众天神中有人提议地球上应当保留一点生命,否则显得太残酷了。上帝认为有理,经过考查,认为挪亚夫妇是唯一的一对好人,就派使者通知他们准备两艘方形的大木船,并在各种动物中各挑选出一对雌雄动物,带到船上以逃避灾难。后来洪水退去,挪亚夫妇派鸽子去其他地方探察情况。不久,鸽子衔着橄榄树枝飞回来报喜,洪水已退,和平日子来临,世界生命开始了新的转机!自此以后,人类便把橄榄树枝作为和平的象征,鸽子也被誉为和平鸽。

(资料来源:朱燕.外事工作常识与礼仪[M].北京:中国国际广播出版社,1997.)

任务二　我国主要客源国礼俗风情

世界上有200多个国家和地区。各国地理位置、气候条件、历史沿革、社会制度不同,因而有着各自独特的礼仪习俗和生活特点。

一、亚洲主要客源国礼俗礼仪

(一)日本

1. 简介

日本位于亚洲东部、太平洋西北,国名意为"日出之国"。领土由本州、四国、九州、北海道四大岛及7200多个小岛组成,总面积37.8万平方千米,主体民族为和族,通用日语,总人口约1.26亿人(2014年数据,下同)。日本是一个高度发达的资本主义国家,其资源匮乏并极端依赖进口,高度发达的制造业是其国民经济的主要支柱。其科学研发能力十分强大,拥有大量的跨国公司和科研机构,每年科研经费约占全国GDP(国内生产总值)的3.1%,该比例位居发达国家前列。此外,以ACG(动画、漫画、游戏)产业为首的文化产业和发达的旅游业也是其重要象征。日本在环境保护、资源利用等方面堪称典范,其国民普遍拥有良好的教育水平、生活水平和较高的国民素质。至今,其仍较好地保存着以茶道、花道、书道等为代表的日本传统文化。

2. 礼貌礼节

日本人总的特点是勤劳、守信、遵时,生活节奏快,工作效率高,民族自尊心强。日本是一个注重礼仪的国家。在日常生活中,日本人相互问候,脱帽鞠躬,诚恳可亲。初次见面,相互鞠躬,交换名片,一般不握手。如果遇到老朋友或比较熟悉的人就主动握手,甚至拥抱。日本人一般不用香烟招待客人,如客人需要吸烟,应先征得主人的同意,以示尊重。

日本人注意穿着打扮,平时穿着大方整洁。在正式场合一般穿礼服,男子一般穿成套的深色西服,女子则穿和服。在天气炎热时,不随便脱衣,如需要宽衣,应先征得主人的同意。在一般场合,上身仅穿背心或赤脚被认为是失礼的行为。

日本人饮酒时,认为将酒杯放在桌上让客人为自己斟酒是失礼的。主人或侍者斟酒时,要右手执壶,左手托壶底,壶嘴不能碰杯口。客人则右手拿酒杯,左手托杯底,以接受对方斟酒。在一般情况下,客人接受头一杯酒为有礼,而客气地谢绝第二杯酒不为失礼。客人如酒量大,每杯皆可喝光,但主人和其他客人并不陪饮。有人不喝时,千万不要先将酒杯倒放,应等大家喝完后,一起把酒杯倒放在桌上。

茶道,是日本人用来修身养性、进行交际而特有的沏茶、品茗的高尚技艺,是一种讲究礼仪、陶冶情操的民间习俗,是日本人生活艺术的重要组成部分。茶道的精神在于澄清一个人的灵魂,茶道所注重的礼节,直接影响着日本人日常生活的礼仪。日本种茶、饮茶的风俗是从中国传入的,后来才形成茶道,所以,茶道实际上也是中日两国文化交流的成果。

3. 饮食习惯

日本人早餐喜饮牛奶、吃面包、喝稀饭等,午餐和晚餐多吃米饭,副食主要是蔬菜和鱼

鲜。日本人爱吃鱼,如蒸鱼、生烤鱼、炸鱼片、鱼片汤等,但都要把骨刺去掉。他们还有生吃鱼片的习惯,吃时一定要配辣根,以解腥杀菌。

日本人还爱吃面酱、酱菜、紫菜和酸梅等,爱喝我国浙江的绍兴酒(喝时要温热)。他们在吃凉菜时,喜欢在装好盘子后在菜上撒一些芝麻、紫菜末、生姜丝、白酱等,这主要是用来调味和点缀,同时也作为这盘菜没有动过的标志。

日本人一般喜欢吃清淡、油腻少、味鲜带甜的菜肴,还爱吃牛肉、鸡蛋、清水大蟹、海带、精猪肉、豆腐等,但不喜欢吃羊肉、肥肉和猪内脏。喜欢喝中国名酒,喜欢吃我国广东菜、北京菜和上海菜。

4. 主要节日

(1) 元旦(1月1日)。其庆祝方式相当于中国的春节,除夕前要大扫除。

(2) 成人礼(1月15日)。按照日本法律规定,年满20周岁为成年。

(3) 春分(3月20日左右)。这是天皇祭祀祖先的日子,一般老百姓也在此日扫墓。

(4) 男孩节(5月5日)。旧称"端午节",过去与我国端午节相似,门上挂菖蒲叶,屋内挂钟馗驱鬼图,家家户户吃糕团或粽子。

(5) 女孩节(3月3日)。又称"雏祭",凡有女孩家庭要陈设穿着民族服装的玩具女娃娃。

(6) 樱花节(3月15日至4月15日)。在此期间日本各地樱花盛开,男女老幼纷纷参加游园赏花活动,并饮酒、跳舞,迎接春天的到来。

(7) 敬老节(9月15日)。各市、町、村纷纷集会庆祝,并向高龄者赠送纪念品。

(8) 文化节(11月3日)。也称"菊花日",旧称"明治节",纪念明治天皇生日,现作为向对文化事业有卓越贡献的人授予"文化勋章"的日子。

5. 礼仪禁忌

日本人忌绿色,认为是不祥之兆;忌荷花图案,认为是妖花;忌"9"、"4"等数字,因"4"的发音和"死"相同,"9"在日语中发音和"苦"相同。故在安排食宿时,要避开4层楼、4号房间、4号餐桌等,赠送礼品时,切勿赠送数字为"9"的礼物,否则会产生误会,以为你把他看作强盗;日本商人还忌讳"2月"、"8月",因为这是营业淡季;此外,日本人讨厌金银眼的猫,认为看到这种猫的人要倒霉。

日本人用筷子很讲究。筷子必须放在筷托上;还有"忌八筷"之习俗,即不可舔筷、迷筷、移筷、扭筷、剔筷、插筷、跨筷、掏筷;同时,还忌用同一双筷子让大家依次来夹取食物,也不能把筷子垂直插在米饭中。

 案例分析

尴尬的礼品

国内某家旅行社,有一次接待日本旅行团。在旅行结束之时,他们准备送每人一件小礼品。考虑到中国丝织品闻名于世,于是,该旅行社订购了一批苏州制作的纯丝手帕。在精致的木质盒子里放着四块手帕,每块手帕上分别绣着代表春、夏、秋、冬四季的图案,十分美观大方。旅行社想这样的礼品肯定会受到客人的喜欢。

旅游接待人员带着盒装的纯丝手帕,来到机场为客人送行。出乎意料的是,看到礼物的日本游客一片哗然,议论纷纷,显出很不高兴的样子。有的人还特别拿出一条绣着荷花图案的手帕,表现极为气愤。送行的旅游接待人员感到非常诧异:好心好意送人礼物,不但得不到感谢,还出现这般景象。一向彬彬有礼的日本客人怎么了?

(资料来源:曾曼琼.现代礼仪及实训教程[M].北京:化学工业出版社,2014.)

分析:在日本,数字"4"的发音和"死"相同,故在赠送礼品时,切勿赠送与数字"4"相关的礼物,否则会产生误会。而某些日本游客特意拿出的那条绣有荷花图案的手帕,是因为荷花在中国是出污泥而不染的象征,在日本却是妖花。本案例告诉我们:涉外交往中,了解外国人的风俗习惯是对他们最大的尊重。

(二)韩国

1. 简介

韩国位于亚洲东北部,朝鲜半岛南部,是我国的近邻。面积98477平方千米,全国为单一的民族——朝鲜族,通用朝鲜语。首都为汉城。有"亚洲四小龙"之称。

2. 礼节礼貌

韩国人一般采用握手作为见面礼节。在行握手礼时,讲究使用双手,或单独使用右手。当晚辈、下属与长辈、上级握手时,后者伸出手来之后,前者须先以右手握手,随后再将自己的左手轻置于后者的右手之上。韩国人的这种做法,是为了表示自己对对方的特殊尊重。韩国妇女在一般情况下不与男子握手,代之以鞠躬或者点头致意。韩国小孩子向成年人所行的见面礼,大多如此。与他人相见时,韩国人在不少场合有时也同时采用先鞠躬、后握手的方式。

同他人相见或告别时,若对方是有地位、身份的人,韩国人往往要多次行礼。行礼三五次,也不算多。有个别韩国人甚至还会讲一句话行一次礼。称呼他人时爱用尊称和敬语,很少直呼对方的名字。喜欢称呼对方能够反映其社会地位的头衔。与外人初次打交道时,韩国人非常讲究预先约定,遵守时间,并且十分重视名片的使用。

韩国人在交际应酬中通常穿着西式服装。着装朴素整洁、庄重保守。在某些特定的场合,尤其是在逢年过节的时候,喜欢穿本民族的传统服装。其民族传统服装是:男子上身穿袄,下身穿宽大的长裆裤,外面有时还会加上一件坎肩,甚至再披上一件长袍。过去韩国男子外出之际还喜欢头戴一顶斗笠。妇女则大都上穿短袄,下着齐胸长裙。

进屋之前需要脱鞋时,不准将鞋尖直对房间之内。不然的话,会令对方极度不满。

3. 饮食习惯

韩国人饮食的主要特点是辣和酸。主食主要是米饭、冷面。爱吃的菜肴主要有泡菜、烤牛肉、烧狗肉、人参鸡等等。韩国人很为他们热气腾腾的辛辣食物而自豪,他们总是吃得津津有味。如果客人乐意尝尝这种当地菜肴,主人一定会大为高兴。通常情况下,韩国人用筷子吃饭。

4. 礼仪禁忌

由于发音与"死"相同的缘故,韩国人对"4"这一数字十分厌恶。受西方礼仪习俗的影响,也有不少韩国人不喜欢"13"这个数。与韩国人交谈时,发音与"死"相似的"私"、"师"、

"事"等几个词最好不要使用。将"李"这个姓氏按汉字笔画称为"十八子",也不合适。需要对其国家或民族进行称呼时,不要将其称为"南朝鲜"、"南韩"或"朝鲜人",而宜分别称为"韩国"或"韩国人"。

韩国人的民族自尊心很强,他们强调"身土不二"。在韩国,一身外国名牌的人,往往会被韩国人看不起。需要向韩国人馈赠礼品时,宜选择鲜花、酒类或工艺品。但是,最好不要送日本货。

在韩国民间,仍讲究"男尊女卑"。进入房间时,女人不可走在男人前面。进入房间后,女人须帮助男人脱下外套。男女一同就坐时,女人应自动坐在下座,并且不能坐得高于男子。通常,女子还不得在男子面前高声谈笑,不得从男子身前通过。

韩国人对"4"非常反感。许多楼房的编号严忌出现"4"字,医院、军队绝不用"4"编号。韩国人在饮酒饮茶时,主人总是以1、3、5、7的数字单位来敬酒、敬茶、布菜,并力避以双数停杯罢盏。

(三)新加坡

1. 简介

新加坡是马来半岛南端的小国,面积618平方千米,风景优美,气候宜人,有"花园城市"之称。新加坡一词来自梵文,是"狮子城"之意。新加坡人口中有很大一部分是华裔,其他为马来血统的人和印度血统的人等。国花为兰花。新加坡经济主要是转口贸易、加工出口、航运、金融。在亚洲,新加坡的人均国民生产总值仅次于日本。旅游业十分发达,每年接待的外国旅游者超过本国总人口。

2. 礼貌礼节

新加坡人十分讲究礼节礼貌,服务质量很高。华裔新加坡人在礼仪方面与我国相似,而且还保留了中国古代传统,如两人见面时,相互作揖。通常的见面礼是鞠躬、握手。来华的新加坡旅游者中,多数人华语水平很高,礼貌用语娴熟。在新加坡,印度血统的人仍保持印度的礼节和习俗,妇女额上点着檀香红点,男人扎白色腰带,见面时合十致意。马来血统、巴基斯坦血统的人则按伊斯兰教的礼节行事。

3. 饮食习惯

中餐是新加坡华人的最佳选择。新加坡华人口味上喜欢清淡,偏爱甜味,讲究营养。主食为米饭、包子,早点多用西餐,下午常吃点心。副食品主要为鱼虾,如炒鱼片、炒虾仁、油炸鱼等,并偏爱中国广东菜。信奉伊斯兰教的新加坡人喜欢吃咖喱牛肉。水果方面爱吃桃子、荔枝、生梨等。

4. 节日习俗

新加坡多华裔,过春节相当隆重。除夕有守岁、祭神祭祖、燃放鞭炮等习惯。新年期间男女老幼穿着盛装,带上礼品走亲访友,长辈还给孩子压岁钱。元宵节有迎神看戏、赶庙会、赏灯会等活动。端午节,家家户户吃粽子,有的还参加划龙舟活动。中秋节有吃月饼习俗,信奉印度教的人过"屠龙节"。固定节日为食品节(4月17日),每当节日来临,所有食品店都要准备各种精美食品,供人们购买。

华裔新加坡人多信奉佛教,十分虔诚。来华旅游时,都到寺庙烧香跪拜,捐香火钱,有时还在室内念经。诵经时切勿打扰。

新加坡人特别讲究清洁卫生,环境保护,在该国随地弃物或乱涂乱画者,会受到法律的严厉制裁。

5. 礼仪禁忌

新加坡人忌说"恭喜发财"之类的话,他们认为"发财"两字,会有"横财"之意,而"横财"就是不义之财。因此,他们认为,祝愿对方"发财",无异于挑逗、煽动他人损人肥己,是对社会有害的行为。

在色彩方面,新加坡人认为黑色、紫色代表着不吉利,不宜过多采用黑色、紫色。对"4"与"7"这两个数字的看法不太好,因为,在华语中,"4"的发音与"死"相仿,而"7"则被视为一个消极的数字。

在新加坡,人们不准嚼口香糖,过马路时不能闯红灯,"方便"之后必须拉水冲洗,在公共场合不准吸烟、吐痰和随地乱扔废弃物品。不然的话,就会受到处罚,须缴纳高额的罚金,搞不好还会吃官司,甚至受到"鞭刑"。

(四)泰国

1. 简介

泰王国位于中南半岛中部,盛产大象,尤以白象为珍贵,敬之如神,泰国素有"白象国"之称。国土面积为514 000平方千米,华裔泰人较多,以佛教为国教。僧人身穿黄衣,故又有"黄衣国"之称。首都为曼谷,国花为睡莲,以泰语为国语,货币名称为泰铢。

2. 礼节礼貌

在待人接物中,有许多约定俗成的规矩。朋友相见,双手合十、互致问候。晚辈向长辈行礼时,双手合十举过前额,长辈也要合十回礼。行合十礼时,双手举得越高,表示尊重程度越高,年纪大或者地位高的人还礼时,双手不必高过前胸。泰国人也行跪拜礼,但要在特定场合,平民、官员在拜见国王及其近亲时行跪拜礼,国王拜见高僧时也须下跪,儿子出家为僧,父母也要跪拜于地。

泰国人进寺庙烧香拜佛或参观时,必须衣首整洁,进入寺庙时要摘帽拖鞋,以表示对神佛的尊重。如有穿背心短裤或赤胸露背者进入寺庙,会被视为玷污圣堂,亵渎神灵,这是被严格禁止的。

在泰国,如有长辈在座,晚辈只能坐在地上,或蹲跪,以免高于长辈头部,否则,会被视为对长辈极大的不敬。别人坐着时,也不可把物品越过其头顶。

3. 饮食习惯

泰国人主食为米饭,副食主要是鱼和蔬菜。喜食辛辣、鲜嫩之物,不爱吃过咸或过甜的食物,也不吃红烧的菜肴。最爱吃的食物,当数具有其民族特色的"咖喱饭"。在用餐之后,喜欢吃上一些水果,但不太爱吃香蕉。一般不喝热茶,通常喜欢在茶里加上冰块,令其成为冻茶。在喝果汁的时候,还有在其中加入少许盐末的偏好。

4. 节庆习俗

泰历1月1日,是泰国人的元旦,这一天举国欢庆。泰历4月13日至15日为宋干节,即求雨节,也叫泼水节,此时正当干热时节,急需降雨,可以毫无顾忌地互相泼水。泰历5月9日是春耕节,这一天由国王主持典礼,农业大臣开犁试耕,祈求风调雨顺、五谷丰登。泰历12月15日是水灯节,也叫佛光节,人们用香蕉叶或香蕉树皮和蜡烛做成船形灯,放进河里,让其随波逐流,以感谢水神,祈求保佑。

5. 礼仪禁忌

与泰国人进行交往时,千万不要非议佛教或对佛门弟子有失敬意。向僧侣送现金,被视作一种侮辱。参观佛寺时,进门前要脱鞋,摘下帽子和墨镜。在佛寺之内,切勿高声喧哗,随意摄影、摄像。不要爬到佛像上去进行拍照、抚摸佛像。妇女接触僧侣,也在禁止之列。在泰国,人们认为"左手不洁",所以绝对不能以左手取用食物。比较忌讳褐色,忌讳用红色的笔签字,或是用红色刻字。睡觉忌头朝西,因日落西方象征死亡。在举止动作上有"重头轻脚"的讲究。

 案例分析

拿开你的脏手!

20世纪60年代,有一次美国总统约翰逊访问泰国。刚一到泰国皇宫,冒冒失失的约翰逊便要拥抱皇后,这可吓坏了这位在泰国最高贵的女人。当时报道标题是 Take off your dirty hand!(拿开你的脏手!)而后在受到泰国国王接见时,约翰逊竟毫无顾忌地把脚底板冲着皇后,这一动作在泰国意为"恨你"。约翰逊因此被泰国人评为"最不受欢迎的人",最后被驱逐出境。这成为外交史上的一个经典笑话。

(资料来源:许湘岳. 礼仪训练教程[M]. 北京:人民出版社,2012.)

分析:不同的国度、民族间,甚至同一个国家的不同区域间,礼仪习俗都有区别。这就要求涉外交往时需要首先了解和掌握对方的一些礼仪习惯,做到入乡随俗、因人施礼,才不至于造成误会甚至闹出笑话。

(五)菲律宾

1. 简介

菲律宾位于碧波浩瀚的太平洋西部,国土面积299700平方千米。人口5872万人,主要民族是马来族,占总人口的85%以上,华裔菲籍人口约50多万人。大多数人信奉天主教,少数人信奉伊斯兰教。首都是马尼拉,国花是茉莉花。以他加禄语为国语,但政府文告、议会辩论和主要报刊均使用英语。货币名称为比索。

2. 礼节礼貌

菲律宾人在礼节礼貌方面受西方国家影响很大,日常见面,无论男女均以握手为礼,男子之间有时也拍肩膀。他们十分尊重妇女和老人,若有长者在场,不能双脚交叉翘起或分开。若有女子在座,男子更稳重规矩。菲律宾人热情好客,常把茉莉花串成花环,套在宾客的脖子上,以示尊敬。

3. 饮食习惯

主食是大米和玉米,副食主要是肉类、海鲜和蔬菜。烹调上受西班牙影响,使用香辣调味品较多。代表性的菲律宾名菜有咖喱鸡肉、虾子煮汤、肉类炖蒜等。

4. 节日习俗

全国性节日有元旦(1月1日)等。除夕晚上,家人团聚一堂欢度新年,新年里到处遍搭牌楼,张灯结彩,花团锦簇。群众自行组织歌舞队,翩翩起舞。孩子们到处燃放鞭炮,更增添了节日的气氛。独立节(6月12日),是菲律宾人民推翻西班牙殖民统治的日子,每年这一天要举行盛大的游行庆祝活动,纪念菲律宾的独立。另外在菲律宾东部的明都洛省卡拉潘市,每年5月18日要举行盛大的"血盟节"庆祝活动,人们都要参加化妆大游行,这是为了纪念中菲人民历史上"歃血为盟"的友好交往。它不仅体现了中菲两个邻邦千百年的友好史实,也表现了如今两国人民友好相处,并希望世世代代友好下去的共同愿望。

此外,菲律宾属于季风型热带雨林气候,白天及上半夜热,下半夜凉,故有搂枕而睡的习惯。这种习俗从小孩开始直至终老。

5. 礼仪禁忌

马来族人忌用手摸他们的头部和背部,认为触摸头部是对他们的不尊敬,触摸背部会带来噩运。忌用左手赠物、进餐。

二、美洲主要客源国礼俗礼仪

(一) 美国

1. 简介

美国地处北美洲中部,国土面积9372614平方千米,人口3.2亿人。50%的美国人信奉基督教和天主教,还有一些人则信奉犹太教和东正教。首都为华盛顿,国花为玫瑰花,以英语为国语,货币名称为美元。美国是一个只有200多年历史的国家,是一个经济高度发达的资本主义国家。

2. 礼貌礼节

美国人性情开朗,以不拘礼节著称。在一般情况下,同外人见面时,美国人往往以点头、微笑为礼,或者只是向对方"嗨"上一声作罢。不是特别正式的场合,美国人甚至连国际上最为通行的握手礼也略去不用了。若非亲朋好友,美国人一般不会主动与对方拥抱、亲吻。在称呼别人时,美国人更喜欢交往对象直呼其名,以示双方关系密切。若非官方的正式交往,美国人一般不喜欢称呼官衔,或是以"阁下"相称。对于能反映其成就与地位的学衔、职称,如"博士"、"教授"、"律师"、"法官"、"医生"等等,他们却是乐于在人际交往中用作称呼的。在一般情况下,对于一位拥有博士学位的美国议员而言,称其为"博士",肯定比称其为"议员"更受对方的欢迎。

3. 饮食习惯

美国人一日三餐比较随意。早餐,往往是果汁、鸡蛋、牛奶和面包;午餐,多半在公司等单位享用工作快餐;晚餐,人们最爱吃牛排与猪排,并以点心、水果配餐。口味特点是咸中带甜,喜爱生、冷、清、淡,不喜欢在烹调时使用调料,而是把酱油、醋、盐、味精、胡椒粉、辣椒粉放在餐桌上自行调味,对带骨的肉类要尽量剔除骨头后才做菜。美国人不喜欢奇形怪状的诸如鸡爪、猪蹄、海参等食品,不少美国人喜欢吃我国的川菜、粤菜,有些美国人还喜欢吃蚯蚓,包括用蚯蚓制作的饼干和罐头。美国人一般不爱喝茶,爱喝冰水、矿泉水、可口可乐、啤酒、威士忌、白兰地等。

4. 节日习俗

美国的主要节日有：独立日（7月4日）；感恩节，又叫火鸡节，是北美独有的节日，在每年的11月的第4个星期四进行，现已成为家人团圆、朋友团聚的全民性节日；圣诞节（12月25日）；母亲节（5月的第2个星期日）和父亲节（6月的第3个星期日），都表示对双亲含辛茹苦养育自己的崇敬和感激，并经美国总统批准，成为美国重要的节日；植树节（4月22日）；情人节（2月14日），情人间互赠卡片与鲜花。

5. 礼仪禁忌

美国人忌讳黑色，蝙蝠被视为吸血鬼与凶神。最讨厌的数字是"13"和"3"，不喜欢的日期则是星期五。在美国，成年的同性共居于一室之中、在公共场合携手而行或是勾肩搭背、在舞厅里相邀共舞等等，都有同性恋之嫌。不宜送给美国人的礼品有香烟、香水、内衣、药品以及广告用品。跟美国人相处时，与之保持适当的距离是必要的。他们认为，个人空间不容冒犯，因此在美国碰了别人要及时道歉，坐在他人身边先要征得对方认可，谈话时距对方过近是失敬于人的。美国人忌讳打探个人隐私，询问他人收入、年龄、婚恋、健康、籍贯、住址、种族等等，都是不礼貌的。美国人大都认定"胖人穷，瘦人富"，所以他听不得别人说自己"长胖了"。

（二）加拿大

1. 简介

加拿大位于北美洲北半部，国土面积9976139平方千米，人口2595万人。大部分是欧洲等国家移民的后裔，土著人占5%，华裔占1.2%。居民大部分信奉天主教与基督教，首都为渥太华。英语和法语均为官方语言，货币名称为加元。

2. 礼貌礼节

加拿大人因受欧洲移民的影响，其礼貌礼节与英法两国相似。握手被认为是一种友好的表示，一般在见面和临别时握一下即可，无须反复握手。公务时间，加拿大人很注意个人仪表与卫生，因此，他们希望所遇到的客人也能如此。如果被邀到别人家做客，送点鲜花会被认为是一种令人愉悦的礼节。

3. 饮食习惯

加拿大人对法式菜肴较为偏爱，并且以面包、牛肉、鸡肉、鸡蛋、西红柿等物为日常食品。在口味方面，比较清淡，爱吃酸、甜之物。在烹制菜肴时极少直接加入调料，而是惯于将调味品放在餐桌上，听任用餐者各取所需、自行添加。从总体上讲，加拿大人以肉食为主，特别爱吃奶酪、黄油及烤制的食品。在饮品方面，喜欢咖啡、红茶、牛奶、果汁、矿泉水，还爱喝清汤，并且爱喝麦片粥。忌食肥肉、动物内脏、腐乳、虾酱、鱼露，以及其他一切带有腥味、怪味的食物。对于动物的脚爪和偏辣的菜肴，他们也不太喜欢吃。一日三餐中最重视的是晚餐。

4. 节日习俗

主要节日有：国庆日（7月1日）；元旦，人们将瑞雪作为吉祥的征兆，新年期间，将白雪堆积在住宅四周筑成雪岭。据说，这样可防止恶魔入侵，永得安宁；枫糖节，每年3—4月，在春意犹浓之时，几千个生产枫糖的农场装饰一新，使之披上节日盛装，以吸引更多的旅游者。冬季狂欢节，在加拿大东南部港口城市魁北克，每年从2月份的第一个周末起，都举行为期10天的冬季狂欢节,狂欢节规模盛大,活动内容丰富多彩。

5. 礼仪禁忌

白色的百合花主要被用于悼念死者,因其与死亡相关,所以绝对不可以之作为礼物送给加拿大人。"13"被视为"厄运"之数,"星期五"则是灾难的象征,加拿大人对于二者都是深为忌讳的。在老派的加拿大人看来,打破了玻璃,请人吃饭时将盐撒了,从梯子底下经过,都是不吉利的事情,都是应当竭力避免发生的。与加拿大人交谈时,不要插嘴打断对方的话,或是与对方强词夺理。在需要指示方向或介绍某人时,忌讳用食指指指点点,而是代之以五指并拢、掌心向上的手势。

三、大洋洲主要客源国礼俗礼仪

(一)澳大利亚

1. 简介

澳大利亚位于太平洋西南部和印度洋之间,国土面积7682300平方千米,人口1653.2万人。95%的居民是英国及其他欧洲国家移民的后裔,土著居民有16万人,华裔和华侨约有20万人。98%的居民信奉基督教,其余信奉犹太教、佛教和伊斯兰教。首都为堪培拉,国花为金合欢花。通用英语,货币名称为澳元。

2. 礼貌礼节

澳大利亚人办事认真爽快,喜欢直截了当,待人诚恳,热情。见面礼节,既有拥抱礼、亲吻礼,也有合十礼、鞠躬礼、握手礼、拱手礼、点头礼。土著居民在见面时所行的勾指礼极具特色,做法是:相见的双方各自伸出手来,令双方的中指紧紧勾住,然后再轻轻地往自己身边一拉,以示相亲、相敬。

澳大利亚人平时的一般穿着,大都是T恤、短裤,或者是牛仔装、夹克衫。由于阳光强烈,他们在出门之时,通常喜欢戴上一顶棒球帽来遮挡阳光。澳大利亚的土著居民平时习惯于赤身露体,至多是在腰上扎上一块围布遮羞而已。在极为正式的场合要穿西装、套裙。

3. 饮食习惯

澳大利亚人的饮食习惯和口味与英国人较相似,菜要清淡,不吃辣。家常菜有煎蛋、炒蛋、火腿、脆皮鸡、油爆虾、糖醋鱼、熏鱼、牛肉等。他们十分厌恶加了味精的食物,认定味精好似"毒药",令人作呕,还不吃味道酸的东西。澳大利亚人食量较大,啤酒是最受欢迎的饮料,达尔文城的居民以喝啤酒闻名。

4. 节日习俗

主要节日有:国庆日(1月26日),纪念首批移民到澳定居;圣诞节(12月25日),因澳大利亚是南半球的国家,正当西欧各国在寒风呼啸中欢度圣诞节时,澳大利亚却是仲夏时节,酷暑和严冬景象的强烈对比,使澳大利亚庆祝圣诞节活动别有一番情趣。

澳大利亚的墨尔本市,每年11月份的第一个星期日都要举行一次跑马大赛。届时,弗莱明顿跑马场,约有百十余万观众观战,众多买不到票的人,则围在电视机或者收音机旁,如醉如痴地收看或收听跑马大赛实况。

5. 礼仪禁忌

在澳大利亚人眼里,兔子是一种不吉利的动物,他们认为,碰到了兔子,可能是厄运将临的预兆。对于"13"与"星期五"普遍反感。在人际交往中,爱好娱乐的澳大利亚人往往有邀请友人一同外出游玩的习惯,他们认为这是密切双方关系的捷径之一,对此类邀请予以拒绝,会被他们理解成不给面子。澳大利亚人不喜欢将本国与英国处处联系在一起,不喜欢听"外国"或"外国人"这一称呼。对公共场合的噪声极其厌恶,在公共场所大声喧哗者,尤其是在门外高声喊人的人,是他们最看不起的。

(二) 新西兰

1. 简介

新西兰地处澳洲,位于太平洋西南部,是一个岛国。全国总面27.05万平方千米,全国总人口为447万人,由欧洲移民后裔、毛利人、华人等民族组成,其中英国移民的后裔约占全国总人口的84%,毛利人占10%,其余为华人等。

新西兰国家的名称来自荷兰语,意即"新的海中陆地",由于新西兰距离其他大洲路途遥远,并且环境十分优美,故有"世界边缘的国家"、"绿色花园之国"和"白云之乡"的称号。新西兰的畜牧业发达,因此又有"畜牧之国"、"牧羊之国"之称。

新西兰的行政区划,是将全国分作14个大区,58个小区,14个市,首都为惠灵顿。新西兰的通用语为英语,但毛利人依然习惯于讲本民族的语言——毛利语。新西兰的主要宗教是基督教和天主教,其信徒约占全国总人口的70%以上。

新西兰目前实行君主立宪政体,以英国女王为自己的国家元首,它是英联邦成员国之一,新西兰的国庆日是每年的2月6日。

2. 礼貌礼节

在新西兰社会中,欧洲移民的后裔,其中特别是英国移民的后裔,不仅占了人口的绝大多数,而且其待人接物的具体做法也居于主要地位。所以,新西兰主流社会的交际礼仪具有鲜明的欧洲特色,尤其是英国特色。同新结识的人见面或告别时,均行握手礼。有的新西兰人通行鞠躬昂首礼。由于自然条件优越,生活富足,新西兰人大都喜爱户外运动。他们最喜爱的运动项目是赛马和橄榄球。并常以此作为谈论的话题。

毛利人善歌舞,讲礼仪,当远方客人来访时,致以"碰鼻礼"。碰鼻次数越多、时间越长,说明礼遇越高。

3. 饮食习惯

新西兰人的饮食与英国人大致相仿,喜欢吃西餐,爱喝啤酒。新西兰人嗜好喝茶,一般每天须喝7次茶(早茶、早餐茶、午餐茶、午后茶、下午茶、晚餐茶和晚茶),很多机关、学校、工矿企业都有喝茶的专用时间,茶店和茶馆几乎遍及新西兰各地。

4. 节日习俗

主要节日有国庆日(2月6日)。毛利人有他们自己独特的传统习俗,他们相信灵魂不灭,崇拜祖先和各种神灵、神圣的首领。

5. 礼仪禁忌

新西兰人虽然大都讲英语,但是他们不喜欢像英国人那样用"V"字手势去表示胜利。不愿谈及各种种族问题。另外,新西兰人做人比较严肃寡言,并且很讲绅士风度,在男女交往方面较为拘谨保守,并且有种种清规戒律。新西兰人相信灵魂不灭,因此对拍照、摄像十分忌讳。

四、欧洲主要客源国礼俗礼仪

(一) 英国

1. 简介

英国位于欧洲西部大西洋不列颠群岛上。国土面积244100平方千米,人口5707.7万人,其中英格兰人占80%以上,其余为苏格兰人、威尔士人和爱尔兰人等。居民绝大部分信奉基督教,只有少部分人信奉天主教。首都为伦敦,国花为蔷薇花,以英语为国语,货币名称为英镑。

英国是最早的工业发达国家,是世界重要的贸易大国。英国的旅游业较发达,是我国主要客源国之一。

2. 礼貌礼节

英国人讲究文明礼貌,注重修养,同时也要求别人对自己有礼貌。注意衣着打扮,什么场合穿什么服饰都有一定惯例。见面时对尊长、上级和不熟悉的人使用尊称,并在对方姓名之前冠以职衔或先生、女士、夫人、小姐等称呼,亲友和熟人之间常用昵称。初次相识的人相互握手,微笑并说"您好!"在大庭广众之下,人们一般不行拥抱礼。男女之间除热恋者之外一般不手拉手走路。

英国人时间观念很强,而且照章办事。例如:应邀参加宴会、业务洽谈会必须准时,否则被视为失礼。如果请英国人吃饭,必须提前通知,不能临时邀请。赴宴时不能早到,以防主人还未准备好。不被邀请或约定去拜访英国人的家庭是对主人私生活的干扰,是非常失礼的举动。在与英国人谈话时不要涉及政治、宗教和有关皇室的小道消息,也要避免使用"English"(英格兰人)这个词,而要用"British"(不列颠人),这样说大家都高兴。他们不喜欢问及家事、私事、个人职业、收入、年龄、婚姻等。

英国人尤其讲究"绅士"、"淑女"风度,不轻易动感情或表态。特别是受过高等教育的英国人,更是谈吐幽默、高雅脱俗、谦虚谨慎。他们视夸夸其谈为缺乏教育,视自吹自擂为低级趣味。人们交往时常用"请"、"对不起"、"谢谢"等礼貌用语,即使家庭成员之间也是如此。用表示胜利的手势"V"时,对英国人一定要注意以手心对着对方,否则会遭到不满。

案例分析

做一个大智若愚的人

一次,英国的温莎公爵主持了一个招待印度当地居民首领的宴会,在宴会结束的时候,侍者为每位客人端来了洗手盆。让人意想不到的是,当印度客人看到那精巧银质的器皿里盛着亮晶晶的水时,以为是英皇室的待客之道,端起来一饮而尽。这一举动让英国贵族们目瞪口呆,不知如何是好,只是愣愣地观察温莎公爵。温莎公爵声色自若,一边与客人谈笑风生,一边也端起自己面前的洗手水,自然地仰起头来一饮而尽。于是,大家也都纷纷端起自己面前的洗手水,一饮而尽。宴会在热烈而祥和的气氛中取得了预期的成功。

(资料来源:许湘岳.礼仪训练教程[M].北京:人民出版社,2012.)

分析:在英国宫廷礼仪中,自然是不能把洗手水喝掉的,而印度首领在不懂风俗的情况下,冒失地喝掉了洗手水。温莎公爵并没有"聪明"地指出其做法不妥,而是装糊涂跟着将洗手水喝下,避免了印度首领的尴尬。公爵这个"糊涂"的做法,彰显了自己高贵的品格与风度,树立了良好的个人形象,营造了和谐的氛围,可谓大智若愚。

3. 饮食习惯

英国人口味清淡,不爱辣味。早餐丰富,喜欢吃麦片、三明治、奶油、点心、煮鸡蛋、果汁、牛奶、可可等;午餐较简单,通常以冷肉和凉菜为主,喝茶但不饮酒;晚餐为一天正餐,往往饮酒,爱吃牛(羊)肉、鸡肉、鸭肉、野味、油炸鱼类等。

英国人爱喝茶,把喝茶当作每天必不可少的享受。正如英国人的一首民歌所唱的"我最高的愿望,乃是好茶一杯"。英国人喜欢中国的"祁门红茶",但喝茶的习惯不同于中国:早晨喜欢喝红茶,称之为"床茶";上午10时左右再喝一次,名为"早茶";下午4时左右喝"午茶";晚饭后也要再来一次晚饭茶。英国人不喝清茶,一般先要在杯里倒上冷牛奶或鲜柠檬,加点糖,再倒茶制成奶茶或柠檬茶。如果先倒茶后倒牛奶会被认为缺乏教养。他们还喜欢喝威士忌、苏打水、葡萄酒和香槟酒,有时还喝啤酒和烈性酒,彼此间不劝酒。

4. 节日习俗

英国人除了宗教节日之外,国庆节和除夕之夜是很热闹的。国庆节是每年6月的第2个星期四,按历史惯例在英王生日那天;除夕之夜全家围坐,举杯畅饮,人人高歌"辞岁歌"。除夕夜必须瓶中有酒,盘中有肉,象征着来年富裕有余。苏格兰人则提着煤块去拜年,把煤块投入亲友家的炉子里,并说"祝你家的煤长燃不熄",以求吉利。4月1日为一年一度的"万愚节"。

5. 礼仪禁忌

英国人忌用大象、孔雀作服饰图案和商品装潢。他们认为大象是愚笨的,孔雀是淫鸟、祸鸟,连孔雀开屏也被认为是自我吹嘘和炫耀。忌"13"这个数字,还忌"3"这个数字,源于1899年英布战争中士兵点燃第三支烟时被打死者甚多,所以忌用同一根火柴给第3个人点烟。与英国人坐着谈话忌两腿张得过宽,更不能跷起二郎腿。若站着谈话,不可把手插入衣袋。忌当着英国人的面耳语和拍打肩背。忌送百合花,他们认为百合花意味着死亡。

(二)法国

1. 简介

法兰西共和国位于欧洲大陆西部,国土面积551602平方千米,人口5587.4万人,其中法兰西人约占94%,绝大多数居民信奉天主教,首都为巴黎。国花为鸢尾花,以法语为国语,货币名称现在为欧元。

2. 礼貌礼节

法国人热情开朗,初次见面就能亲密交谈,而且滔滔不绝。法国人讲究服饰美,尤其是法国女性衣着非常时髦,特别喜欢使用化妆品,光口红就有早、中、晚之分,是世界上最爱打扮的女性。

法国人喜欢行亲吻礼。据考证,法国是世界上最早公开行亲吻礼的国家,也是使用亲吻礼频率最高的国家。

与法国人约会必须事先约定时间,准时赴约,但不要提前。送鲜花给法国人是很好的礼品。法国人在公共场所不能有懒散动作,也从不大声喧哗。

3. 饮食习惯

法国的烹调世界闻名,用料讲究,花色品种繁多,其口味鲜嫩味美,注重色、形和营养。烹调时用酒较重,肉类菜不烧得太熟,肉最多七八分熟,对牡蛎一般都喜欢生吃。

早餐一般爱吃面包、黄油,喝牛奶、浓咖啡等;午餐喜欢吃炖鸡肉、炖牛肉、炖火腿、炖鱼等;晚餐很讲究,多吃猪肉、牛(羊)肉、虾、海鲜、蜗牛、青蛙腿、家禽,忌食无鳞鱼。牛排和土豆丝是法国人的家常菜。他们还喜欢吃冷菜,对冷菜习惯自己切着吃。

法国人爱喝葡萄酒、啤酒、苹果酒、牛奶、红茶、咖啡、清汤,喜欢酥食点心和水果。不爱吃辣的食品。

4. 节日习俗

法国节日以宗教节日为主。1月1日是元旦,这一天也是亲友聚会的日子,家中酒瓶里不能有隔年酒,否则会被视为不吉利,元旦的天气还被认作新年光景的预兆。春分所在月份月圆后第一个星期天为复活节,复活节后第40天为耶稣升天节,复活节后第50天为圣灵降临节。4月1日为愚人节。11月1日为万灵节,祭奠先人及为国捐躯者。12月25日为圣诞节,是法国最重大的节日。

重要的世俗节日有:7月14日为国庆节,全国放假一天,首都举行阅兵仪式;5月30日是民族英雄贞德就义纪念日;11月1日是第一次世界大战停战日;5月8日是反法西斯战争胜利日;3月中旬第一个星期天是体育节,人们都出去跑步。

5. 礼仪禁忌

菊花、牡丹、玫瑰、杜鹃、水仙、金盏花和纸花,一般不宜随意送给法国人。仙鹤被视为淫妇的化身,孔雀被看作是祸鸟,大象象征着笨汉,它们都是法国人反感的动物。法国人对核桃十分厌恶,认为它代表着不吉利,以核桃招待法国人,将会令其不满。他们所忌讳的色彩,主要是黄色与墨绿色。法国人所忌讳的数字,是"13"与"星期五"。在一般情况下,法国人不喜欢13日外出,不会住13号房、坐13号座位,或是13个人同桌进餐。给法国妇女送花时,宜送单数,但要记住避开"1"与"13"这两个数目。在接受礼品时若不当着送礼者的面打开包装,则是一种无礼、粗鲁的行为。

(三) 德国

1. 简介

德意志联邦共和国位于中欧西部,国土面积356545平方千米,人口7799万人,绝大多数是德意志人。居民中信奉基督教者约占一半,其他大部分人信奉天主教。国花为矢车菊,首都为柏林,国语为德语,货币名称现在为欧元。

2. 礼节礼貌

在人际交往中,准时赴约被看得很重。在社交场合,德国人通常采用握手礼作为见面

礼节。与德国人握手时,有必要特别注意以下两点:一是握手时务必要坦然地注视对方;二是握手的时间宜稍长一些,晃动的次数宜稍多一些,握手时所用的力量宜稍大一些。此外,与亲朋好友见面时,往往会施拥抱礼。亲吻礼多用于夫妻、情侣之间。有些上了年纪的人,与人相逢时,往往习惯于脱帽致意。对德国人称呼不当,通常会令对方大为不快。在一般情况下,切勿直呼德国人的名字。称其全称,或仅称其姓,则大都可行。看重职衔、学衔、军衔,对于有此类头衔者,在进行称呼时一定要使用其头衔。

与德国人交谈时,切勿疏忽对"您"与"你"这两种人称代词的使用。对于初次见面的成年人以及老年人,务必要称之为"您"。对于熟人、朋友、同龄者,方可以"你"相称。在德国,称"您"表示尊重,称"你"则表示地位平等、关系密切。

德国人在穿着打扮上的总体风格是庄重、朴素、整洁。在一般情况下,男士大多爱穿西装、夹克,并且喜欢戴呢帽。妇女们则大都爱穿翻领长衫和色彩、图案淡雅的长裙。在日常生活里,德国妇女的化妆以淡妆为主,对于浓妆艳抹者,德国人往往是看不起的。在正式场合露面时,必须要穿戴得整整齐齐,衣着一般多为深色。

德国人对发型较为重视。在德国,男士不宜剃光头,免得被人当作"新纳粹"分子。德国少女的发式多为短发或披肩发,烫发的妇女大多为已婚者。

3. 饮食习惯

德国人餐桌上的主角是肉食。他们最爱吃猪肉,其次是牛肉,大都不太爱吃羊肉。除肝脏之外,其他动物内脏也不为其接受。除北部地区的少数居民之外,德国人大都不爱吃鱼、虾,这是德国的一种独特的民俗,其原因恐怕主要是担心被鱼刺扎伤。德国人一般胃口较大,喜食油腻之物,所以胖人极多。在口味方面,爱吃冷菜和偏甜、偏酸的菜肴,不爱吃辣和过咸的菜肴。在饮料方面,最爱喝啤酒,而且普遍为海量。对咖啡、红茶、矿泉水也很喜欢。

4. 节庆习俗

除传统的宗教节日外,德国人是世界上最爱喝啤酒的,所以有举世闻名的"慕尼黑啤酒节"。每年9月最后一周到10月第一周连续要过半月,热闹非凡。狂欢节(每年11月11日11时11分)开始,要持续10天,到来年复活节前40天才算过完。过完复活节前一周的星期四是妇女节,妇女们这一天不但可以坐市长的椅子,还可以拿着剪刀在大街上公然剪下男子的领带。元旦,也是德国人的重大节日。除夕之夜,男子按传统习俗聚在屋里,喝酒打牌,将近零点时,大家纷纷跳到桌子上和椅子上,钟声一响,就意味着"跳迎"新年,接着就扔棍子,表示辞岁。

5. 礼仪禁忌

忌用玫瑰或蔷薇送人,前者表示求爱,后者则专用于悼念亡人。送女士一枝花,一般也不合适。向德国人赠送礼品时,不宜选择刀、剑、剪刀、餐刀和餐叉。以褐色、白色、黑色的包装纸和彩带包装、捆扎礼品,也是不允许的。德国人对黑色、灰色比较喜欢,对于红色以及渗有红色或红、黑相间之色,则不感兴趣。对于"13"与"星期五",德国人极度厌恶。四个人交叉握手,或在交际场合进行交叉谈话,在公共场合窃窃私语,都被他们看作是不礼貌的。德国人对纳粹党党徽的图案十分忌讳。在德国,跟别人打招呼时,切勿身体立正,右手向上方伸直,掌心向外,这一姿势,过去是纳粹的行礼方式。

(四) 西班牙

1. 简介

西班牙位于欧洲西南部的伊比利亚半岛,国土面积504750平方千米,人口3843.5万人。西班牙人约占73%,加泰隆人约占16.4%,大多数居民信奉天主教。首都为马德里,国花为石榴花,以西班牙语为官方语言,货币名称现在为欧元。西班牙国际旅游业发展迅速,每年来自欧洲邻国的游客数超过本国人口,是当今世界旅游大国之一。

2. 礼貌礼节

西班牙人讲究穿着。同西班牙人第一次见面时,通常行握手礼。有些西班牙人在遇见久违的朋友时爱用拥抱和亲热的拍肩等方式互致问候。在西班牙,人们经常需要交换名片,这是一种有礼貌的表示。西班牙人书写姓名或印制名片时,必须在其姓名后面加上母亲家族的姓。在交谈时,人们只称呼客人的姓,而不会加上其母亲的姓,但写信时必须加上。西班牙人喜欢谈论体育与旅游。交谈话题如涉及斗牛,那么必须把斗牛看成是一种伟大的、难度极高的、地道的西班牙艺术。西班牙人对斗牛有极为浓厚的感情色彩,若对这种传统风俗表示异议,他们会很不高兴。

西班牙人有午休的习惯,一般在下午1时到4时30分间停止办公。他们喜欢过夜生活,晚上电影最早放映时间是22时,舞剧院开场则更晚些。同朋友通电话谈心与聊天,最适合的时间是晚上12时至凌晨1时之间。大丽花与菊花不能作为礼物送人,因为它们与死亡有关。

3. 饮食习惯

西班牙人喜爱美食,一年12个月,月月有大饱口福的节日。1月17日是名副其实的口福节。当天夜晚,人们坐在篝火边,依次吃软米饭、鳗鱼馅饼、香肠面包等,一直吃到天亮;2月的狂欢节,要吃奶蜜面包卷和烧薄饼;3月的烹调节,要吃蜗牛佳肴;4月的复活节,要吃烧小猪、羊肉;5月的苹果节,要尽情地吃苹果;6月的拉萨卡节,西班牙人则在广场的篝火旁吃烤牛肉;7月的葡萄节可畅饮葡萄酒;此外还有8月的螃蟹节、9月的鲜果节(要吃各种新鲜水果及草莓)、10月15日的全国烹调日、11月的丰收节、12月的除夕等。西班牙的各种节庆,都在吃上下功夫。他们口味偏厚重浓郁,爱饮啤酒和葡萄酒。

4. 节日习俗

西班牙人过节,手上一定要拿一枚金币,才算有福气。为了在过节这天看到孩子们的笑脸,他们几乎满足孩子们提出的一切要求。除夕之夜,家人团聚,以音乐和游戏相庆贺。午夜来临,12点的钟声刚开始敲第一声,每个人都开始吃12颗葡萄,必在第10响之前把葡萄吃完,这样新年才会快乐。

西班牙的妇女善用扇子来表达她们不同的感情。当打开扇子,把脸的下半部遮起来意为"我爱你"或在问人:"你喜欢我吗?"如把扇子一会儿打开,一会儿合上,意为"我非常想念你";如打开扇子,指着下巴,意为"我希望下次同你早点见面";如一个劲快速扇扇子,意为"离开我!不然,我丈夫叫你吃苦头";如合着扇子,翻来翻去,意为"你太讨厌";如把扇子收折起来,意为"你这个叛逆者,不值得一爱"。

西班牙盛行一种富有民族特色的斗牛竞技表演。斗牛是在一个直径为80米的圆形露天沙地举行,每场表演分6节,每节各有1头牛。如斗牛士一次将牛杀死,将得到牛耳

做纪念,乐队高奏凯歌,斗牛士接受观众的祝福。斗牛士如3次刺杀不能把牛杀死,便名誉扫地,将终生退出斗牛场。而这头牛在医治伤口之后,像神一样被供养起来,不再参加表演。在这充满危险的表演中,斗牛士有时也会失手,甚至丧生于牛角之下。

知识链接

世界洲名起源

1. 亚洲:东方日出之洲

亚洲的全称是亚细亚洲,它源出腓尼基语。定居叙利亚海岸的古代腓尼基人,早在公元前就强盛一时。他们具有精湛的航海技术,频繁的海上活动使他们积累了丰富的地理知识。为了辨别方位,他们把地中海以东的大陆统称为"Asu",意为"东方日出处"。今天英语"Asia"(亚洲)就是由腓尼基语"Asu"演变而来的。

2. 欧洲:一个女人的名字

欧洲是欧罗巴洲的简称,它的由来与古希腊神话有关。据古希腊神话传说,有一位神叫卡德谟斯,他有一个小妹名叫欧罗巴,宙斯看上了这位婀娜多姿的姑娘。一天欧罗巴在花园中游玩,看到一头高大漂亮的公牛,这头公牛原来是宙斯所变,欧罗巴在公牛的诱惑下,不由自主地跨上牛背,公牛载着欧罗巴横渡大海,现出原形,于是与欧罗巴婚配生子。后来诸子长大,散布四方,都成了名人。为了纪念他们的母亲,他们就把居住的大陆叫作"欧罗巴"。

3. 非洲:众说纷纭的名字

非洲的汉译全称是阿非利加洲。古希腊的地理学家将世界分为欧罗巴和亚细亚两大部分;亚细亚包括利比亚(后改称阿非利加)。公元前五世纪,著名历史学家希罗多德把利比亚从亚细亚中分了出来,成为单独的一个部分,到了公元前1世纪末,阿非利加逐渐成为整个非洲大陆的通称。

4. 美洲:一个航海家的名字

美洲的全称是亚美利加洲。把今天的美洲称为"美洲",只是近几百年的事。在哥伦布于1495年第一次抵达美洲以前,人们对美洲大陆几乎一无所知,一个名叫亚美利哥·维斯普奇的航海家,曾作了4次往西半球的航行,并第一个察觉到这是一块欧洲人所不知道的大陆,因此他认为这块大陆应叫作MandusNovus(新世界)。

1507年,德国地理学家马丁·瓦尔泽米勒将"新世界"以亚美利哥的名字定为"亚美利加"。当时,这个名称仅用于南美洲,到了1538年,根据著名宇宙学家海拉尔德·梅尔卡托尔的倡议,才开始把今日的美洲大陆两部分统称为亚美利加。而后,人们又把今天的美国以南的美洲地区称为拉丁美洲。

5. 澳洲:南方的大陆

澳洲是澳大利亚的简称,它源于拉丁文Australis,系南方之意。公元2世纪,埃及著名地理、制图学家托勒密在绘制世界地图时,在印席洋南端画上了一块陆地轮廓,注为"未知的南方陆地",后为17世纪荷兰制图学家所沿袭,同样采用了Auseralis(南方大陆)的名称。1605年荷兰人威廉·扬茨第一个抵达澳洲海岸,但他并不知道这就是南方大陆。此后欧洲航海家一系列的航行,才逐渐有了南方大陆之说。1817年在英国的官方文件中正式采用了Australia一词,作为这个大洲和国家的名称。

(资料来源:朱燕.外事工作常识与礼仪[M].北京:中国国际广播出版社,1997.)

五、非洲主要客源国礼俗礼仪

(一)埃及

1. 简介

埃及是世界四大文明古国之一,是亚非人民交往的纽带。其国土面积1002000平方千米,人口5189.7万人。居民主要为阿拉伯人,约占87%,科普特人约占11.8%,居民多信奉伊斯兰教。首都为开罗,国花为莲花,以阿拉伯语为官方语言,货币名称为埃镑。

2. 礼节礼貌

埃及人正直、爽朗、宽容、好客,这一特殊的个性被通称为"埃及风格"。埃及人在打招呼时,往往以"先生"、"夫人"和头衔称呼对方。见面介绍行握手礼,有时见面也行亲吻礼。人们最常用的问候语是"祝你平安"。当斋月来临,人们常问候"斋月是慷慨的",回答是"真主更慷慨"。埃及人都很和蔼,如果有什么差错,只要说声"很抱歉"即可。交谈时,宗教是个不讨好的话题,因此,最好避而不谈。席间,如果有人为了去祈祷而中途退席,客人要耐心等待。进入清真寺时,要脱鞋。接送东西要使用双手或右手。浪费食物,尤其浪费面饼,被他们认为是对神的亵渎。

3. 饮食习惯

埃及人的主食为面饼,副食主要为豌豆、洋葱、萝卜、西红柿、卷心菜、南瓜、土豆等蔬菜。忌食猪肉、海味、虾、蟹和各种动物内脏(肝脏除外)以及奇形怪状的食物。埃及人喜欢吃甜食,喝红茶和咖啡,忌饮酒。进餐时如果没有必要,一般不与人交谈。埃及人有在咖啡店吃午餐的习惯,他们买一杯咖啡和几块点心,边吃边喝,别有一番滋味。

4. 节日习俗

主要节日有:国庆节(7月23日)、惠风节(4月下旬)、开斋节(伊斯兰教历10月1日)。斋月是伊斯兰教的传统祭礼月,在斋月里,穆斯林从日出到日落,戒绝饮食。斋月一般为30天,但第30天见新月出现,则守斋29日,次日即为开斋节。节日期间,每家每户的大门白天都敞开着,恭候亲朋好友上门道贺。

古尔邦节(伊斯兰教历12月10日),是伊斯兰教又一盛大节日。古尔邦,在阿拉伯语中含有"牺牲、献身"之意。节日里,根据经济能力宰羊、杀蛇或屠牛,分发给贫民,接待宾客,馈赠亲友。

尼罗娶妇节(6月17日或18日)也是埃及人的重要节日。尼罗河和埃及人民有

着紧密的联系,由于古埃及人对尼罗河这条神秘巨流的畏惧和迷信,产生了为尼罗河娶妻的习俗。每当节日来临,就要在埃及全境选出一位美貌少女作为新娘投入尼罗河。这个节日过去是女孩的灾难日,到了20世纪40年代,新娘改用石膏制成的模型代替。节日期间,大河两岸万头攒动,彩船下水,在悠扬的乐曲声中,众人高唱赞歌,并伴以舞蹈。

5. 礼仪禁忌

埃及人忌蓝色和黄色,认为蓝色是恶魔,黄色是不幸的象征,遇丧事都穿黄衣服。埃及人还忌针,因为针在埃及是贬义词。每日下午3至5时,是严忌买针和卖针的时间,以避"贫苦"、"灾祸"。

与埃及人交谈时,应注意以下问题:一是男士不要主动找妇女攀谈;二是切勿夸奖埃及妇女身材窈窕,因为埃及人以体态丰腴为美;三是不要称道埃及人家中的物品,在埃及这种做法会被人理解为索要此物;四是不要与埃及人讨论宗教纠纷、中东政局以及男女关系等。

(二)坦桑尼亚

1. 简介

坦桑尼亚位于非洲东部,国土面积945087平方千米。居民绝大多数为非洲黑人,分属苏库马族等130多个部族。内地农村居民多信奉拜物教,沿海地区居民多信奉伊斯兰教,城镇居民多信奉天主教和基督教。新首都为多多马,国花为丁香,以斯瓦希里语为国语,以英语为官方通用语言,货币名称为先令。

2. 礼节礼貌

坦桑尼亚人爱好音乐,能歌善舞,待人热情诚恳,注重礼貌。在坦桑尼亚,无论被介绍给谁,都要与对方握手问好。客人和主人之间互称"某某先生"。不要称呼他们为"黑人",而应称呼他们为"非洲人",否则是对他们的蔑视和不礼貌。交谈时不宜谈论国内的政治气候,以免激怒坦桑尼亚人。坦桑尼亚人生活在热带,衣食住行都较简单,生活方式同其他国家有较大的差异。

3. 饮食习惯

坦桑尼亚人一般食量较大。大多数坦桑尼亚人以羊肉为主要副食品,爱吃米饭、串烤羊肉、全烤羊肉、辣味鱼、咖喱鸡肉等。有的部族以牛羊肉为主食,有的以吃鱼虾为主,有的则以香蕉当饭。由于坦桑尼亚原属英国殖民地,有的地方还带有英国人的某些生活习惯。坦桑尼亚人忌食猪肉及奇形怪状的食物。

4. 节日习俗

主要节日有国庆节(4月26日)、中秋节。中秋节又称月圆节,一年一度在桑给巴尔举行。节日来临时,人们成群结队,来到庭院广场上,围成一圈静坐着,一直等到月亮下沉之后,才能说笑、娱乐。坦桑尼亚部族众多,风俗习惯也各异。如玛萨伊族,女子一律剃发,男子则留发梳辫子,还用牛血洗头、染发,所以,这个族的男子都是黑脸红头发。而且男男女女都戴耳环,穿着也很简单。男子只用一块又长又宽的布,从肩上裹围到腰,从腰部搭下来遮身。妇女们有以头顶来搬运东西的习惯。

课堂讨论

范献子出使鲁国

春秋后期,晋国有一位才干卓越的政治家、外交家,名叫范献子。一次,范献子应邀到鲁国出使访问。鲁国有两座非常有名的山——具山和教山,虽然这次出访不能亲自登临,一睹名山风采,但范献子对这两座山还是很感兴趣。所以他一到鲁国,就迫不及待地问起两座山的情况。令他不解的是,鲁国人并没有直接提及具山和教山的名字,而是用两座山的乡名进行了回答。为了解开心中的疑惑,范献子听完鲁国人的介绍后,忙追问道:"难道我所问的这两座山不叫具山和教山吗?"被他询问的人回答道:"您所说的,那是我们先君鲁献公、鲁武公的名讳啊。"范献子听后,懊悔不已。原来在我国古代,君王或尊亲为了显示威严,规定人们说话时避免直呼其名,在行文中避免直写其名,而以别的字代替。所以鲁国人为表示对鲁献公和鲁武公的尊敬,改用乡名称呼两座名山,也就不足为奇了。范献子为什么会懊悔呢,这同样和我国古代的礼仪规范有关。《礼记·曲礼上》中有"入境而问禁,入国而问俗,入门而问讳"的说法,也就是说进入一个陌生的国家或地区,要首先去打听有关民俗和禁忌,以免遇到麻烦。范献子来到鲁国,没有问及鲁国有哪些民俗和禁忌,进而做出了犯忌的事情,其后悔也就可想而知了。

(资料来源:杨梅,牟红.旅游服务礼仪[M].上海:格致出版社,2011.)

讨论:

1. 范献子出使鲁国为什么会做出犯忌的事情?
2. 谈谈你对"入境而问禁,入国而问俗,入门而问讳"的重要性的认识。

项目小结

(1)旅游涉外礼仪是礼仪知识和技能在旅游服务中的拓展。为了帮助大家对旅游涉外礼仪有一个基本的认识和了解,本项目第一部分介绍了涉外交往的基本通则及出入境礼节与规范,这是学习旅游涉外礼仪的基础,需引起重视。

(2)本项目第二部分介绍了我国主要客源国的基本概况、风俗习惯、礼仪禁忌。我国主要客源国包括亚洲地区的日本、韩国、泰国、缅甸、新加坡等;欧洲地区的英国、法国、德国、西班牙、俄罗斯、意大利、希腊等;美洲地区的美国、加拿大、巴西、阿根廷等;非洲地区的埃及、南非、坦桑尼亚等;大洋洲的澳大利亚、新西兰等。通过这部分的学习,能使学生基本掌握我国主要客源国的概况,了解我国主要客源国的基本概况和风俗习惯,并在实践中予以熟练运用和掌握。

项目实训

一、知识训练

1. 什么叫涉外礼仪的基本通则？谈谈你对涉外礼仪基本通则重要性的认识。
2. 简述公民申请出国的主要途径和程序。
3. 亚洲主要客源国各自最独特的礼俗是什么？
4. 欧洲和美洲主要客源国的风俗习惯是什么？
5. 简述大洋洲主要客源国的礼仪禁忌。

二、能力训练

设定一个你将出访的国家，并将你应注意的事项与礼节以表格的形式详细列出。

目的：深刻理解涉外礼仪的基本通则，能根据涉外交往礼仪的要求指导自己的涉外交际与服务行为，做到知行合一。

要求：学生拟订出访提纲；分组讨论，学生比较研究；老师点评。

 案例分析

张明为什么感慨？

上午10点，饭店门前来了一辆车，是市宗教管理局的王主任陪同泰国的几位客人按预约时间来此入住。门卫张明按惯例快步迎上前，开后门，满面笑容地问好，护顶，提醒客人小心。客人下车后，张明又熟练地开后备箱取行李，请客人清点件数，提醒客人不要遗落随身物品，然后提起行李引客人到前台登记。一切进行得井井有条。张明对自己的表现很满意，但客人一直面无表情，让张明隐隐不安，"有什么地方出错了"，他百思不得其解。待送客人进房休息后，张明与王主任一同出来，忍不住问了王主任。王主任的一番话让张明感慨：原来服务工作大有学问啊！

（资料来源：黄海燕，王培英.旅游服务礼仪[M].天津：南开大学出版社，2006.）

思考：

1. 张明究竟为什么感慨？
2. 如果你遇到这种情形该如何处理？

附录 A 鲜花的寓意

一、节日花语

（1）春节（农历正月初一）。松、竹、梅——岁寒三友；山毛榉树——昌盛、兴隆；火百合——喜气洋洋；水仙——清纯、自爱；桃花——宏图大展；黄百合——快乐、喜庆；白百合——百年好合；蝴蝶兰——高洁；淡红美女樱——家庭和睦。

（2）情人节（2月14日）。通常在情人节，以赠送一支红玫瑰来表达情人之间的感情。将一支半开的红玫瑰衬上一片形色漂亮的绿叶，然后装在一个透明的单支花的胶袋中，在花柄的下半部用彩带系上一个漂亮的蝴蝶结，形成一个精美秀丽的小型花束，以此作为情人节的最佳礼物。玫瑰是世界主要的礼品花之一，表明专一、情感和活力。玫瑰一般有深红、粉红、黄色、白色等色彩。著名品种有伊里莎白女王（红色）、初恋（黄色）等。情人节以送红玫瑰的最多。1枝取情有独钟之意；3枝则代表"我爱你"；送6枝、8枝代表吉祥数；送11枝，是将10枝送给最心爱的人，另一枝代表自己；至于送24枝则是国际性的常例，12枝为一打，代表一年中的12个月，有追求圆满，年年月月献爱心之意。

（3）清明节（4月5日前后）。金鱼花——悲哀；柳枝——悲伤、哀悼；柏枝——哀悼；文竹——永恒；三色堇——思念；千日草——不朽；花簪——同情、慰问；三轮草、满天星——想念。

（4）母亲节（每年5月的第二个星期日）。通常以大朵粉色的香石竹作为母亲节的用花。粉色是女性的颜色，香石竹的层层花瓣代表母亲对子女绵绵不断的感情。送花时既可送单支，也可送数支组成的花束，或插成造型优美别致的插花。红色康乃馨——用来祝愿母亲健康长寿；黄色康乃馨——代表对母亲的感激之情；粉色康乃馨——祈祝母亲永远美丽年轻；白色康乃馨——除具有以上各色花的意思外，还可寄托对已故母亲的哀悼思念之情；茉莉——和蔼可亲；木樨草——品德高尚；粉牵牛花——纤纤柔情；勿忘我——永恒的爱;藓苔——母爱;深山酢浆——慈母之爱。

(5)端午节(农历五月初五)。菖蒲——避邪镇灾;龙船花——争先恐后;菖蒲花——温顺、娇美;跳舞草——快乐。

(6)父亲节(每年6月的第三个星期日)。通常以送黄色的玫瑰花为主。在有的国家,把黄色视为男性的颜色。在日本,父亲节时必须送白色的玫瑰花。支数和造型不限。石斛兰——父亲之花、坚毅、勇敢;橘树——宽容大度;柳树——直率、坦诚;茴香——力量;黄杨——坚定、冷静;款冬——正义;葡萄——宽容、博爱。

(7)中秋节(农历八月十五)。桂枝——学识渊博;芒草——秋意;胡枝子——优雅;月桂枝——荣誉;桔梗——纯洁;石楠花——庄重。

(8)教师节(9月10日)。木兰花——灵魂高尚;蔷薇花冠——美德;月桂树环——功劳、荣誉;蔷薇枝——严肃、朴素;悬铃木——才华横溢。

(9)圣诞节。在12月25日,用以纪念耶稣的诞生,同时也是普通庆祝的世俗节日。现在的圣诞节,通常以一品红作为圣诞花,花色有红、粉、白色,状似星星,好像下凡的天使,含有祝福之意。在这个节日里,可用一品红鲜花或人造花做成各种形式的插花作品,伴以蜡烛,用来装点环境,增加节日的喜庆气氛。一品红——驱妖除魔;太阳菊——光明、欣欣向荣;白美女樱——庇佑;山毛榉树——昌盛、兴隆。

二、场合花语

(1)祝贺开业。可选红月季、牡丹、一品红等,表示开业大吉、生意兴隆。

(2)看望父母。可选剑兰花、康乃馨、百合花、菊花、满天星等插成花篮或花束,祝父母百年好和、幸福美满。

(3)探望病人。可选素净淡雅的马蹄莲、素色苍兰、剑兰、康乃馨,表示问候,并祝愿早日康复。

(4)送别朋友。赠一束芍药花,表示依依惜别之情。

(5)迎接亲友。可选紫藤、月季、马蹄莲组成花束表示热情好客。

(6)夫妻之间。可互赠合欢花,合欢花的叶子两两相对合抱,是"夫妻好合"的象征。

(7)热恋的情人。可互送玫瑰花、蔷薇花或桂花,这些花以其美丽、雅洁、芬芳而成为爱情的信物和象征。

(8)祝贺新婚。可送花色艳丽、花香浓郁的鲜花,如百合、玫瑰、牡丹、月季等,表示富贵吉祥、幸福美满。

(9)祝长辈华诞。可选送长寿花、大丽花、迎春花、兰花等,寓意"福如东海,寿比南山"。

(10)祝同辈生日。可选石榴花、象牙花、红月季等,含有青春永驻、前程似锦的祝愿。

(11)送工商界朋友。可送杜鹃花、大丽花、常春藤等祝福其前程似锦,事业成功。

(12)送离退休同志。可选兰花、梅花、红枫、君子兰,敬祝正气长存,保持君子的风度与胸怀。

三、花支数的寓意

数　量	含　　　义	数　量	含　　　义
1	你是唯一,一见钟情	20	生生世世的爱
2	心心相印,相亲相爱	22	爱相随,你中有我,我中有你
3	我爱你	24	时时刻刻的思念
4	海誓山盟	27	爱妻
5	无怨无悔	29	爱到永久
6	一帆风顺	30	尽在不言中
7	喜相逢	51	我的心中只有你
8	兴旺发达,吉祥如意	66	爱无止境
9	长相守,永相随	99	天长地久,永沐爱河
10	美满幸福,实心实意	100	百年好合,白头偕老
11	一心一意,心中最爱	101	直到永远
12	全部的爱,一年好运	110	无尽的爱
16	一帆风顺	365	天天想你
18	青春美丽,财源广进	999	无尽的爱
19	爱到永久	1000	爱你一万年

四、花意花语

品　名	花意花语	品　名	花意花语
郁金香	爱的表白、荣誉、祝福、永恒	玫瑰	爱情
郁金香(紫)	无尽的爱、最爱	红玫瑰	热恋、热情、热爱着你
郁金香(白)	纯情、纯洁	粉玫瑰	初恋、求爱、特别的关怀
郁金香(粉)	美人、热爱、幸福	香槟玫瑰	我只钟情你一个
郁金香(红)	爱的宣言、喜悦、热爱	白玫瑰	天真、纯洁、尊敬、纯纯的爱
郁金香(黑)	神秘、高贵、忧郁的爱情	紫玫瑰	浪漫真情、珍贵独特
郁金香(黄)	高贵、珍重、道歉、财富	黑玫瑰	温柔真心
双色郁金香	美丽的你、喜相逢	蓝玫瑰	敦厚善良
高原郁金香	自豪、挺立、美的创造	橙玫瑰	初恋的心情、一份神秘的爱
百合	百年好合、事业顺利、祝福	黄玫瑰	珍重祝福、失恋、褪去的爱
粉百合	清纯、高雅	水仙	高雅、清逸、芬芳脱俗
黄百合	财富、高贵、荣誉、胜利	风铃草	温柔的爱

续表

品　名	花 意 花 语	品　名	花 意 花 语
火百合	热烈的爱	勿忘我	永恒的爱
香水百合	纯洁、富贵、婚礼的祝福	火鹤花	新婚、祝福、幸运、快乐
白百合	纯洁、庄严、心心相印	风信子	喜悦、爱意、浓情蜜意
葵百合	胜利、荣誉、富贵	爱丽丝	好消息、想你
姬百合	财富、高雅	小苍兰	纯洁、幸福、清新舒畅
康乃馨	伟大、神圣、慈祥、温馨母爱	蕾丝花	惹人怜爱
康乃馨（红）	热烈的爱、祝母亲健康长寿	牡丹	富贵
康乃馨（粉）	祝母亲永远美丽、年轻	秋牡丹	思念
康乃馨（白）	吾爱永在、真情、纯洁	剑兰	用心、长寿、福禄、康宁
康乃馨（黄）	对母亲的感激之情、热爱着你	紫罗兰	永续的美
向日葵	爱慕、光辉、忠诚	油菜花	加油
金鱼草	爱出风头	大丽花	华丽、优雅
满天星	真心喜欢、思念	圣诞红	祝福
星辰花	永不变心	桔梗	永恒的爱和无望的爱
茉莉花	亲切	菊花	清静、高洁、真爱、我爱
山茶花	希望	非洲菊	神秘、兴奋、有毅力
一串红	恋爱的心	翠菊	追想、担心你的爱
一串白	精力充沛	红山茶	天生丽质
一串紫	智慧	海芋	纯洁、幸福、清秀、纯净的爱
圣诞红	祝福	彩色海芋	爱情、富贵、真情

五、中国部分省花及市花

省、市名	省花或市花	省、市名	省花或市花
北京市	月季、菊花	黑龙江省	丁香、玫瑰
天津市	月季	山东省	牡丹
上海市	白玉兰	济南市	荷花
重庆市	山茶花	青岛市	忍冬、月季
河北省	太平花	江苏省	芍药、琼花
张家口市	大丽花	南京市	梅花
承德市	玫瑰	无锡市	杜鹃花、梅花
山西省	榆树梅	安徽省	紫薇、黄山杜鹃
太原市	菊花	合肥市	石榴花、桂花
内蒙古自治区	马兰、金老梅	安庆市	月季

续表

省、市名	省花或市花	省、市名	省花或市花
呼和浩特市	丁香花	浙江省	玉兰
包头市	小丽花	杭州市	桂花
辽宁省	天女花	温州市	山茶花
沈阳市	玫瑰	江西省	杜鹃花
大连市	月季	南昌市	月季、金边瑞香
吉林省	君子兰	九江市	杜鹃花
长春市	君子兰	福建省	水仙
福州市	茉莉	厦门市	叶子花
台湾省	蝴蝶兰	河南省	腊梅
台北市	杜鹃花	郑州市	月季
洛阳	牡丹	湖南省	荷花
湖北省	梅花	长沙市	杜鹃花
武汉市	梅花	湘潭市	荷花
黄石市	石榴花	广东省	木棉花
广州市	木棉花	陕西省	百合花
深圳市	叶子花	南宁市	木槿
广西壮族自治区	桂花	西安市	石榴花
桂林市	桂花	咸阳市	紫薇

六、世界各国国花(部分)

1. 亚洲

马来西亚——扶桑;阿富汗——郁金香;朝鲜——朝鲜杜鹃;印度尼西亚——毛茉莉;巴基斯坦——素馨;韩国——木槿;菲律宾——毛茉莉;伊朗——大马士革月季;日本——樱花;新加坡——万代兰;伊拉克——红月季;老挝——鸡蛋花;尼泊尔——杜鹃花;也门——咖啡;缅甸——龙船花;不丹——蓝花绿绒蒿;叙利亚——月季;印度——荷花;孟加拉国——睡莲;黎巴嫩——雪松;泰国——素馨、睡莲;斯里兰卡——睡莲;土耳其——郁金香。

2. 欧洲

挪威——欧石楠;匈牙利——天竺葵;西班牙——香石竹;瑞典——欧洲白蜡;罗马尼亚——铁色蔷薇;葡萄牙——雁来红、熏衣草;芬兰——铃兰;保加利亚——玫瑰、突厥蔷薇;瑞士——火绒草;丹麦——木春菊;英国——铁色蔷薇;奥地利——火绒草;俄罗斯——向日葵;爱尔兰——白车轴草;意大利——雏菊;波兰——三色堇;法国——鸢尾;圣马利诺——仙客来;捷克——椴树;荷兰——郁金香;马耳他——矢车菊;德国——矢车菊;比利时——虞美人、杜鹃花;希腊——橄榄;卢森堡——月季。

3. 非洲

埃及——睡莲；塞内加尔——猴面包树；加蓬——火焰树；利比亚——石榴；利比里亚——丁香、月季；赞比亚——叶子花；突尼斯——素馨；加纳——海枣；马达加斯加——凤凰木；阿尔及利亚——夹竹桃、鸢尾；苏丹——扶桑；塞舌尔——凤尾兰；摩洛哥——月季、香石竹；坦桑尼亚——丁香、月季；津巴布韦——嘉兰。

4. 大洋洲

澳大利亚——金合欢；新西兰——桫椤、四翅槐；斐济——扶桑。

5. 美洲

阿根廷——象牙红；利维亚——涂花；巴西——卡特兰；智利——智利钟花；哥伦比亚——三向卡特兰；哥斯达黎加——卡特兰；古巴——姜花；厄瓜多尔——丽卡斯特兰；墨西哥——大丽花、仙人掌；洪都拉斯——香石竹；圭亚那——睡莲；尼加拉瓜——姜花；秘鲁——向日葵、坎涂花；美国——月季；危地马拉——丽卡斯特兰。

（资料来源：中国鲜花网 www.Xianhua.cn.）

附录B 常用的亲属称呼方法

一、对父系亲属的称呼

对　象	称　呼	自　称
父亲的祖父	曾祖父（太爷爷）	曾孙（曾孙女）
父亲的祖母	曾祖母（太奶奶）	曾孙（曾孙女）
父亲的父亲	祖父（爷爷）	孙子（孙女）
父亲的母亲	祖母（奶奶）	孙子（孙女）
父亲的后妻	继母（妈妈）	继子（继女）
父亲的哥哥	伯父（大伯、大爷）	侄子（侄女）
父亲的嫂嫂	伯母（大妈、大娘）	侄子（侄女）
父亲的弟弟	叔父（叔叔）	侄子（侄女）
父亲的弟媳	叔母（婶婶）	侄子（侄女）
父亲的姐姐	姑母（姑姑）	内侄（内侄女）
父亲的姐夫	姑父（姑丈）	内侄（内侄女）
父亲的妹妹	姑母（姑姑）	内侄（内侄女）
父亲的妹夫	姑父（姑丈）	内侄（内侄女）
父亲的侄子	堂兄、堂弟	堂兄、弟、姐、妹
父亲的侄媳	堂嫂、堂弟媳	堂兄、弟、姐、妹
父亲的侄女	堂姐、堂妹	堂兄、弟、姐、妹

续表

对　　象	称　　呼	自　　称
父亲的侄婿	堂姐夫、堂妹夫	堂兄、弟、姐、妹
父亲的姑父	姑爷爷	内侄孙(内侄孙女)
父亲的姑母	姑奶奶	内侄孙(内侄孙女)
父亲的舅父	舅爷爷	舅外孙(舅外孙女)
父亲的舅母	舅奶奶	舅外孙(舅外孙女)
父亲的姨夫	姨爷爷	姨外孙(姨外孙女)
父亲的姨母	姨奶奶	姨外孙(姨外孙女)
祖父的哥哥	伯祖父(伯公、爷爷)	侄孙(侄孙女)
祖父的嫂嫂	伯祖母(伯婆、奶奶)	侄孙(侄孙女)
祖父的弟弟	叔祖父(叔公、爷爷)	侄孙(侄孙女)
祖父的弟媳	叔祖母(叔婆、奶奶)	侄孙(侄孙女)
祖父的姐妹	祖姑母(姑婆、姑奶奶)	内侄孙(内侄孙女)
祖父的姐夫	祖姑父(姑公、姑爷爷)	内侄孙(内侄孙女)
祖父的妹夫	祖姑父(姑公、姑爷爷)	内侄孙(内侄孙女)
祖母的兄弟	舅公(舅爷爷)	外甥孙(外甥孙女)
祖母的嫂嫂	舅婆(舅奶奶)	外甥孙(外甥孙女)
祖母的弟媳	舅婆(舅奶奶)	外甥孙(外甥孙女)
祖母的姐妹	祖姨母(姨婆、姨奶奶)	外甥孙(外甥孙女)
祖母的姐夫	祖姨父(姨公、姨爷爷)	外甥孙(外甥孙女)
祖母的妹夫	祖姨父(姨公、姨爷爷)	外甥孙(外甥孙女)

二、对母系亲属的称呼

对　　象	称　　呼	自　　称
母亲的祖父	外曾祖父(太外公)	外曾孙(外曾孙女)
母亲的祖母	外曾祖母(太外婆)	外曾孙(外曾孙女)
母亲的父亲	外祖父(外公、姥爷)	外孙(外孙女)
母亲的母亲	外祖母(外婆、姥姥)	外孙(外孙女)
母亲的后夫	继父(爸爸)	继子(继女)
母亲的兄弟	舅父(舅舅)	外甥(外甥女)
母亲的嫂嫂	舅母(舅妈)	外甥(外甥女)
母亲的弟媳	舅母(舅妈)	外甥(外甥女)
母亲的姐姐	姨母(姨妈)	外甥(外甥女)
母亲的姐夫	姨父(姨丈)	外甥(外甥女)

续表

对　　象	称　　呼	自　　称
母亲的妹妹	姨母(阿姨)	外甥(外甥女)
母亲的妹夫	姨父(姨丈)	外甥(外甥女)
母亲的侄子	表兄、表弟	表兄、弟、姐、妹
母亲的侄媳	表嫂、表弟媳	表兄、弟、姐、妹
母亲的侄女	表姐、表妹	表兄、弟、姐、妹
母亲的侄婿	表姐夫、表妹夫	表兄、弟、姐、妹
母亲的姑父	姑公(姑姥爷)	侄外孙(侄外孙女)
母亲的姑母	姑婆(姑姥姥)	侄外孙(侄外孙女)
母亲的舅父	舅公(舅姥爷)	舅外孙(舅外孙女)
母亲的舅母	舅婆(舅姥姥)	舅外孙(舅外孙女)
母亲的姨父	姨公(姨姥爷)	姨外孙(姨外孙女)
母亲的姨母	姨婆(姨姥姥)	姨外孙(姨外孙女)

三、对夫家亲属的称呼

对　　象	称　　呼	自　　称
丈夫	夫(爱人)	妻
丈夫的祖父	祖父(爷爷)	孙媳
丈夫的祖母	祖母(奶奶)	孙媳
丈夫的父亲	公公(爸爸)	儿媳
丈夫的母亲	婆婆(妈妈)	儿媳
丈夫的哥哥	大伯	弟媳
丈夫的嫂嫂	嫂嫂	弟媳
丈夫的弟弟	阿叔	嫂嫂
丈夫的弟媳	弟媳	嫂嫂
丈夫的姐姐	阿姑	内弟媳
丈夫的姐夫	姑爷	内弟媳
丈夫的妹妹	姑姑	内兄嫂
丈夫的妹夫	姑爷	内兄嫂
丈夫的姑父	姑父	内侄媳
丈夫的姑母	姑母	内侄媳
丈夫的舅父	舅父	甥媳
丈夫的舅母	舅母	甥媳
丈夫的姨父	姨父	甥媳
丈夫的姨母	姨母	甥媳

四、对妻家亲属的称呼

对　　象	称　　呼	自　　称
妻子	妻（爱人）	夫
妻子的祖父	岳祖父（爷爷）	孙婿
妻子的祖母	岳祖母（奶奶）	孙婿
妻子的父亲	岳父（爸爸）	女婿
妻子的母亲	岳母（妈妈）	女婿
妻子的哥哥	内兄姨	妹夫
妻子的嫂嫂	内嫂	妹夫
妻子的弟弟	内弟（舅子）	姐夫
妻子的弟媳	内弟媳	姐夫
妻子的姐姐	姨姐	姨妹夫
妻子的姐夫	襟兄	襟弟
妻子的妹妹	姨妹（姨子）	姨姐夫
妻子的妹夫	襟弟	襟兄
妻子的姑父	内姑父	内侄婿
妻子的姑母	内姑母	内侄婿
妻子的舅父	内舅父	内甥婿
妻子的舅母	内舅母	内甥婿
妻子的姨父	内姨父	内甥婿
妻子的姨母	内姨母	内甥婿

五、对兄弟姐妹亲属的称呼

对　　象	称　　呼	自　　称
哥哥	哥哥（兄）	弟（妹）
嫂嫂	嫂嫂（嫂）	夫弟（妹）
弟弟	弟弟（弟）	兄（姐）
弟媳	弟媳	夫兄（姐）
姐姐	姐姐（姐）	弟（妹）
姐夫	姐夫	内弟（妹）
妹妹	妹妹（妹）	兄（姐）
妹夫	妹夫	内兄（姐）
嫂嫂、弟媳、姐（妹）夫的父母	姻家父、姻家母	姻家子（女）

续表

对　　象	称　　呼	自　　称
嫂嫂、弟媳、姐(妹)夫的兄弟及妻	姻兄(姻嫂)	姻弟(姻妹)
姻弟(姻弟媳)	姻兄(姐姐)	

六、常见的亲属合称

父亲和母亲称"父母",父亲和儿子称"父子",父亲和女儿称"父女",母亲和儿子称"母子",母亲和女儿称"母女",祖父和孙子、孙女称"公孙",叔父、伯父和侄儿、侄女称"叔侄",公公和婆婆称"公婆",公公和儿媳称"翁媳",婆婆和儿媳称"婆媳",岳父母和女婿称"翁婿",舅父母和外甥称"舅甥",兄和弟称"兄弟",姐和妹称"姐妹",夫和妻称"夫妻",兄妻和弟媳妇称"妯娌",丈夫的姐妹和嫂嫂、弟媳称"姑嫂",姐妹的丈夫之间称"连襟",姐妹的丈夫和内兄弟称"郎舅"等。

(资料来源:曾曼琼.现代礼仪及实训教程[M].北京:化学工业出版社,2014.)

附录C　数字趣谈

一、概论

英国人在给人点烟时,一根火柴决不能点三个人的烟。打火机也不能连续为三个人点烟,据说这会给三个人中的一个招来不幸。日本商人忌2月、8月,认为是淡季,经营不好。

在西欧,13和双数都被认为是不吉利的,送礼时要避免。西方人喜欢3和7,认为这两个数字大吉大利,会给人带来幸福和快乐。

东方人忌讳4,因为它与"死"同音。日本人不喜欢9,因它与日语"苦"的发音相似。在中国南方与海外华人中,8和6是两个吉利的数字,因8与"发",6与"禄"近音,"发"和"禄"是大吉大利之词。

在非洲,大多数国家认为奇数带有消极色彩,偶数是吉利的。但博茨瓦纳例外,其认为奇数是积极的。在贝宁,3与7表示巫术。在加纳,7、11、13是不祥之兆。在肯尼亚,7和7结尾的任何数字都不吉利。在摩洛哥,13是消极数字,而3、5、7和40却带有积极意义。在埃及,3、5、7、9是积极的,而13是消极的。

在亚洲,某些国家认为4是不吉利的,认为它与死亡联系在一起,而13通常也表示消极的意义。在阿富汗,消极的数字是13和39;在巴基斯坦,不祥的数字是13和420;在我国香港地区、韩国,4、13、38、49和一般奇数是不吉利的,606、9、4和普通的偶数是吉利的。

在拉丁美洲的危地马拉和委内瑞拉,13、14都表示不吉祥;在哥伦比亚,3、5、7代表积极的,而13却表示消极。

二、"趣谈"

13被视为不祥已有非常久远的历史,而专家认为这有很好的理由。有些人认为13

号不祥是源于"最后的晚餐",耶稣基督与12门徒共进晚餐,坐13个座位的人就是出卖他的犹大。古老的文献显示夏娃给亚当吃禁果之日是13号星期五,耶稣被钉在十字架上也是13号星期五。

在古希腊,数学家讨厌13,认为它是不完整的数字。罗马的野史说,巫师们都是12人集会,等待13人到来,第13人就是魔鬼本人。挪威的神话中,有12位神在华尔贺拉共进晚餐,第13位神——邪神洛基强闯进来,杀了一位很受欢迎的神——百拉达。传说在中古时代,绞人的刽子手的薪金是13个钱币,绞环有13个绳圈,绞台有13级。一年里星期五碰上13号的次数最多只有三次,最少一次,这一天是不吉利的,出门、做事一定要小心。

即使在当今,人们在多层建筑和医院病房的标号上对13都避之唯恐不及。1970年4月13日从39号(13的3倍)发射台升空的阿波罗13号因氧气瓶爆炸事故而告发射失败。南非一家爆竹厂发生爆炸事件,死了八个人,事后,该厂厂长说:"这一惨案与13有关,因为这公司的门牌是13号,爆炸日期也是当月的13日,该厂工人也从这一天从7个人增加到13个人。"

对13人不能同桌进餐的恐惧也曾使拿破仑和罗斯福这样的名人苦恼过。在巴黎,有招之即来的职业宾客,可使宴会摆脱13这个倒运的数字。而罗斯福干脆就让他的秘书雷格·图列来充当这一角色。图列还记得罗斯福是如何煞费苦心地避免火车在一个月的13号启程,即使那意味着让火车在12号夜里11点50分或14号凌晨0点10分启程。

即使在今日,美国海军也不肯让新船在13号星期五下水。法国城门的门牌号码,简直没有一个号是13的。人们以"12A"来代表13。英国有个乡村改换新门牌,被排在13的户主大动肝火,向当局提出了强烈抗议,当局不予理会。该户主便向法院起诉,结果获胜。美国的许多大酒店也找不到第13号房间,有的房间编号干脆从第101号算起。

然而,在大多数欧美人士认为13是凶兆的同时,一位苏格兰妇女,她出生于某年某月的13日,住在某市某街的13号房子,一生养育了13个子女,过着美满而快乐的日子。英国有个小说家,也认为13对他来说是一个幸福的数字,他的几部最成功的小说都是在不同年月的13号出版的。纽约一家戏院的老板专门在每月13号免费让那些在家庭中排行13的人看戏,使得许多人皆大欢喜。瑞士伯尔尼旅店一位叫安东·格里斯的老板,为了破除13的迷信,把他的旅店房间号码全部改为"13A"、"13B"、"13C"……并选择13为星期天的日期开张营业。

三、吉祥的"3"

3被认为是非常吉祥的,人们也最喜欢用。古埃及人认为它代表父、母、子。早期基督教神学就已经有圣三一,就是圣父、圣子、圣灵。印度的婆罗门亦被视为圣三一。希腊神话有三命运、三愤怒、三吉祥;而守卫地狱的西伯勒士也是一条三头狗。即使今日,人们也是习惯有三个志愿,三催三请。在童话之中有三小熊、三盲鼠、三小猪。今日的人也是喜欢给人三次机会,第四次就不原谅。

四、完善的"1"

这个数字代表开始,亦被认为是完善的数字,因为0之后就是1,0是没有,1是有,也即是从无到有,由不存在变为存在。第一是冠军。任何数目都是由 1 构成。除 1 必定可以除尽。"唯一"表示特别宝贵。

五、有力的数字"7"

7 在圣经中是非常有力的数目,约书亚带着 7 位祭司绕耶列哥城而行,绕到第 7 次时吹响第 7 个号角,城墙便倒塌下来。智慧有 7 次,神以 7 日创造天地,耶稣说原谅他人 7 乘 70 次。罗马人相信他们是世界的主人,因为罗马是建在 7 座山上的。希腊人崇拜世界 7 大奇迹。今日的人也认为 7 很完整,一星期 7 天,分光谱上有 7 种颜色。

六、108——佛的象征

108 是个吉祥的数字,中国古建筑物中常有出现。如北京天坛栏板最下层是 108 块。祈年殿每层有石板 108 块。因 108 是"9"的 12 倍,而 9 是"天地之至"数,始于 1 终于 9,有至大至极、至多至高、至远至深等意,故视为吉祥。

在我国寺庙中,每逢除夕送别旧的一年之时,要撞钟 108 下。在日本也有同样的风俗。据说撞钟 108 下代表一年,因一年有 12 个月 24 气 72 候,加起来正好是 108。

《水浒传》中在梁山泊聚义的有 108 位好汉,其中,天罡星 36 人,地煞星 72 人。这是作者根据道教的北斗星中有 36 天罡星、72 地煞星的说法安排的。

佛教认为人有 108 种烦恼,敲 108 下,人听之后便可以消忧解愁。

108 这一数字贯穿于佛教的日常生活和各种事务中,还由于这一数字是 108 尊佛教法身的代表,即有 108 个菩萨,为佛教金刚界曼荼罗中诸佛洁身。108 在佛教中已成为佛的象征,故敲 108 下钟,念 108 遍经,拨动 108 颗佛珠,正是对佛的虔诚。

七、被禁忌的"4"

在韩国,由于"4"和"死"同音,故认为 4 是不吉祥的数字,他们的酒店、办公楼等建筑都没有"4 楼"这个词。尤其是医院的楼号和房间的牌号都避免用"4"字。在军队里,凡出现"4"的分组编队,都用其他代号来指明第 4 号。

在喝酒和其他饮料时,韩国人也很少喝 4 碗或 4 杯,而且还避免双数。当他们喝了两杯之后,必然会再喝一杯;如果喝了 3 杯,他当然也一定不会再喝了。

八、8——吉祥的数字

在古希腊人看来,8 意味着丰硕、成就和长寿。随着时间的推移,对 8 的解释越来越多。一种说法是,上帝惩罚人类的大洪水中,只有 8 个人靠诺亚方舟逃生,因此 8 字意味着幸运。另一种说法是,耶稣的兄弟雅各生了 8 个孩子,因此 8 字有多子多孙的意思。还有一种解释说,两戒指上下靠在一起构成一个 8 字,因此 8 又象征着婚姻美满。此外,躺倒的 8 字恰恰是数字中的无穷大符号,因此,丰硕、成就、长寿、幸运、美满都变成了无穷大。

九、崇尚 11 的城市

瑞士古城佐洛图林市民以信奉 11 而著称于世。1981 年,这个城市成为瑞士联邦第

11个城市,从此以后,11这个数字变得更加神圣起来,并渗透到各个领域。

在20世纪末,这个城市有11座教堂、11座喷泉、11座塔、11个消防水阀、11个艺术学会和11个技术学会。在21世纪,这个城市又增加了11个十字路口、11座博物馆、11家银行,11个饭店,而全城的11处名胜由11位身穿红色制服的导游来介绍。崇尚11的习惯一直持续到现在。

(资料来源:朱燕.外事工作常识与礼仪[M].北京:中国国际广播出版社,1997.)

参考文献

[1] 金正昆.社交礼仪教程[M].北京:中国人民大学出版社,1998.
[2] 徐兆寿.旅游服务礼仪[M].北京:北京大学出版社,2013.
[3] 曾曼琼.现代礼仪及实训教程[M].北京:化学工业出版社,2014.
[4] 田文燕,张震浩.顾客服务的艺术:服务礼仪[M].北京:中国经济出版社,2005.
[5] 王烨发,王晓春.涉外公关与礼仪[M].太原:山西经济出版社,1995.
[6] 杨梅,牟红.旅游服务礼仪[M].上海:格致出版社,2011.
[7] 李荣建.酒店服务礼仪教程[M].北京:中国传媒大学出版社,2010.
[8] 任杰玉.酒店服务礼仪[M].上海:华东师范大学出版社,2009.
[9] 陆永庆,王春林.旅游交际礼仪[M].大连:东北财经大学出版社,2000.
[10] 孙艳红.旅游礼宾原理与实务[M].郑州:郑州大学出版社,2004.
[11] 马金奇.人际沟通技巧[M].北京:气象学出版社,1999.
[12] 吕欣.旅游接待礼仪[M].北京:旅游教育出版社,2011.
[13] 蓝瑜.旅游礼仪[M].陕西:西北农林科技大学出版社,2007.
[14] 梁颖,陈杰峰.旅游礼仪[M].上海:上海交通大学出版社,2013.
[15] 魏凯,李爱军.旅游服务礼仪与实训[M].北京:中国旅游出版社,2014.
[16] 吴卫军.前厅疑难案例解析[M].北京:旅游教育出版社,2005.
[17] 侣海岩.饭店与物业服务案例解析[M].北京:旅游教育出版社,2004.
[18] 刘德秀.略论旅游服务语言艺术[J].西南师范大学学报(人文社会科学版),2002.
[19] 洪玲.旅游接待礼仪中的服务语言分类及运用艺术[J].现代商贸工业,2012.
[20] 王华,邓自新.现代社交礼仪[M].广州:华南理工大学出版社,2009.
[21] 李灵.礼仪规范教程[M].成都:电子科技大学出版社,2007.
[22] 孙玉梅.实用社交礼仪[M].北京:中国文史出版社,2005.
[23] 张汉林,晏红.现代礼仪[M].上海:立信会计出版社,2008.
[24] 周丽.酒店服务礼仪[M].桂林:广西师范大学出版社,2014.
[25] 陈联,王欢芳.现代公共礼仪[M].长沙:中南大学出版社,2008.
[26] 彭蝶飞,李蓉.酒店服务礼仪[M].上海:上海交通大学出版社,2011.

[27] 汪东亮,胡世伟.商务礼仪[M].桂林:广西师范大学出版社,2014.
[28] 李小平,李淑华.姓名称呼的表达功能[J].科教文汇,2009(36):230.
[29] 张保忠,詹红旗,张明哲.公文写作技法与实用例文[M].北京:中国言实出版社,2010.
[30] 陈觉.餐饮服务要点及案例评析[M].沈阳:辽宁科学技术出版社,2004.
[31] 金丽娟.旅游礼仪[M].桂林:广西师范大学出版社,2014.
[32] 商金龙.送礼的艺术[M].武汉:华中科技大学出版社,2013.
[33] 王详林.现代礼仪实用教程[M].成都:电子科技大学出版社,2014.
[34] 朱瑞.商务礼仪——打造你的成功形象[M].北京:中国长安出版社,2006.
[35] 张淑珍,杨笑蕾.服务礼仪[M].北京:科学出版社,2013.
[36] 廖超慧,社交礼仪[M].武汉:华中科技大学出版社,2007.
[37] 陈姮.旅游交际礼仪[M].大连:大连理工大学出版社,2009.
[38] 李晓阳.旅游礼仪[M].北京:旅游教育出版社,2011.
[39] 李舟.饭店康乐中心服务案例解析[M].北京:旅游教育出版社,2007.
[40] 张淑珍,杨笑蕾.服务礼仪[M].北京:科学出版社,2013.
[41] 陈姮.旅游交际礼仪[M].大连:大连理工大学出版社,2009.
[42] 李晓阳.旅游礼仪[M].北京:旅游教育出版社,2011.
[43] 陆永庆.旅游交际礼仪[M].大连:东北财经大学出版社,2001.
[44] 张昌贵,李勤.旅游景区管理[M].西安:西安交通大学出版社,2013.
[45] 李俊,赵雪情.旅游服务礼仪[M].2版.武汉:武汉大学出版社,2013.
[46] 许湘岳.礼仪训练教程[M].北京:人民出版社,2012.
[47] 朱燕.外事工作常识与礼仪[M].北京:中国国际广播出版社,1997.

礼仪	etiquette
礼貌	courtesy
礼节	ceremony
旅游服务礼仪	tourism service etiquette
服务礼仪意识	service etiquette consciousness
尊重	respect
仪表礼仪	image courtesy
仪容	appearance
仪态	manner
服饰礼仪	dress code
沟通	communication
语言沟通	verbal-communication
沟通技巧	communication skills
礼貌用语	courtesy expressions
称呼	salutation
自我介绍	self-introduction
握手	handshake
鞠躬	bow
拥抱	embrace
名片	visiting card
礼品	gift
宴会	banquet
中餐	Chinese food
西餐	western food
拜访	call on
接待	reception

饭店	hotel
前厅部	front office department
客房部	housekeeping department
餐馆部	food & beverage department
康乐部	recreational department
大堂副理	assistant manager
预订	reservation
接待	reception
总机话务员	operator
洗衣服务	laundry service
送餐服务	room service
菜单	menu
旅行社	travel agency
导游	guide
门市	retail sales
旅游景区	scenic spot
票务员	ticket agent
少数民族礼仪	minority etiquette
宗教礼仪	religion etiquette
涉外礼仪	etiquette concerning foreign affairs

本课程阅读书目推荐

[1] 金正昆.社交礼仪教程[M].北京:中国人民大学出版社,1998.
[2] 朱燕.外事工作常识与礼仪[M].北京:中国国际广播出版社,1997.
[3] 曾曼琼.现代礼仪及实训教程[M].北京:化学工业出版社,2014.
[4] 李荣建.酒店服务礼仪教程[M].北京:中国传媒大学出版社.2010.

教学支持说明

高等职业教育旅游大类专业示范院校"十三五"规划教材为华中科技大学出版社在湖北区域组建的高等职业教育教材。

为了改善教学效果,提高教材的使用效率,满足高校授课教师的教学需求,本套教材备有与纸质教材配套的教学课件(PPT 电子教案)和拓展资源(案例库、习题库视频等)。

为保证本教学课件及相关教学资料仅为教材使用者所得,我们将向使用本套教材的高校授课教师和学生免费赠送教学课件或者相关教学资料,烦请授课教师和学生通过电话、邮件或加入旅游专家俱乐部 QQ 群等方式与我们联系,获取"教学课件资源申请表"文档并认真准确填写后发给我们,我们的联系方式如下:

邮编:430074

电话:027-81321902

传真:027-81321917

E-mail:yingxiaoke2007@163.com

旅游专家俱乐部 QQ 群号:306110199

旅游专家俱乐部 QQ 群二维码:

群名称:旅游专家俱乐部
群　号:306110199

教学课件资源申请表

填表时间：_____年___月___日

1. 以下内容请教师按实际情况写，★为必填项。
2. 学生根据个人情况如实填写，相关内容可以酌情调整提交。

★姓名		★性别	□男 □女	出生年月		★职务		
						★职称	□教授 □副教授 □讲师 □助教	
★学校				★院/系				
★教研室				★专业				
★办公电话			家庭电话			★移动电话		
★E-mail（请填写清晰）						★QQ号/微信号		
★联系地址						★邮编		
★现在主授课程情况		学生人数		教材所属出版社		教材满意度		
课程一						□满意 □一般 □不满意		
课程二						□满意 □一般 □不满意		
课程三						□满意 □一般 □不满意		
其 他						□满意 □一般 □不满意		
教 材 出 版 信 息								
方向一			□准备写 □写作中 □已成稿 □已出版待修订 □有讲义					
方向二			□准备写 □写作中 □已成稿 □已出版待修订 □有讲义					
方向三			□准备写 □写作中 □已成稿 □已出版待修订 □有讲义					

　请教师认真填写表格下列内容，提供索取课件配套教材的相关信息，我社根据每位教师/学生填表信息的完整性、授课情况与索取课件的相关性，以及教材使用的情况赠送教材的配套课件及相关教学资源。

ISBN(书号)	书名	作者	索取课件简要说明	学生人数（如选作教材）
			□教学　□参考	
			□教学　□参考	

★您对与课件配套的纸质教材的意见和建议，希望提供哪些配套教学资源：